I0127298

Bibliographie Historique

DU

DAUPHINÉ,

PENDANT

LA RÉVOLUTION FRANÇAISE,

DE 1787 AU 11 NIVOSE AN XIV, 31 DÉCEMBRE 1805,

PAR

Edmond MAIGNIEN

Conservateur de la Bibliothèque de Grenoble,
Correspondant du ministère de l'instruction publique.
Officier d'Académie.

TOME DEUXIÈME

GRENOBLE
De l'Imprimerie Dauphinoise.

1891

BIBLIOGRAPHIE HISTORIQUE

DU DAUPHINÉ

Pendant la Révolution Française

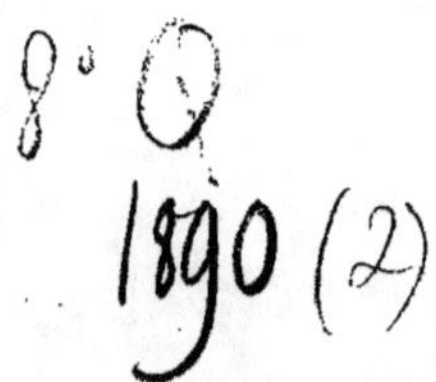

Bibliographie Historique

DU

DAUPHINÉ,

PENDANT

LA RÉVOLUTION FRANÇAISE,

DE 1787 AU 11 NIVOSE AN XIV, 31 DÉCEMBRE 1805,

PAR

Edmond MAIGNIEN

Conservateur de la Bibliothèque de Grenoble,
Correspondant du ministère de l'instruction publique,
Officier d'Académie.

TOME DEUXIÈME

GRENOBLE
De l'Imprimerie Dauphinoise

—

1891

1791

L'AN III DE LA LIBERTÉ

1112. Souvenirs littéraires de la Révolution en Dauphiné, (1791-1793-1794), par M. Ollivier Jules. Voyez *Revue du Dauphiné* T. V., p. 1 à 33.

1113. Almanach du département de l'Isère pour l'année de grâce 1791. *A Grenoble, chez Falcon, libraire rue du Palais. (A Grenoble, chez J. Allier, imp.)* 1791 pet. in-12, 136 p. (G.)

1114. Cours des assignats et des mandats qui a eu lieu dans le département des Hautes-Alpes, depuis le 1er janvier 1791, jusques et y compris les cinq premiers jours de la 2e décade de thermidor, an IV. *Gap, imp. Allier. S. d.*, in-f°, placard (A.)

1115. Réponse à la lettre de sieur GAUTHIER, soi-disant prévôt général de la compagnie du Dauphiné, adressée à M. du Portail, ministre et secrétaire d'Etat au département de la guerre, par le sieur Edouard-Frédéric FOX DE KARIGHDALE, gendarme du corps de la gendarmerie nationale, à la résidence de Grenoble. *S. l. n. n.*, (janvier 1791), n-8°, 7 p

1116. Seconde et dernière affiche -- De par les administrateurs composant le conseil du département de l'Isère. Domaines nationaux en vente. (3, 4 et 5 janv. 1791). *A Grenoble, chez J.-M. Cuchet*, in-f°, placard (C.)

1° Domaine des ci-devant religieuses à Montfleury — l'offre faite pour acquérir ce domaine est de 146.295 liv. 5 s.

2° Domaine des ci-devant religieuses de Prémol, situé sur la plaine de Grenoble, appelé le domaine de la Tour.

3° Pièce de terre, située aux Granges, appartenant aux ci-dev. Dominicains de Grenoble.

5° Maisons possédées par les Frères Prêcheurs, situées à Grenoble, place Grenette; offre faite pour acquérir, 45.000 liv.

1117. Loi portant établissement de juges de pa et de commerce, sur la pétition des départeme nts des Vosges, de Saône et de Loire, de l'Ain, de la Mayenne, du Morbihan, de l'Isère..... Donné à Paris le 5 janvier 1791. *A Grenoble, chez J.-M. Cuchet, imp. du département de l'Isère*, in-4°, 3 p. (M.)

« Il sera établi un tribunal de commerce à Vienne. »

1118. Lettre circulaire des administrateurs du directoire du district de Grenoble, aux curés. Grenoble, le 6 janvier 1791. *S. l. n. n. (Grenoble, Cuchet)*, in-4°, 2 ff. (250 exempl.) (G.)

Ils adressent un exemplaire des observations sur le décret de l'Assemblée nationale, pour la constitution civile du clergé qui doivent être lues au prône.

1119. Discours que M. l'Evêque de Valence, (DE MARBOS), devoit prononcer le jour de son installation, ayant trouvé son église fermée..., il a cru devoir rendre publique, sa profession de foi par la voie de l'impression. Valence, 8 janvier 1791. *S. l.*, in-8°, 4 p. (G.)

« Je supplie les respectables administrateurs, que le peuple a honoré de sa confiance, d'être persuadés qu'ils me verront toujours disputer, à tous leurs concitoyens, le droit honorable de donner l'exemple de la plus entière soumission aux lois qui intéressent l'ordre social ; là, commencent et finissent mes devoirs envers la nation, la loi et le Roi. »

1120. Lettre de M. l'évêque d'Autun (DE TALLEYRAND-PÉRIGORD) aux ecclésiastiques fonctionnaires du département de Saône-et-Loire (29 déc. 1790), réimprimée par ordre de la Société des Amis de la

Constitution de Valence. Du 13 janv. 1791. Lettre signée : De Corbeau, capitaine d'artillerie, président ; Forest cadet, et Pierre-Auguste Bon, secrétaire. *S. l. n. d.*, in-4°, 2 p. (Bib. de M. Gauduel).

L'Evêque d'Autun annonce qu'il a prêté le serment relatif à la constitution civile du clergé.

1121. Proclamation de Messieurs les officiers municipaux de la ville de Vienne. Fait à Vienne le 14 janvier 1791. Signée : Pioct, maire, Tixier, Pe-trequin, Leymin, officiers municipaux, Benatru, secrétaire. A *Vienne, de l'imp. de la Vve Védeilhié*, in-f° placard (V. V.)

L'Assemblée Nationale a décrété le 6 déc. qu'il sera nommé deux juges de paix à Vienne. Cette procl. a pour but une réunion en assemblée primaire des citoyens actifs de cette ville pour le 23 janv. au sujet de l'élection des juges de paix et des prud'hommes.

1122. Adresse du conseil général de la commune de la ville de Vienne, département de l'Isère à l'assemblée nationale. Du 14 janvier 1791. (*Vienne, Vve Védeilhié*), *s. d.*, in-4°, 4 p. (C.)

Cette adresse est une approbation donnée à la constitution civile du clergé.

1123. Déclaration de l'Evêque de Grenoble (Du-lau d'Allemans), à MM. les Administrateurs du directoire du département de l'Isère en réponse à leur arrêté du 5 janvier 1791. Paris ce 15 janvier 1791. *S. l. n. n.*, in 8°, 8 f.

Autre édition *S. l. n. n.*, in-8°. 3 p. (G.)

Relative à l'organisation civile du clergé. — Elle fut communiquée au directoire du département dont elle excita la colère. Une condamnation formulée par lui a été imprimée à la date du 24 janvier.

1124. Extrait des registres des délibérations du directoire du département de l'Isère du 15 janvier 1791. *A Grenoble, chez J.-M. Cuchet, imp. du département de l'Isère*, in-4°, 3 p. (I.)

Tableau des tribunaux d'appel proposés à l'Assemblée nationale pour le district de Grenoble.

1125. Proclamation du directoire du département des Hautes-Alpes. Citoyens... — A Gap, le 15 janv. 1791. Signée : CRESSY, vice-président, FAURE LACOMBE. MARTINON, AMAT, etc. *A Gap, chez J. Allier, imp. du département des Hautes-Alpes* 1791, in-f°, placard sur 2 col. (H. A.)

Autre édition, *Gap, Allier*, in-4°, 4 p. (A.)

Tableau de la situation présente. — « Que les vains noms de *démocrates* et d'*aristocrates* disparaissent, ne soyons connus désormais que par le titre glorieux de *François libres sous un Roi.* »

1126. Discours sur l'utilité publique et supplément aux observations relatives aux moyens propres à détruire généralement la mendicité et à assurer le bonheur de tous les vrais pauvres, en les rendant utiles à l'Etat ; prononcé par M. FRIER, docteur en médecine, le 16 janvier 1791, dans une séance publique de la Société des Amis de la Constitution, établie à Grenoble. *A Grenoble, de l'imp. de Vve Giroud et fils* 1791, in-8° 8 p. (G.)

1127. Copie de la lettre de M. DUPORTAIL, secrétaire d'Etat au département de la guerre, à M. Gauthier, prévôt général de la maréchaussée à Grenoble, datée de Paris le 12 janvier 1791.

Réponse de M. GAUTHIER à M. Duportail secrétaire au département de la guerre, datée de Grenoble le 18 janvier 1791.

Grenoble, Vve Giroud et fils. 1791, in-8°, 7 p. (G.)

1128. Bref du pape... à tous les cardinaux, archevêques, évêques, au clergé et au peuple de France. *S. l. n. d.* (janv. 1791) in-8°.

Ce pamphlet, dit le *Journal patriotique de Grenoble*, est un tissu de grossiers mensonges et de sarcasmes déchirants contre les prêtres qui ont rempli un devoir sacré ; on les traite d'hérétiques, de schismatiques, etc. (n° du 25 janvier 1791).

1129. Département de la Drôme. Extrait du procès verbal de la séance du jeudi 20 janvier 1791 de la Société des amis de la constitution, séante à Valence.

Au sujet des honneurs patriotiques rendus par les amis de la constitution de Valence, à deux citoyens qui ont sauvé la vie à une mère de famille. — Discours du président P. L. CORBEAU. V. *Journal de Perlet.* Assemblée nationale, n° 545, p. 6 à 8.

1130. Lettre du curé de Montélimar (l'abbé COURTOIS) à M. D., curé de V., sur l'écrit intitulé. *Bref du pape. S. l. n. d.* (1791) in-8°, 7 p.

1131. Lettre de MM. les administrateurs du département de la Drôme à MM. les officiers municipaux de Carpentras. Valence, le 20 janvier 1791. Extrait du registre des délibérations du directoire du département de la Drôme du 19 janvier 1791. Lettre de MM. les administrateurs du département de la Drôme à MM. les officiers municipaux d'Avignon. Valence le 20 janvier 1791, in-8°, (B. C.)

1132. Circulaire de la municipalité de Carpentras, au sujet du secours offert par le département de la Drôme. Carpentras, le 21 janvier 1791 in-8°. (B. C.)

1133. Copie de la lettre et réponse écrite par la municipalité d'Avignon au directoire du département de la Drôme, le 22 janvier 1791. *S. l.* in-4°, 10 p. (G.)

« Vous publiez dans vos délibérations des manifestes calomnieux contre nous. Vous nous gagnez de vitesse ; mais notre juste défense suivra de près vos odieuses calomnies, et nous nous flattons que l'Assemblée nationale, que la France entière, nous rendront justice. »

P. 3. Copie de la lettre écrite à la municipalité de Carpentras en date du 4 fév. par la municipalité d'Avignon.

« Votre éloignement de la fédération que nous vous avons proposée, soutenu par la lettre que vous a écrite le département de la Drôme, doit cesser, si vous considérez les motifs qui nous ont déterminés à convoquer cette fédération. » Suivent diverses lettres.

1134. Mandement du directoire du district de Grenoble aux municipalités de son ressort, concernant la loi du 14 octobre 1790 sur les religieux, et relatif à un dénombrement de population à faire dans chaque municipalité, excepté Grenoble. Du 24 janvier 1791. *A Grenoble, chez J. M. Cuchet, imp. du départ. de l'Isère.* In-f°, 4 p. (G).

1135. Délibération du directoire du département de l'Isére séant à Grenoble (24 janvier 1791). *Grenoble, J. M. Cuchet, s. d.* (1791) in-4°, 4 p. (G.)

Autre édition, in-f°, placard (G.)

« Réquisitoire de Gautier, procureur général syndic du directoire, contre la déclaration de M. Dulau, évêque de Grenoble par lequel l'évêque « sera dénoncé à l'Assemblée nationale comme refractaire aux lois et perturbateur du repos public. »

1136. Conflit de juridiction entre la municipalité de Loriol et le directoire du département de la Drôme. Au sujet d'un jugement de police rendu par la dite municipalité avec les pétitions, délibérations, lettres et autres pièces relatives adressées à l'Assemblée nationale (24 janv. 1791). *S. l. n. n.*. in-8°, 43 p, (G.)

Au sujet de l'ouverture d'une rue à Loriol.

1137. Délibération du directoire du département de l'Isère, séant à Grenoble. Du 24 janv. 1791. *A*

Grenoble, chez J.-M. Cuchet, imp. du département de l'Isère, in-4°, 4 p. (I,)

Discours de M. Gautier, proc. général syndic, il apprend qu'il vient de recevoir une lettre ou déclaration de l'Evêque du département, datée de Paris, le 15 de ce mois. Cette lettre est anti-nationale. « Vous y verrez M. Dulau braver les lois de sa patrie et se mettre au-dessus de la puissance civile pour frapper d'anathème tous les Français qui n'oseraient, à son exemple, se révolter contre les décrets. » Suit un arrêté par lequel M. Dulau sera dénoncé à l'Assemblée nationale comme réfractaire aux lois de l'Etat et perturbateur du repos public.

1138. Délibération du directoire du département de l'Isère séant à Grenoble (25 janvier 1791). *Grenoble, J.-M. Cuchet*, in-4°, 4 p. (C.)

Autre édition, in-f° placard.

Le procureur général syndic Gautier rend compte à l'Assemblée des perquisitions faites par suite de l'arrêté du 24 janvier chez Courtois et Brochier, grands vicaires de l'Evêché, et Gigard, secrétaire, pour y saisir les brochures envoyées par M. Dulau, évêque (non assermenté) de Grenoble,

Arrête que les sieurs Brochier, Courtois et Gigard seront dénoncés à l'Assemblée nationale comme réfractaires aux lois de l'Etat, et perturbateurs de l'ordre public.

1139. Instruction du district du département de l'Isère concernant la contribution foncière (26 janv. 1791). *Grenoble, Cuchet*, in-f°, 4 p. (500 exempl.)

1140. Un échantillon de leur méchanceté aux hon

nêtes gens, dénoncé par Charles CHABROUD, membre de l'Assemblée nationale.

La calomnie, docteur, il en faut toujours venir là.

BARBIER DE SÉVILLE.

A *Paris, de l'imp Nationale* 1791, in-8°, 24 p. (G.)

Réponse à un libelle intitulé : *Faits et gestes de l'honorable Charles Chabroud*. Intéressant pour l'histoire de Chabroud en Dauphiné, p. 20 et suiv. Pièces justificatives comprenant : lettre des officiers municipaux de Vienne ; lettre de M. PIOCT ; délib. du conseil général de la commune de Vienne. Déc. 1790. Lettre de F.-J. ALMERAS, 9 déc. 1790, etc.

1141. Copie de la lettre écrite par le ministre de la guerre à MM. les administrateurs dn directoire du département de la Drôme. Paris le 26 janvier 1791. *S. l.* in-8° (B. C.)

1142. Loi portant établissement de juges de commerce et de paix sur les pétitions des départements de l'Isère, de la Drôme, des Basses-Alpes, des Bouches-du-Rhône, du Var, du Puy-de-Dôme, de l'Aveyron, de l'Orne et de la Haute-Marne (30 janvier 1791). *A Grenoble, chez J.-M. Cuchet, imp. du dép. de l'Isère*, 1791, in-4°, 3 p. (M).

Autre édition, in-f° placard.

1143. Loi contenant diverses suppressions à compter du premier janvier 1791. *A Grenoble, chez*

J.-M. Cuchet, imp. du dép. de l'Isère, in-f° placard (G.)

Suppressions relatives au Dauphiné :

Aux héritiers des officiers des anciens Etats du ci-devant Dauphiné . . . . 13,050 liv.

Aux fabricants de cuirs du ressort du ci-devant Parlement de Grenoble. . . . . 25,000 fr.

A Madame de Tonnerre . . . . . . 2,000 fr.

A Madame de Sassenage pour la fontaine de Tallard 4,277 fr.

1144. Adresse à MM. les administrateurs du département de la Drôme, par Laurent FAURE, DE GRIGNAN. Du 2 février 1791. *S. l. n. n.*, in-8°, 15 p. (G.)

Réflexions relatives à faire diminuer les cantons et les districts, des 16 septembre 1790, et 2 février 1791. « Je donne, dit-il, cet aperçu pour faire agir les amis de la liberté et de l'économie. »

1145. Lettre écrite par les administrateurs composant le directoire du département de la Drôme à la municipalité de Carpentras, le 1er février 1791 et circulaire de la municipalité de cette ville aux communes du Comté Venaissin, au sujet de cette lettre. Carpentras le 2 fév. 1791, in-8° (B. C.)

1146. Lettre de la municipalité d'Embrun au directoire du département des Hautes-Alpes. 2 février 1791, signée : Les maire et officiers municipaux de la ville d'Embrun, IZOARD, maire, J.-J. EYNARD, PEIX, BONNAFONS, etc. *A Embrun, chez Pierre-François Moyse, imprimeur de la municipalité*, 1791, in-4°, 8 p. (A. A.)

Le directoire avait dénoncé au public, par une proclamation du

15 janvier, comme un acte de violence, l'ouverture faite d'une lettre sous les yeux de la municipalité. Explications données à ce sujet.

1147. Loi portant qu'il sera délivré aux divers départements du royaume, la quantité de quarante-sept mille neuf cent trois fusils, faisant, avec celle de cinquante mille, ordonnée par le décret du 18 décembre dernier, celle totale de quatre-vingt-dix-sept mille neuf cent trois fusils. Donnée à Paris le 4 février 1791 (enreg. à Grenoble le 29 mars 1791.) *A Grenoble, chez J.-M. Cuchet, imp. du département e l'Isère*, in-4°, 8 p. (G.)

Autre édition, in-f°, placard.

L'Isère avait déjà reçu	1689 fusils,	il en recevra	2.555.
Les Hautes-Alpes	---	6.250	---	......
La Drôme	---	432	---	1.601

1148. Discours par M. BONTOUX, l'un des électeurs du département des Hautes-Alpes, et juge de paix du canton de la Roche. *S. l.* (6 fév. 1791.) *A Gap, de l'imp. de J. Allier*, in 4°, 7 p. (G.)

Prononcé à la réunion des électeurs de ce département assemblés pour nommer un évêque est un juge de cassation.

1149. Discours prononcé par M. le maire de Gap, (Ignace de CAZENEUVE, ci-devant chanoine) à la tête du conseil de la commune, à messieurs les électeurs du département des Hautes-Alpes, (6 fév. 1791.)

A Gap, chez J. Allier, imp. de la municipalité, in-4°, 2 p. n. chif. (G.)

Sur la nomination de l'évêque et d'un juge pour le tribunal de cassation.

1150. Procès verbal de la prestation de serment de messieurs les curés et autres ecclésiastiques, fonctionnaires publics de la commune de Gap. Extrait du registre du conseil général de la commune de Gap (du 6 février 1791.) *Gap, chez J. Allier, imp. de la municipalité. 1790* (sic), in-4°, 8 p. (G.)

— Le serment fut prêté par MM. Augustin-Bernard-Hyacinthe ESCALIER, curé de N. D. de Gap.

Louis-Aimé FAURE, curé de Saint-André-de-Gap.

Jean-François PELLENQ,	premier	vicaire.	De la paroisse de N. D. de Gap
Jean PASCALIS	3e	id.	
Jean-Jacques LAUGIER.	4e	id.	
Jean-Jacques VALLET,	5e	id.	
J.-Georges-Agré DELOUCHE,	6e	id.	

Jean-François FLOTTE, vicaire.

François-Xavier-Joseph TEISSER de la comp. de la doc. chrétienne, professeur de philosophie à Gap.

A la p. 3: Discours patriotique prononcé en cette occasion par M. CAZENENVE, ci-devant chanoine et maire de la ville.

1151. Adresse à l'Assemblée nationale, du 8 fév. 1791. *S. l. n. n. n. d.*, in-4°, 3 p. (G.)

« La conduite du directoire du dép. de la Drôme, dans l'affaire du Comtat-Venaissin, ne saurait être trop promptement désavouée par les citoyens qui composent cette division de la France. » Cette adresse est signée par les officiers municipaux et les gardes nationales de Loriol, de Livron, de Mirmande, de Cliousclat, et d'Ambonil.

1152. Lettre des administrateurs du district de Nyons à la municipalité de Carpentras, et lettre de MM. les officiers de la garde nationale de Nyons au comité de la garde nationale de Carpentras, le 8 février 1791. in-8° (B. C.)

1153. Délibération des citoyens actifs de la ville de Nyons, chef-lieu du district du département de la Drôme. Du 9 février 1791, in-4°, 6 p. (G).

Au sujet des affaires du Comtat.

1154. Domaines nationaux à vendre. District de Saint-Marcellin (adjudication le 9 fév. 1791). A *Grenoble, chez J.-M. Cuchet*, in-f°, placard sur 2 col. (I.)

Immeubles dépendant du monastère des Grands-Carmes de Saint-Marcellin : Domaine situé à Plans.
Immeubles des Grands-Carmes de Beauvoir-en-Royans.

1155. Lettre à M. Barnave par un habitant des montagnes du Dauphiné. Signée : BARNAVOPHILE. Grenoble, le 10 fév. 1791. *S. l. n. d.*, in-8°, 7 p. (G.)

Pamphlet ironique contre BARNAVE qui se termine ainsi : « Adieu, Monsieur BARNAVE, répondez-moi promptement, j'attends avec impatience les détails sur les services que vous avez rendus, que vous rendez journellement, ou qu'au moins vous rendriez à la chose publique, pour confondre tous vos compatriotes qui sont réellement honnêtes gens, et qui réellement aussi vous détestent cordialement. »

1156. Domaines nationaux en vente. District de

Saint-Marcellin (adjudication le 10 février 1791. *A Grenoble, chez J.-M. Cuchet, imp.*, in-f°, placard sur 2 col. (I.)

Immeubles dépendant du monastère de la visitation de Saint-Marcellin : domaines des Bergotand et des Ursulines de Saint-Marcellin, domaine des Colombières.

1157. Société des surveillants (de Valence). Constitution *Valence, P. Aurel, 11 fév. 1791*, in-8°, 16 p.

Suivent les articles constitutionnels et réglementaires de la dite société établie à Valence le 11 fév. 1791 (en 33 articles).

Discours prononcé par le frère ALLIER. Discours de M. MARBOS, curé et maire du Bourg, du 17 février. Discours prononcé le 24 fév. 1791 « dans le presbytère d'où l'on a déniché les vertus pastorales et civiques, pour les placer sur le candélabre du département, chez M. François MARBOS, curé du Bourg-lès-Valence, nommé évêque. »

1158. Adresse du district d'Embrun, Hautes-Alpes, à l'Assemblée des vrais amis de la Constitution. Signée : SILVAIN (lue aux Jacobins le 11 février 1791). *S. l n. d.*, in-8°, 7 p. (A.)

1159. Proclamation du directoire du département de l'Isère. Extrait du procès-verbal du 11 fév. 1791. *Grenoble, Cuchet imp. S. d.* (1791), in-4°, 4 p.

Autre édition, in-f° placard. (G.)

Contre les manœuvres que les ennemis de la liberté trament contre lui et les moyens que les administrateurs emploient pour les faire échouer.

1160. Domaines nationaux en vente. District de Saint-Marcellin, (adjudication le 11 février 1791). A *Grenoble, chez J.-M. Cuchet*, in-f°, placard, sur 2 col. (I.)

Immeubles dépendant des bénédictins de St-Robert et des Chartreux de la Silve Bénite, situés à Tullins.

1161. Rapport fait à la Société des frères surveillants (de Valence) le dimanche 13 février 1791, par son comité de correspondance, installation de la surveillance à Loriol (Drôme). A *Valence, chez P*

Aurel, *imp. de la Société des Surveillants*, in-4°
4 p. (G.)

Réimprimé dans la *Revue du Dauphiné* T. V. p. 11 et suiv. Installation de la *surveillance* à Loriol. Rapport signé : ALLIER, *surveillant en exercice* ; LE GRACIEUX, ODON, BLACHETTE, etc.

1162. Lettre de M. l'Evêque de Valence à MM. les électeurs du département de la Drôme. 15 février 1791. *S. l. n, n.*, in-8°, 14 p. (B.)

Il apprend « avec douleur que vous allez vous occuper du choix d'un évêque ». Suit une protestation.

1163. Domaines nationaux en vente. District de Saint-Marcellin (adjudication le 15 fév. 1791). A *Grenoble, chez J.-M. Cuchet, imp.*, placard sur 2 col. (I.)

Immeubles dépendant du monastère des Augustins de Vinay, etc., etc.

1164. Domaines nationaux en vente. District de Saint-Marcellin (adjudication le 17 fév. 1791). A *Grenoble, chez J.-M. Cuchet*, in-f° placard sur 2 col (I.)

Immeubles dépendant du chapitre et abbaye de Saint-Just-de-Romans.

1165. Domaines nationaux en vente. District de Saint-Marcellin (adjudication le 19 février 1791). A

Grenoble, chez J.-M. Cuchet, in-f°, placard sur 2 col. (I.)

Immeubles dépendant du monastère des Ursulines de Saint-Marcellin : Domaines de *Courbon*, de Quivières et du Petit-Buisson.

1166. L'an II de la liberté, Vive la Nation, la loi et le roi. Aux amis du peuple, par Laurent FAURE, DE GRIGNAN 1791. *S. l. n. n.*, in-4°, 20 p.(G).

Précis de deux adresses, relatives au rachat des droits ci-devant féodaux, par FAURE, des mois d'avril et juin 1790. Précis du placet pour les procédures civiles, du 15 janvier 1788, envoyé à M. de Sens, ci-devant ministre ; de ses réflexions, pour demander que les assignats fussent décrétés et remis aux créanciers de l'Etat, enfin de ses réflexions relatives à l'ordre des assemblées électorales.

1167. Mandement de M. l'archevêque de Vienne pour le carême de l'année MDCCXCI. *S. n. n. l. n. d.* (1791) in-8°, 11 p. (C.)

Charles-François (DAVIAU) écrivait déjà « du lieu de notre retraite » et était caché en France.

Son mandement était proscrit comme lui et ne pouvait circuler que sous le manteau.

1168. Avis au public pour la vente de trois mulets et une charrette, dépendants ci-devant du monastère de Ste-Claire. *Grenoble J.-M. Cuchet. S. d.* (22 fév. 1791), 1 f. (50 exempl.)

1169. Copie de la lettre écrite par la municipalité d'Avignon en réponse au directoire du département de la Drôme, le 22 fév. 1791, in-8° (B.-C.)

1170. Domaines nationaux en vente. District de St-Marcellin (Du 22 fév. 1791). *A Grenoble, chez J.-M. Cuchet.* in-f° placard sur 2 col. (I.)

Immeubles dépendant du monastère des religieuses de la Visitation de Saint-Marcellin. : Domaine d'*Argentenaz*.

1171. Loi relative aux pensions. Donnée à Paris le 23 fév. 1791 (Enreg. à Grenoble, le 2 avril 1791). *A Grenoble, chez J.-M. Cuchet, imp. du dép. de l'Isère* (1791), in-4°, 97 p. (M).

Pensionnaires de l'âge de 70 ans et au-dessus auxquels il est accordé des secours par le décret du 1er février 1791. Dauphinois :

Albert de Rioms (François), né le 22 sept. 1702, ancien major de la ville de Die. Pension de 532 liv. 10 s.

Berger de Moidieu (Gaspard-François), né le 18 oct. 1705, proc. général au Parlement, retiré en 1767, 35 ans de service. Pension de 4.124 liv. 10 s.

Marnais de St-André de Vercel (Charles), né le 23 sept. 1706, lieutenant-général des armées du roi. Pension de 14.180 liv.

Magallon de la Morlière (Alexis), né le 3 janvier 1707, lieutenant-général des armées. Toutes les campagnes de Flandre depuis le siège de Philisbourg jusqu'en 1762. Pension de 6,956 liv.

Laforest-Divonne (Gilbert), né le 23 nov. 1709, lieutenant-colonel au régiment de Conti, retiré en 1774. 45 ans de service. Pension de 4,000 liv.

Vaulserre des Adrets (Apollinaire-Etienne), né le 25 janv. 1712, major du régiment royal-vaisseau. 632 liv. 10 s.

Planta (Joseph-Henri Robert de), né le 5 oct. 1712, ancien lieutenant au régiment de Fouquet. 600 liv.

Lacroix de Chevrières de Seyve (Arthus-Joseph), né le 1er mai 1713, ancien président au Parlement de Grenoble. 2,800 li-

Monteynard (Louis-François), né le 12 mai 1713, lieutenant. général des armées du roi et ancien secrétaire d'Etat ayant le département de la guerre. 1,500 liv.

Gallien de Chabons (François), né le 29 août 1713, ancien président à mortier, du Parlement de Grenoble. Pension 2.000 liv.

1172. Délibération et mémoire du directoire du département de la Drôme. Du 24 fév. 1791. *A Valence, de l'imprimerie de J.-J. Viret, imp. du département de la Drôme* 1791, in-4° 29 p. (G.)

Discours du proc. général syndic (AYMÉ), dans lequel il dénonce I° un imprimé ayant pour titre : *Conflit de juridiction en la Municipalité de Loriol et le directoire du département de la Drôme etc*, 2° *Adresse à l'Assemblée nationale par les officiers municipaux de Loriol*, etc. Il accuse le sieur ALLIER de négligence, et le directoire du département dans l'affaire du quai de Valence. Délibération par laquelle les imprimés ci-dessus et l'accusation du sieur ALLIER, seront dénoncés à l'Assemblée nationale.

P. 6. *Affaire de Carpentras*. Récit et conduite du directoire dans cette affaire, p. 16. *Affaire de Loriol* p. 26.

1173. Domaines nationaux en vente. District de Saint Marcellin. (Du 24 février 1791). *Grenoble, chez J.-M. Cuchet*, in-f° placard sur 2 col (I.)

Immeubles dépendant de la cure de Prelles, de la chapelle Ste-Anne, érigée en l'église de Pont-en-Royans, à Chorance.

1174. Discours de M. GAUTIER, procureur général syndic du département de l'Isère, aux électeurs réunis pour la nomination d'un évêque, le dimanche 27 février 1791. *Grenoble, Cuchet. S. d.*, in-8°, 8 p. (G.)

1175. Assemblée électorale du département de l'Isère. Du 28 février 1791 (nomination de M. POUCHOT évêque constitutionnel de l'Isère).

Extrait d'un journal (G.)

1176. Domaines nationaux en vente. District de Saint-Marcellin. (Du 28 février 1791). *A Grenoble, chez J.-M. Cuchet*, in-f° placard sur 2 col (I.)

Immeubles dépendant de la chapelle de N. D. des Sept-Douleurs, fondée dans l'Eglise de St-Marcellin, et du prieuré de St-Apollinaire.

1177. Domaines nationaux en vente. District de Saint-Marcellin. (Adjudication le février 1791. A *Grenoble, chez J. M. Cuchet*, in-f° placard sur 2 col. (I.)

Immeubles dépendant de la Chartreuse du Val Sainte-Marie de Bouventes, situés à Chorance et Chatelus ; immeubles dépendant des Augustins de l'Ozier ; domaine appelé Buffière.

1178. Lettre pastorale de M. l'Evêque du département de l'Isère (J. Pouchot). (1er mars 1791), A la fin : *A Grenoble, chez J.-M. Cuchet, imp. de M. l'Evêque du département de l'Isère S. d.*, 23 p. (G.)

Sur son élection — 1er mars 1791 — « Je tâcherai de vous donner l'exemple de la paix, de l'union, de la charité, de la concorde et de toutes les vertus, que je vous prescrirai au nom de l'Evangile. »

1179. Valence, ce 1er mars 1791. Sur la représentation Messieurs, de plusieurs municipalités, nous prîmes le 23 janvier dernier une délibération.., *S. l. n. d.*, in-4°, 2 p. (G.)

Circulaire des administrateurs du directoire du département de la Drôme, sur les impositions. Signée : Desjacques, vice-président; Pey, Sibeud, Melleret, Urtin, Aymé, etc.

1180. Domaines nationaux en vente. District de Saint-Marcellin. (Du 1er mars 1791). *A Grenoble, chez J.-M. Cuchet,* in-f° placard sur 2 col. (I.)

Immeubles dépendant de l'abbaye de Saint-Just-de-Claix, domaine de *Roniquet.*

1181. Délibération prise par les gardes nationales de la ville du Buis, département de la Drôme, le 3 mars 1791, in-8° (B. C.)

1182. Domaines nationaux en vente. District de Saint-Marcellin. *A Grenoble, chez J.-M. Cuchet*, in-f° placard sur 2 col. (I.)

Immeubles dépendant des Minimes et des Ursulines de Tullins.

1183. Rapport des commissaires des départements de l'Isère, la Drôme et Hautes-Alpes réunis à Grenoble, en vertu de l'article X et des lettres patentes du roi, sur le décret du 22 décembre 1789. Du 4 mars 1791. *Grenoble, J.-M. Cuchet,* in-4°, 46 p. et 1 tableau. (G.)

Résultat des opérations des commissaires des trois départements composant la ci-devant province de Dauphiné, nommés pour faire la liquidation des dettes contractées sous le régime précédent. Suit le *précis* du compte rendu par eux aux nouvelles administrations.

1184. Rapport fait à la société des Amis de la Constitution de Valence par MM. Corbeau capitaine d'artillerie) et **Trie** (prêtre), de leur mission dans le ci-devant Comtat Venaissin. Du 4 mars 1791. *Valence, chez Aurel, imp. des Amis de la Constitution*, 53 p. (G.)

Curieuse relation pour l'histoire d'Avignon et de Carpentras.

1185. Domaines nationaux en vente. District de Saint-Marcellin. (Du 4 mars 1791). *A Grenoble, chez J.-M. Cuchet*, in-f° placard sur 2 col. (I.)

Immeubles des chapelles de la Magdeleine dite de la *Graisse*, de Saint-Barthélemy, de Sainte-Catherine à Tullins.

1186. Délibération du corps municipal de la ville de Grenoble relative à la division de son territoire en section. Du 7 mars 1791. *Grenoble, J.-M. Cuchet*, in-4°, 4 p. (G.)

Le territoire de Grenoble est divisé en 19 sections.

1187. Le presbytère de Grenoble, aux curés, vicaires et autres prêtres du diocèse. Signé : **Delisle**, président, **Bourgeat**, secrétaire. *S. l. n. d.*, (mars 1791) in-8°, 3 p. n. chiff. (C.)

Dispositions dans lesquelles le presbytère de Grenoble se propose de se présenter au nouvel évêque « que la Providence leur destine pour les consoler de l'ancien. »

1188. Lettre pastorale de M. l'évêque de Grenoble, suivie de son ordonnance, au sujet de l'élection faite le 29 février dernier de M. Joseph Pouchot, ancien curé du diocèse, par MM. les électeurs du département de l'Isère en qualité d'évêque dudit département. Signée H. C. (Henri-Charles DULAU D'ALLEMANS) *S. l. n. n.* (mars 1791) in-8°, 8 p.

1189. Extrait des registres du conseil général de la commune de Gap, 8 mars 1791 (délibération relative à la nomination de l'évêque.)

Discours de M. JOUBERT, 1er officier municipal, au sujet de la nomination faite de M. Cazeneuve, maire, à l'évêché du département des Hautes-Alpes, (mars 1791.) *Gap, J. Allier. S. d.*, in-4°, 4 p. (A.)

1190. Domaines nationaux en vente. District de Saint-Marcellin. (Du 9 mars 1791.) *A Grenoble, chez J. M. Cuchet,* in-f° placard sur 2 col. (I.)

Immeubles des Cordeliers de Moirans ; domaines de la *grange de Dode* et du *Gleyron.*

1191. Domaines nationaux en vente. District de Saint-Marcellin. (11 mars 1791.) *A Grenoble, chez J.-M. Cuchet,* in-f° placard sur 2 col. (I.)

Immeubles de la cure de Saint-Étienne-de-Saint-Geoirs situés au lieu de Plans.

1192. Règlement de la société de la constitution établie à Grenoble, affiliée à celle de Paris (du 12 mars 1791.) *Grenoble, J. Allier, S. d.*, in-8° 16 p. (G.)

1193. Domaines nationaux en vente. District de

Saint-Marcellin. (Du 14 mars 1791.) *A Grenoble, chez J.-M. Cuchet*, in-f° placard sur 2 col. (I.)

Immeubles de la cure de Réaumont, de la rectorie de l'Ozier, du monastère des Augustins de l'Ozier.

1194. Domaines nationaux en vente. District de Saint-Marcellin. (Du 15 mars 1791.) *A Grenoble, chez J.-M. Cuchet*, in-f°, placard sur 2 col. (I.)

Immeubles dépendant de l'évêché de Grenoble, situés à Bresin, etc.

1195. Réquisitoire de M. le commissaire du roi, près le tribunal du district de la ville de Crest, département de la Drôme, (M. ODOUARD.) prononcé à l'audience publique, le 16 mars 1791 *S. l.* in-8°, 13 p. (G.)

Le 9 mars, deux jeunes gens proclamèrent dans toutes les rues de Crest, le nom du sieur Guibert, médecin, c'est en présentant ce citoyen comme une chose perdue, dont ils réclamaient la restitution dans les formes triviales etc. On fit ensuite ce qu'on appelle un *caremcntran*, on pendit et brûla un mannequin portant un écriteau au nom de M. Guibert.

1196. Domaine nationaux en vente. District de St-Marcellin. (Du 17 mars 1791.) *A Grenoble, chez J.-M. Cuchet*, in-f° placard sur 2 col. (I.)

Immeubles de la cure de Serres de Nerpol, de la cure de Brion, et du prieuré de Varacieux.

1197. A Valence le 19 mars, 1791, Messieurs..., in-4°, 2 p. (G.)

Circulaire signée : DESJACQUES, vice-président; SIBEUD, vice-procureur-général syndic, etc.

Les administrateurs du directoire du département de la Drôme annoncent aux municipalités du département l'envoi de leur mémoire justificatif.

1198. Domaines nationaux en vente. District de Saint-Marcellin. (Du 21 mars 1791) *A Grenoble, chez J. M. Cuchet.* in-f° placard sur 2 col. (I).

Immeubles situés au Morette, canton de Tullins, dépendant du prieuré dudit lieu.

1199. Délibération du directoire du département de l'Isère, (22 mars 1791). *A Grenoble, chez J. M. Cuchet.* in-4°, 3 p. (I.)

Ordonne qu'un *Te Deum* sera chanté dans toutes les églises du département pour la convalescence du roi.

1200. Grenoble, le 22 mars 1791. Amis et frères. *S. l. n. d.* In-4°, 8 p. (M.)

Les membres de la Société des amis de la constitution de Grenoble adressent aux *Amis et frères*, un exemplaire de la lettre qu'ils écrivirent à M. Duportail, Suit cette lettre « Les amis de la constitution ont béni le jour où le Roi vous a confié le département de la guerre... ils lui demandent s'il est vrai qu'il a fait défendre aux soldats de la garnison de Dunkerque de paraître aux séances des amis de la constitution... » pièce avec sig. autog. de DUMOLARD, ex-président, J. ROLLAND et BALMET, secrétaire.

1201. Domaines nationaux en vente. District de Saint-Marcellin. Du 24 mars 1791. *A Grenoble, chez J. M. Cuchet, imp.* in f° placard sur 2 col. (I.)

Immeubles dépendant du ci-devant prieuré de Beaulieu.

1202. Domaines nationaux en vente. District de Saint-Marcellin. (Du 24 mars 1791). *A Grenoble, chez J. M. Cuchet*, in-f° placard sur 2 col. (I.)

Immeubles dépendant de la cure de Chantesse et de l'abbaye de Montmajour-lès-Arles, à Vatillieu.

1203. Adresse des députés électeurs du district de Romans, aux habitants des campagnes, proclamée par le directoire du même district le 26 mars 1791. In-8° 3 p.

Dans le but de rassurer les habitants des campagnes qu'on cherchait à allarmer sur le mode de la contribution foncière.

1204. Loi relative à la liquidation de divers offices supprimés. Paris, 27 mars 1791. *A Grenoble, chez J. M. Cuchet imp. du départ. de l'Isère.* In-f° placard (G.)

Grenoble, offices supprimés. Montant des liquidations :
Parlement, 2.767,749 liv. 3 s. 7 d.
Chancellerie du Parlement, 85.009 liv. 7 s. 0 d.

Compagnies qui ont des dettes :	Actives.	Passives.
Grenoble	38.832 liv.	152,152 liv.

1205. Domaines nationaux en vente. District de Saint-Marcellin. (28 mars 1791). A *Grenoble, chez J. M. Cuchet*. In-f° placard sur 2 col. (I.)

Immeubles du prieuré de Moirans situés à Saint-Jean-de-Moirans etc.

1206. Domaines nationaux en vente. District de

Saint-Marcellin. (Du 29 mars 1791.) A *Grenoble, chez J. M. Cuchet.* In-f° placard sur 2 col. (I.)

Immeubles provenant de la cure de Montfalcon ; de la cure de Poliénas et de celle de Saint-André-en-Royans.

1207. Analyse des principes constitutifs des deux puissances, précédée d'une adresse aux curés des départements de l'Isère, de la Drôme et des Hautes-Alpes, et suivie de notes justificatives du cahier des curés de Dauphiné par M. REYMOND. *Vienne, imp. de Labbe.* in-8°, 64 p. (G.)

Autre édition. *Embrun, Moyse.* 1791. In-8°, 20 et 56 p.

La signature autog. de l'auteur se trouve à la p. 24.

1208. Observation sur un écrit intitulé : *Analyse des principes constitutifs des deux puissances* (par l'abbé ROSSIGNOL.) *Embrun, Moyse.* 1791, in-8°, 52 p.

Réfutation du n° précédent.

L'abbé Rossignol rapporte dans l'histoire de ses œuvres (écrite par lui-même (Turin, imp. de Soffietti 1804, in-8°, p. 13,) que les ecclésiastiques du collège et du séminaire d'Embrun, dont il faisait partie, composèrent divers mémoires pour réfuter l'ouvrage de l'abbé REYMOND, son travail obtint la préférence et fut imprimé aux frais de ses confrères.

1209. Lettre d'un curé du Dauphiné à un autre curé de la même province, au sujet d'un écrit publié par M. REYMOND. C. D. S. G. D. V. (curé de Saint-Georges-de-Vienne) sous le titre d'*Analyse* et précédée d'une *Adresse* etc. A... 29 mars 1791. *S. l. n. n.*, in-8°, 8 p. (G.)

« Hélas! oui je l'ai vue, mon cher confrère cette production nouvelle du ci-devant curé de Saint-Georges, au diocèse de Vienne, aujourd'hui l'un des pasteurs immédiats du département de l'Isère, en attendant mieux; cette *Analyse* dont quelqu'un a dit, que longue, sèche, insignifiante et couverte de papier jaune, elle ne se rapportait pas mal à son auteur. » Suit une réfutation, qui se termine par cette phrase : « Dieu le permet... prions-le de mettre fin à tant de scandales et de regarder en pitié notre malheureuse patrie. »

1210. Lettre de Mons. L'archevêque d'Embrun (M. de Leyssin,) à MM. les électeurs du département des Hautes-Alpes assemblés à Gap pour lui nommer un successeur. *Embrun, imp. de Moyse*, 1791, in-4°, 6 p.

Autre édition, in-8°.

1211. Discours prononcé par M. Serre, chirurgien, à l'assemblée électorale du département des Hautes-Alpes, après la nomination de M. l'évêque. *A Gap, de l'imprimerie de J. Allier. S. d.* (mars 1791.) in-8°, 11 p. (A. A.)

1212. La loi du serment civique, justifiée en elle-même et dans ses effets rigoureux contre ceux qui ont refusé de s'y soumettre ; ou développement ultérieur des principes constitutifs des deux puissances, demandé à l'auteur de leur analyse, par la société des amis de la constitution de Vienne, (par l'abbé REYMOND). *A Vienne, de l'imp. de J. Labbe, imprimeur du district et des amis de la constitution*, in-8°, 36 p. (G.)

Réfutation du mandement de l'archevêque de Vienne pour le carême de 1791, « tendant à indisposer les pasteurs immédiats contre le prélat qui vient d'être élu, et les engager à ne pas le reconnaitre. »

A la p. 35: Société des amis de la constitution. Comité de correspondance. Paris, le 10 mars 1790. Lettre signée par les membres du comité de correspondance, « nous avons lu, avec le plus grand plaisir l'adresse de M. le curé Reymond, aux curés de la ci-devant province de Dauphiné, suivie de son *analyse des principes constitutifs des deux puissances*, et nous lui offrons, au nom de tous les bons patriotes, le tribu d'éloges et de reconnaissance que mérite un travail aussi estimable, et dont l'effet peut être aussi avantageux... »

1213. Domaines nationaux en vente. District de Saint-Marcellin. (31 mars 1791) *A Grenoble, chez J.-M. Cuchet*, in-f°, placard sur 2 col, (I.)

Immeubles provenant du prieuré de Saint-Etienne-de-Saint-Geoirs.

1214. Délibération du corps municipal de la ville de Grenoble portant division de la ville en arrondissements et des arrondissements en sections. Du 1er avril 1791. *Grenoble, J.-M. Cuchet* 1791, in 4°, 6 p. (G.)

La ville est divisée en trois arrondissements: arrondissement oriental, occidental, de l'extérieur et des faubourgs. Invitation à se réunir en assemblées primaires le 10 du présent mois pour procéder à l'élection des juges de paix.

1215. Réponse au mémoire justificatif du directoire du département de la Drôme, par la municipalité de Loriol. Du 1er avril 1791. Signée : CHEYNET, maire, CHOROL-BOISVERT, etc., in-8°, 18 p. (G.)

Relative à l'affaire de Carpentras, à l'affaire de Loriol et à celle du quai de Valence. Voyez nos 1136, 1145 et 1169.

1216. Loi relative à la liquidation d'officiers ministériels. Paris, le 1er avril 1791. *A Grenoble, chez J.-M. Cuchet, imp. du département de l'Isère*, in-f°, placard. (G.)

Villes du Dauphiné où se trouvent des officiers ministériels compris dans le décret ci-dessus : Grenoble, Briançon, Embrun, Vienne, Saint-Marcellin, Gap, Montélimar, Valence, Le Buis, Pierrelatte et Saint-Paul-Trois-Châteaux (bailliage.)

1217. Instruction sur la justice de paix, dans laquelle on a rassemblé, par ordre, les diverses dispositions des décrets rendus sur cette matière ; rapproché celles qui doivent faire série sur mêmes objets, etc. ouvrage utile, principalement pour les citoyens des campagnes, par M. ROYER-DES-GRANGES, homme de loi. *A Grenoble, de l'imprimerie de Vve Giroud et fils, au palais* 1791. in-8°. VIII et 224 p. plus un errata de 4 p. n. chif. (G.)

A la p. III. « Adresse à mes concitoyens » dans laquelle l'auteur prouve l'efficacité de l'établissement des juges de paix.
Cet ouvrage a paru le 1er avril 1791.

1218. Domaines nationaux en vente. District de

Saint-Marcellin (Du 2 avril 1791). *A Grenoble, chez J.-M. Cuchet*, in-f° placard sur 2 col. (I.)

Immeubles situés à Saint-Jean-de-Moirans, dépendant des religieuses Ursulines de Moirans.

1219. Lettre pastorale de Monsieur l'Evêque du département des Hautes-Alpes (Signée : IGNACE CAZENEUVE. 3 avril 1791). *A Gap, chez J. Allier, imp, de M. l'évêque du département des Hautes-Alpes* 1791, in-8°, 16 p. (G.)

A la p. 15. Lettre de communion écrite au pape par M. l'évêque du département des Hautes-Alpes. Paris, le 7 avril 1791 (texte latin).

1220. Lettre circulaire pour inviter les officiers municipaux à venir assister aux ventes des biens nationaux (4 avril 1791). *Grenoble, J.-M. Cuchet*, in-4°, 2 f. (300 exempl.)

1221. Domaines nationaux en vente. District de Saint-Marcellin. (Du 4 avril 1791). *A Grenoble, chez J.-M. Cuchet*, in-f° placard sur 2 col. (I.)

Immeubles dépendant de la Chartreuse de la Silve Bénite et du prieuré de Moirans.

1222. Avis relatif au bail à ferme des montagnes et vacheries de Portes. 4 avril 1791. A *Grenoble, chez J.-M. Cuchet*, in-4°, 1 f. (70 exempl.)

1223. Instruction sur le schisme. Adresse des

curés et vicaires du royaume, à MM. les électeurs des 83 départements. *S. l.*, in-8°.

Brochures répandues avec profusion dans la ville de Grenoble. « Elles tendent, dit le *Journal Patriotique* (du 5 avril 1791) à échauffer quelques cervelles mal organisées, à troubler la tranquillité publique. »

1224. Domaines nationaux en vente. District de Saint-Marcellin. (Du 6 avril 1791). *A Grenoble, chez J.-M. Cuchet*, in-f°, placard sur 2 col. (I.)

Immeubles provenant du prieuré de Rives, de la cure de Charnècle, du prieuré de Renage, du monastère des religieuses Bénédictines de Voiron.

1225. Domaines nationaux en vente. District de Saint-Marcellin). (Du 7 avril 1791.) *A Grenoble, chez J.-M. Cuchet, imp. du département de l'Isère*, in-f° placard sur 2 col. (I.)

Immeubles provenant de la chapelle N. D. de Pitié à Izeron; de la cure d'Izeron, de la cure de Cognin, de l'abbaye de Saint-Paul, transférée à Beaurepaire, de la cure de Beaucroissant, etc.

1226. Domaines nationaux en vente. District de Saint-Marcellin. (Du 9 avril 1791.) A *Grenoble, chez J.-M. Cuchet, imp. du département de l'Isère*, in-f°, placard sur 2 col. (I.)

Immeubles provenant des cures de Saint-Quentin, de la Rivière, de Saint-Gervais, de l'abbaye de Laval.

1227. Hommage des Patriotes savoisiens à la mémoire du célèbre Mirabeau.

Potens in terra erit semen ejus

(A la fin) : Fait et délibéré en Savoie, le 10 avril 1791. Imprimé à Annecy, et se trouve *chez Falcon, libraire à Grenoble*, in-8°, 3 p. (M.)

« Il n'est plus !... Mirabeau est mort !... Et ce sont des insolents proscrits qui nous l'apprennent par leurs cris de joie !... France ! Permets-nous de placer quelques cyprès autour de la tombe du grand homme que le sort vient de nous ravir ! etc. »

1228. Domaines nationaux en vente. District de Saint-Marcellin. Du 11 avril 1791. A *Grenoble, chez J.-M. Cuchet, imp.* in-f° placard sur 2 col. (I.)

Immeubles provenant du prieuré de Brezin et de la cure de Châtenay.

1229. Société des Amis de la Constitution de Montélimar. Discours prononcé à la Société des Amis de la Constitution séant à Paris, le 13 avril (1791), par Etienne CHEVALIER, l'un de ses membres, cultivateur et député à l'Assemblée nationale. *Montélimar, Mistral*, in-8° 7 p. (V.)

1230. Domaines nationaux en vente. District de Saint-Marcellin. Du 13 avril 1791. A *Grenoble, chez J.-M. Cuchet, imp.*, in-f° placard sur 2 col. (I.)

Immeubles dépendant du prieuré de Beaulieu, et de la chapelle Saint-Blaise, fondée dans l'église de Chevrières.

1231. Oraison funèbre de M. (Honoré Riquetti) de MIRABEAU, prononcée par un curé du département de l'Isère (Antoine CROZET, curé de St Louis de Grenoble). *S. l. n. d.* (avril 1791), in-8°, 8 p. (G.)

Oraison funèbre prononcée le mercredi 13 avril 1791, conformément à la délibération prise par la Société des Amis de la constitution, dans sa séance publique du 10 de ce mois.

1232. La descente de Mirabeau aux enfers, dédiée à l'Assemblée nationale. *A Grenoble, de l'imprimerie d'Allier. S. d.* (1791) in-8°, 4 p. (G.)

Pièce en vers.

1233. Preuve de la fausseté des brefs des 5 mars et 13 avril 1791 par un curé patriote. Prix 5 sous. *Vienne, Labbe,* in-8°, 40 p. (T.)

1234. Lettre de M. l'Evèque de Gap (François-Henri de la BROUE DE VAREILLES) à M. de Caseneuve, chanoine de l'église cathédrale, nommé à l'évêché des Hautes-Alpes, par MM. les électeurs du département. Gap le 14 avril 1791. *S. l. n. n.*, in-4°, 4 p. n. chif. (G.)

« Tout catholique ne peut regarder que comme nulle votre nomination à l'évêché prétendu des Hautes-Alpes »

1235. Lettre pastorale de l'Evêque de Grenoble (Henri-Charles DULAU D'ALLEMANS), suivie de son ordonnance au sujet de l'élection faite le 29 février dernier, de M. Joseph POUCHOT, ancien curé du diocèse, par MM. les électeurs du département de l'Izère *(sic)* en qualité d'évêque dudit département. Donné à Paris le 15 avril 1791. *S. l.*, in-8°, 8 p.

Autre édition, *Paris, Crapart*, in-8°, 16 p.

Pièce très rare attendu qu'elle avait été interdite, saisie et partout confisquée (Voir l'arrêt du directoire du département de 'Isère du 7 mai 1791).

1236. Serment adopté par la Société des Amis de la Constitution, séante à Valence, département de la Drôme. *A Valence, chez P. Aurel, imp. du département et des Amis de la Constitution, s. d* (avril 1791). in-8°, 4 p. (G.)

La Société se composait de 230 membres. — Suit un discours prononcé le 17 avril. « Votre serment additionnel est une mesure accessoire à celles déjà prises pour surveiller plus rigoureusement une constitution dont la conservation est votre unique but, etc.

1237. Société des Amis de la Constitution, à Annonay, département de l'Ardèche, distric *(sic)* du Mezenc. Lettre à MM. les curés du district de Vienne, par M. FORNAND DE BOVINET, *(sic)* membre de la Société des Amis de la Constitution de cette ville, déjà imprimée d'après le vœu de ladite Société; réimprimée à Annonay ensuite d'une délibération de la Société des Amis de la Constitution. Délibération du 20 avril 1791. Relatif à l'impression de la lettre susdite. A *Annonay, de l'imp. d'Agard*, in-8°, 15 p. (C).

Plusieurs curés « séduits par les libelles insidieux que répandent les ci-devant évêques, sont résolus de refuser l'obéissance au nouveau chef que le choix des électeurs vient de vous donner.»

1238. Extrait des registres de la maison commune de la ville de Vienne. Du 22 avril 1791. *A Vienne, de l'imp. de la veuve Védeilhié*, in-f°, placard. (V. V.)

Convocation des négociants et manufacturiers de la ville de Vienne pour le 1er mai 1791 à l'effet d'élire les juges qui doivent composer le tribunal de commerce attendu la nullité des élections précédemment faites prononcée par le département de l'Isère.

1239. Adresse au roi, signée : les administrateurs composant le directoire du département de l'Isère, AUBERT-DUBAYET, président ; PUIS, ROGNAT, etc. Grenoble le 25 avril, (1791) *Grenoble, J.-M Cuchet, imp. S. d.*, in-8°, 6 p. (G.)

« Le directoire du département de l'Isère, justement allarmé des nouvelles cabales dont les ennemis de votre repos, ne cessoient depuis quelques jours d environner le meilleur des rois alloit vous adresser une pétition pour supplier votre majesté de mettre un terme à ce scandale, quand les journaux nous ont annoncé que toutes les manœuvres étaient déjouées... Nous adhérons Sire, à tous les principes qui ont servi de base au sage arrêté qu'a pris le directoire de Paris... »

1240. Lettre écrite par M. DUPORT, ministre de la justice, à M. ODOUARD, commissaire du roi près le tribunal du district de Crest, département de la Drôme, 26 avril 1791. *S. l. n. n.*, in-8°, 1 p. (G.)

Il loue M. Odouard de son réquisitoire, contre les auteurs d'une scène scandaleuse qui a eu lieu dans la ville de Crest le 9 du mois de mars. Voyez n° 1195.

1241. Loi qui autorise... le département des Hautes-Alpes à louer les bâtiments nécessaires à ses établissements, 27 avril, 1791. *Gap, J. Allier,* in-4° 4 p. (A.)

1242. Domaines nationaux en vente. District de Saint-Marcellin, (le 27 avril 1791.) *A Grenoble, chez J.-M. Cuchet,* imp., in-f°, placard sur 2 col. (I.)

Immeubles de la ci-devant abbaye de Laval.

1243. Domaine nationaux en vente. District de Saint-Marcellin. Du 27 avril 1891. *A Grenoble, chez J.-M. Cuchet, imp. du département de l'Isère,* in-f° placard sur 2 col. (I.)

Immeubles dépendant du prieuré de Dionay, des Ursulines de Saint-Marcellin, de la cure de Vourey, du prieuré de la Forteresse et du prieuré de Saint-Pierre-de-Nacon.

1244. Les adieux de Mirabeau à sa patrie, dédié à la société des amis de la constitution, séante à Grenoble, par PETITE. *S. l. n. d.* (Grenoble 1er avril 1791) (Vienne, avril 1791) in-8°, 4 p. (G.)

1245. (Recueil de chansons.) Couplets, à la mémoire de Mirabeau, par M. G... Chanson patriotique par le même. Le patriote improvisateur. Chanson patriotique. Adieux aux Viennois. *S. l. n. n. n. d.*, in-8°, 8 p. (C.)

La dernière chanson, en 3 couplets, se termine ainsi:

Chabroud, digne président,
Vertueux, sage et prudent,
Par l'éclat de ton génie,
Tu sus désarmer l'envie ;
Ton nom célèbre à jamais
Sera chéri des Français.

1246. Domaines nationaux en vente. District de Saint-Marcellin, (du 29 avril 1791.) *A Grenoble. chez J.-M. Cuchet*, in-f°, placard sur 2 col. (I.)

Immeubles dépendant des chapelles Sainte-Baldine, Saint-Sébastien et Saint-Etienne à Viriville.

1247. Domaine nationaux en vente. District de Grenoble. De par les administrateurs composant le directoire du département de l'Isère (mai 1791.) *A Grenoble, chez J.-M. Cuchet, imp. du département de l'Isère,* in-f° placard sur 2 col.

Les immeubles à vendre étaient : la maison et le Pont-de-Champ, vente du 5 mai 1791, les immeubles du monastère de Montfleury sur Jarrie, ceux de la cure de Cievoz, 11 mai.

1248. Mandement et instruction du directoire du district de Grenoble, adressés aux municipalités de son ressort, concernant la loi sur la constitution mobiliaire, du 6 mai 1791.-- p. 4 (suit) : Instruction du directoire du district, concernant la contribution mobilière. *A Grenoble, chez* J.-*M. Cuchet, imp.* du *du département de l'Isère*, in-4°, 8 p.

1249. Délibération du directoire du département de l'Isère (du 7 mai 1791 au sujet de la lettre pastorale de l'évêque de Grenoble.) *A Grenoble, chez J.-M. Cuchet, imprimeur*, in-4°, 4 p. (M.)

Autre édition in-f° placard sur 2 col. (G.)

Dans la séance du 7 mai, le procureur général syndic Gautier dénonce « un nouvel attentat, un nouveau crime du sieur Dulau ci-devant évêque du département de l'Isère » qui venait de publier sous le titre de *Lettre pastorale de l'évêque de Grenoble* un écrit « dont tous les principes étaient aussi absurdes qu'incendiaires » à la suite de ce rapport le directoire dénonça à l'assemblée nationale l'évêque Dulau, comme coupable de crime de lèse-nation.

1250. Compte-rendu au roi et à l'assemblée nationale, par M. GAUTIER D'AUTTEVILLE (sic) prévot général des marechaussées de Dauphiné, de forfaits commis à l'ombre du civisme et de l'anarchie. A Paris le 9 mai 1791, *Imp. C. J. Gelé*, in-8°, 15 p. (tiré à 1000 exempl.) (C.)

1251. Ordonnance de l'évêque de Grenoble pour la publication du bref de notre saint père le pape en date du 13 avril 1791 (Henri-Charles DULAU D'ALLEMANS, évêque de Grenoble.) Donnée à Paris, le 10 mai 1791. *Paris, imp. de Crapart*, in-8°, 4 p. Suit le bref du pape à tous les cardinaux, archevêques, évêques du clergé et au peuple de France. (du 13 avril 1791.)

Nouvelle édition. *Paris*, *Crapart* 1791, in-8°, 30 p.

--- Engage « les intrus à retourner à Dieu »

1252. Lettre de M. COLAS, curé de Méaudres, diocèse de Grenoble, à ses paroissiens. *S. l. n. n. n. d.*, (10 mai 1791) in-8°, 3 p.

Sig. autog. de COLAS.

Il vient de recevoir le dernier bref du pape qui engage les intrus et les schismatiques à retourner à Dieu. Colas exhorte les pasteurs à faire un sincère retour sur eux-mêmes et à revenir au *vrai bercail.*

1253. Domaines nationaux en vente. District de Saint-Marcellin (du 22 mai 1791.) *A Grenoble, chez J.-M. Cuchet*, in-f° placard sur 2 col. (I.)

Immeubles dépendant de l'abbaye de Laval situés à Saint-Paul-d'Izeaux.

1254. Lettre du sieur ROJAT, curé de Roybon, à ses paroissiens, le 15 mai 1791. *S. l. n. n.*, in-12, 8 p. (G.)

« Je ne vous ai point perdu de vue, en cédant à la persécution et le premier sentiment que j'ai trouvé dans mon cœur, en abordant une terre étrangère a été un sentiment d'indulgence pour mes persécuteurs, j'ai été condamné aux prisons pour les instructions que je vous ai faites sur la doctrine de l'église catholique » etc...

1255. Procès-verbal d'une séance extraordinaire tenue par les amis de la constitution de Montélimar.

Du 17 mai 1791. *Montélimar, Mistral*, in-8°, 2 p. (G.)

Délibération par laquelle les deux lettres du sieur LEYSSIN, ci-devant archevêque d'Embrun, l'une adressée au peuple de son diocèse, l'autre à MM. les électeurs du départ. des Hautes-Alpes, assemblés à Gap, à l'effet de lui nommer un successeur, seront foulées aux pieds et brûlées « ce qui au même instant, a été effectué au milieu de la salle de l'assemblée, séance tenante. »

1256. Domaines nationaux en vente. District de Saint-Marcellin (du 17 mai 1791.) *A Grenoble, chez J.-M. Cuchet*, in-f° placard sur 2 col (I.)

Immeubles dépendant des cures de Moirans et de Penol.

1257. Lettre pastorale de M. l'évêque du département de la Drôme (François MARBOS) du 18 mai 1791. *Valence, Aurel*, in-4°, 13 p. (G.)

Relative à son élection d'évêque du département ; à la p. 12. Lettre de l'évêque Marbos au pape, lui demandant sa bénédiction paternelle, du 15 avril 1791.

1258. Extrait du procès-verbal du directoire du département de l'Isère (19 mai 1791.) *A Grenoble, chez J.-M. Cuchet, imp. du département de l'Isère 1791*, in-4°, 19 p. (C.)

Au sujet de la distribution des 2,355 fusils à faire aux communes et cantons des quatre districts du département de l'Isère.

1259. Réflexions générales sur les protestations des évêques de France, touchant les décrets de l'assemblée nationale relatifs à l'organisation civile du clergé ; par M. CHAPUYS, curé de Maubec et

Palezin. *A Vienne, de l'imprimerie de J. Labbe, imprim. du district et des amis de la constitution S. d. 1791*, in-8°, 63 p. (G.)

Autre édition : Réimprimée par ordre de la société des amis de la constitution. *Saint-Marcellin, chez A.-E. Beaumont, imprimeur du distric,* (sic) *de la municipalité et des amis de la constitution*, 20 mai 1791. in-8°, 2 f. n. chiff., 97 p. (tirée à 400 exempl.) (G.)

1260. Extrait du procès-verbal du directoire du département de l'Isère. (du 22 mai 1791) *A Grenoble, chez J. M. Cuchet, imp. du départ. de l'Isère* in-4°, 4 p. (G.)

(Au sujet des impositions de la présente année.) Signé : AUBERT-DUBAYET, PUIS, etc.

1261. Exhortation prononcée par M. Lagrée, ci-devant curé de Saint-Marcellin. 24 mai 1791. *S. n. n. l. n. d.* in-8°, 6 p. (C.)

Cette brochure a bien été publiée en mai 1791, mais l'exhortation de M. de Lagrée était du 8 août 1790, il l'avait prononcée à l'occasion de la Fédération générale de Paris le 13 juillet 1790, et comme il avait prêché l'obéissance au gouvernement, un membre de la Société des Amis de la constitution la faisait réimprimer en 1791 afin d'opposer la théorie de l'ancien curé à sa résistance actuelle, à la constitution civile du clergé.

1262. Extrait du procès-verbal du directoire du département de l'Isère. (du 24 mai 1791). A *Greno-*

ble, chez J. M. Cuchet, imp. du dépar. de l'Isère, in-4°, 4 p.

Autre édition, in-f° placard. (G.)

« Tous les partages des biens communaux faits par les communes d'Heyrieu et de Saint-Quentin dépendantes du district de Vienne, sont cassés et annulés comme illégaux. »

1263. Domaines nationaux en vente. District de Saint-Marcellin. (du 24 mai 1791). A *Grenoble, chez J. M. Cuchet.* In-f°, placard sur 2 col. (I.)

Immeubles dépendant du chapitre de Saint-Maurice de Vienne, situés à la Frette, et de la cure de Sillans.

1264. Lettre pastorale de l'Evêque du département de l'Isère, M. POUCHOT, (du 26 mai 1791). *Grenoble, Cuchet, s. d.* (1791). In-8°, 24 p. (G.)

Lettre relative à son installation sur le siège épiscopal de Grenoble.

1265. Extrait des registres du directoire du département de la Drôme. Du 26 mai 1791. *Valence, Viret.* In-4°, 9 p. (G.)

Discours de M. AYMÉ, procureur-général-syndic, au sujet des troubles du Comtat, etc... Suit l'arrêté qui fait défense au conseil général de la commune de Valence de faire mettre à exécution leurs délibérations comme inconstitutionnelles.

1266. Domaines nationaux en vente. District de Saint-Marcellin (adjudication le 26 mai 1791). A

Grenoble, chez J. M. Cuchet, imp. du départ. de l'Isère. In-f° placard sur 2 col. (I.)

Immeubles de la sacristie de Tullins, des cures de Beaufort, de Lentiol, de Saint-Etienne-de Saint-Geoirs, de Rancurel.

1267. Réflexions impartiales sur la constitution civile du clergé par le R. P. Cyrille, Augustin. (le P. Cyrille TROUILLON). *Grenoble, Falcon, s. d.* (28 mai 1791) in-8°, 23 p. (G.)

Cet ouvrage a été rendu public à la sollicitation générale des curés du département de l'Isère, et il a été mis en vente au prix de 8 *sols* le 28 mai 1791. V. le *Journal patriotique de Grenoble* n° 44, 1791.

1268. Discours de madame CHEMINADE, orateur de la députation de la société des Amies de la constitution (28 mai 1791), à la société des Amis de la constitution, séante aux Jacobins. Extrait du journal de Grenoble. (G.)

Elle demande l'affiliation de cette Société à celle des Amis de la constitution ; ce discours est suivi de la réponse de M. J.-V. Dumolard.

1269. Domaines nationaux en vente. District de St Marcellin. De par les administrateurs composant le directoire du département de l'Isère. (Adjudication le 28 mai 1791). *A Grenoble, chez J.-M. Cuchet, imp. du département de l'Isère.* In-f° placard sur 2 col. (I.)

Immeubles dépendant de la chapelle des Rebourds fondée dans l'église de Satnt-Siméon. Immeubles de la cure de Saint-Pierre de Bressieu, du chapitre Saint-Maurice de Vienne, de la cure de Chatenay, etc.

1270. Tableau des électeurs du département de l'Isère nommés dans les assemblées primaires tenues en exécution de la loi du 29 mai 1791, dressé par districts et par cantons, suivant l'ordre du procès-verbal arrêté par l'Assemblée nationale. *Grenoble, chez J.-M. Cuchet, imp. du départ. de l'Isère. S.* d. (1791) in-8°, 36 p. (G.)

Le département de l'Isère est divisé en quatre districts.

Le district de	Grenoble	est subdivisé en 35	cantons
»	Vienne	21	»
»	Saint-Marcellin	14	»
»	La Tour-du-Pin	21	»

Le nombre des électeurs est de 581.

1271. Copie fidèlle *(sic)* de la lettre consultative sur le serment, par le P. C... Aug... (le P. Cyrille TROUILLON, augustin), adressée par lui à plusieurs curés du diocèse de Grenoble ; et réponse à cette même lettre. *S. l. n. d.* (1791) in-4°, 24 p. (G.)

V. aux archives de l'Isère (B. 421) les procédures contre le P. Etienne Rapoud, minime de Grenoble, et Joseph Semet, aumônier des religieuses de Sainte Ursule de la même ville, pour colportage de cette brochure, (juin 1791).

1272. Domaines nationaux en vente. District de Saint-Marcellin. (Adjudication le 1er juin 1791.) A *Grenoble, chez J.-M. Cuchet, imp. du dép. de l'Isère,* in-f° placard sur 2 col. (I.)

Immeubles du prieuré de Saint-Siméon, de la cure de Bressieux, de la chapelle de Soizon, du chapitre de Saint-Ruf, établi à la Côte-Saint-André.

1273. Extrait des registres de la société des Amis de la constitution, séante à Montélimar. Du 2 juin 1791. *Montélimar, Mistral.* In-8°, 7 p. (G.)

Discours de M. Boisset, président de la société des Amis de la constitution de Montélimar, à l'occasion de la réunion du 40e régiment ci-devant Soissonnois à cette société.

1274. Loi sur la répartition des trois cents millions de contribution foncière et mobilière pour l'année 1791. Donnée à Paris le 3 juin 1791, (enregistrée à Grenoble, le 6 juillet 1791). *A Grenoble, chez J.-M. Cuchet, imp. du département de l'Isère,* in-4°, 12 p. (M.)

Les principaux des contributions foncières et mobilières pour 1791, furent répartis ainsi, pour les départements suivants :

	cont. fonc.	cont. mobil.	total des deux contributions.
Hautes-Alpes.	728,500	168,800	897,300
Drôme.	1,684,800	376,500	2,061,300
Isère.	3.181,800	735.500	3,917,309

1275. District de Saint-Marcellin. Vente de biens nationaux. Du 3 juin 1791. A *Saint-Marcellin, chez* A. *Beaumont.* In-f° placard sur 2 col. (I.)

Immeubles du prieuré de Chevrières, des cures de Vinay et de Marcollin.

1276. Opinion d'Antoine BRÉNIER-MONTMORAND, sur l'instruction publique, prononcée dans la séance des Amis de la constitution, à Saint-Marcellin, le 5 juin 1791. A *Saint-Marcellin, chez A. Beaumont, imp. des Amis de la constitution.* In-4°, 20 p. (G.)

Discours divisé en trois parties : 1° Objet de l'instruction publique ; 2° Effets de l'instruction publique ; 3° Application particulière à Saint-Marcellin.

1277. Arrêté du Tribunal du Buis. Du 8 juin 1791. *S. l. n. d.* in-12, 3 p. (V.)

Interdisant aux membres du tribunal de recevoir chez eux les plaideurs, ou d'accepter des communications écrites.

1278. Etat de situation de la garde nationale du district de Grenoble (8 juin 1791). *Grenoble, J. M. Cuchet, imp.*, in-4°, 4 p. (tiré à 225 exempl.)

1279. Arrêté du directoire du district de Grenoble. Du 8 juin 1791. Signé : AMAR, vice-président, RÉAL, BELLUARD, ALLEMAND, F. ROYER, HILAIRE, GAUTIER, etc. *A Grenoble, chez J.-M. Cuchet, imp. du dép. de l'Isère,* in-4°, 4 p. (tiré à 500 exempl.) (C.)

Autre édition, in-f° placard (tirée à 225 exempl.)

Concernant le recouvrement de la contribution patriotique.

1280. Instruction du directoire du département de

l'Isère, relative à la convocation des assemblées primaires et à la nomination des électeurs. Signée : AUBERT DU BAYET, président ; PUIS, vice-président ; AMAR, ROYER, BRAVET, VALLIER, etc. A *Grenoble, chez J.-M. Cuchet, imp. du dép. de l'Isère*, in-4°, 3 p. (I.)

Autre édition, in-f° placard. (C.)

Engage les citoyens « à choisir des électeurs amis de la liberté et de la patrie afin qu'ils puissent nommer des députés éclairés, dignes de la nation. »

1281. Convocation des assemblées primaires. De la part des maires et officiers municipaux, en suite de la lettre de M. le procureur syndic du district de Grenoble, du 4 du présent mois. Fait à Grenoble, le 11 juin 1791. *Grenoble, Cuchet,* in-f° placard. (G.)

L'ouverture des assemblées primaires se fera à Grenoble le 20 de ce mois. Ces assemblées ont pour objet de nommer de nouveaux électeurs qui se réuniront ensuite le 1er juillet, pour procéder à l'élection des députés à la première législature, etc.

1282. Société des Amis de la constitution de Montélimar. Détails de ce qui s'est passé relativement au quatriement *(sic)* régiment d'artillerie, ci-devant Grenoble, et au quarantième régiment, ci-devant Soissonnois, où l'on a joint les procès-verbaux et autres pièces relatives au départ de cinq officiers du régiment de Soissonnois. Du 11 juin 1791. A *Mon-*

télimar, chez Mistral, imprimeur de la société des Amis de la constituton. 12 p. (G.)

« Le 4e régiment d'artillerie en résidence à Valence, jouit de la réputation la mieux méritée, au sujet de ses sentiments patriotiques, de son attachement à la constitution, et à la loi, dont rien n'a jamais été capable de le détourner.

« Le 40e régiment, en garnison à Montélimar, sans cesse surveillé par des officiers qui paroissoient en général ne pas aimer la révolution et qui éloignoient les soldats de tout ce qui pouvoit tendre à les éclairer, vivoit sequestré des citoyens patriotes de cette ville. Un détachement du 4e régiment d'artillerie fut envoyé de Valence à Montélimar avec cinq pièces de canon, pour être à portée de se transporter sur les limites du Comtat. Un incident relatif à des cartouches que le commandant de Soissonnois voulut exiger du détachement, alarma le patriotisme de ces gens, et il naquit de là un nuage entre les deux corps qui fut bientôt dissipé. » Quelques jours après, les soldats du 40e régiment furent autorisés à assister aux reunions de la société des amis de la constitution à Montélimar... et les deux régiments furent bientôt animés des mêmes sentiments patriotiques. — Suit un discours de M. Vondière, musicien du 40e (du 11 juin 1791) au sujet de la réunion fraternelle des deux corps...

1283. Discours adressé à la société des Amis de la constitution de Montélimar au nom du 40e régiment d'infanterie, ci-devant Soissonnois, par M. Vondière, musicien audit régiment. *S. d.* (1791) A *Montélimar, chez Mistral, imp. de la société des Amis de la constitution*, in-8°, 7 p. (G.)

« Avec quelle satisfaction nous nous sommes vus comblés des marques éclatantes de votre amitié ! Amitié précieuse, qui nous promet cette paix douce et rare dont nous avons goûtés les délices au sein de vos murs... Oui, citoyens, nous nous rappelons avec enthousiasme l'instant heureux qui nous joignit à vous... Nous jurons d'être à jamais dévoués aux lois, fidèles à nos devoirs, soumis à nos chefs, et amis des habitants de Montélimar.

1284. Loi relative à la répartition des cent mille soldats auxiliaires. Donnée à Paris le 12 juin 1791. (Enregistré à Grenoble le 11 juillet 1791). *A Grenoble, de l'imp, de J.-M. Cuchet, imp. du département de l'Isère*, in-4°, 10 p. (M.)

Tableau de répartition des auxiliaires par département décrété par l'Assemblée nationale

Noms des départem.	Nombre de districts	Nombre d'hommes à fournir	
		Par district	Par départem.
Isère	4	200	800
Hautes-Alpes	4	100	400
Drôme	6	100	600
	14	400	1.800

1285. Loi relative aux gratifications et récompenses dues aux personnes qui ont donné des preuves de bravoure dans l'affaire de Nancy et au siège de la Bastille. Donnée à Paris le 17 juin 1791. (Enregistrée à Grenoble le 18 juillet 1791). *A Grenoble, chez J.-M. Cuchet, imp. du département de l'Isère*, in-4°, 8 p. (M.)

Suit la liste de ceux qui sont reconnus pour avoir donné des preuves de courage et de bravoure au siège de la Bastille. On y trouve le Dauphinois Pierre-Joseph LAUGIER.

1286. Loi relative à la distribution d'une somme de deux millions six cent mille livres entre les départements, et pour les causes y énoncées. Donnée à Paris le 19 juin 1791, (Enregistrée à Grenoble, le 27 juin 1791). *A Grenoble, chez J. Cuchet, imp. du département de l'Isère,* in-4°, 8 p. (M.)

Le département de l'Isère recevra la somme de 50,000 liv. pour la continuation des digues contre les rivières et les torrents.

1287. Adresse de l'Assemblée nationale aux Français, décrétée dans la séance du 21 juin 1791, et répandue par les soins de la Société des Amis de la Constitution de la ville de Romans.

Suit l'adresse extraite du *Journal des Débats* n° 763. A *Romans, de l'imp. de L. Martigniat, imp. de la Société des Amis de la Constitution, s. d.* (1791). in-8°, 8 p.

1288. Lettre sur la Constitution civile du clergé (par l'abbé Reymond). A *Vienne, de l'imp, de la Vve Vedeilhié.* 21 juin 1791, in-8°, 43 p. (G.)

Lettre adressée à Monsieur... L'abbé Reymond donne son opinion sur la constitution civile du clergé, et examine : 1° ce qu'était le clergé dans le premier âge de l'Eglise ; 2° si la réforme du clergé tient au dogme; 3° si la nation peut remplacer les fonctionnaires publics qui refusent de prêter serment. Vienne, le 21 juin 1791.

1289. Grenoble, 24 juin 1791 à minuit. Monsieur, lettre à MM. les officiers municipaux de... Signée : Les administrateurs composant le directoire du département de l'Isère : Aubert du Bayet, président, Vallier, Royer, Aman, Boissieu, Roux, Bravet, Gautier, procureur général syndic, Du-

PORT, secrétaire. *S. l. n. d.*, in-4°, 2 p. n. chif. (M.)

Ils annoncent que le roi, la reine, le dauphin et Madame ont été arrêtés à Varennes.

« Nous nous empressons, Messieurs, de vous faire parvenir de la manière la plus prompte, une nouvelle aussi satisfaisante pour les bons citoyens et les vrais patriotes. »

1290. Proclamation du tribunal du district de Grenoble. 24 juin 1791. *Grenoble*, *Allier*, in-f° placard (G.)

Sur « L'enlèvement » du roi et de la famille royale.

1291. Arrêté des citoyens de Loriol (juin 1791). *Montélimar*, *Mistral*, in-8°, 3 p. (V.)

Au sujet de l'enlèvement du roi.

1292. Avis du directoire du département de la Drôme. Du 24 juin 1791. Signé : DESJACQUES, vice-président. *Valence*, *Aurel*, in-f° placard, 2 col. (G.)

« Les ennemis de la Patrie viennent d'enlever le roi et sa famille... Que chacun de nous continue à respecter les lois et à se soumettre à leur empire. Amis de l'ordre, montrons que nous sommes dignes de cette constitution sublime, faite pour les hommes sages qui ne veulent que la liberté, l'égalité et la paix. »

1293. Lettre circulaire des membres de la Société des Amis de la Constitution établie à Grenoble. Du 24 juin 1791. Aux membres des sociétés des Amis de la Constitution. *S. l. n. d.*, in-4°, 2 p. n chif. (G.)

Au sujet de la correspondance par la voie de la poste pour laquelle il faut éviter de la rendre trop dispendieuse. Sig. autog. DUMOLARD, président, POUDRÉ et SILVY cadet.

1294. Adresse du directoire du département des Hautes-Alpes à tous les citoyens du département. — A Gap, en directoire le 25 juin 1791. — Signée. PROVENÇAL, président ; CRESSY, AMAT, SAINTE-GUITTE, FANTON, MONYER DU BOURG, etc. A *Gap, chez J. Allier, imp. du dép. des Hautes-Alpes*, in 4°, 3 p. (A.)

Elle recommande aux administrations de district et aux municipalités de veiller au maintien du bon ordre et de la tranquillité publique, — invite les municipalités de s'occuper du recensement de leurs gardes nationales, etc.

1295. Vivre libre ou mourir. Extrait des registres de la Société des Amis de la Constitution de Saint-Marcellin. Signé : BRENIER MONTMORAND, président, BERRUYER DUBRUSSET, RODET, CLERC, IMBERT secrétaire. Du 25 juin 1791. A *St-Marcellin, chez A. Beaumont, imp. du district, du tribunal, de la municipalité et des Amis de la Constitution*, in 4°, 3 p.

Contenant la formule du serment.

1296. Lettre de la société des amis de la constitution de Saint-Marcellin, à la Société de Paris.

Saint-Marcellin, 26 juin 1791. Signée : BRENIER de MONTMORAND, président... A *Saint-Marcellin, chez A. Beaumont, imp, du district, du tribunal de la municipalité et des amis de la constitution*, grand in-f°, 4 p. n. chiff. (G.)

Il est question dans cette lettre : de l'enlèvement du roi. Du curé de Saint-Marcellin, (de LAGRÉE) prêtre réfractaire, décrété de prise de corps ; du serment renouvelé par les citoyennes de cette ville; enfin la Société adresse ses vœux et remerciements à la garde nationale de Varennes, à l'Assemblée nationale. « Sans cesse et jusqu'au dernier soupir, nous professerons la devise de nos frères de Paris, *vivre libres ou mourir*. Toujours nous suivrons le flambeau de l'Assemblée nationale; toujours, nous nous rallierons autour de la constitution. »

1297. Arrêté du département de l'Isère du 26 juin juin 1791. *A Grenoble, chez J.-M. Cuchet, imp. du département de l'Isère* in-f° placard. (G.)

Détails relatifs à l'arrestation du roi et de la famille royale à Varennes.

1298. Arrêté du directoire du département des Hautes-Alpes. (26 juin 1791) *Gap, Allier*, in-4° 4 p., (A.)

Indiquant le cérémonial pour célébrer la fête du 14 juillet.

1299. Les électeurs du département des Hautes-Alpes à Messieurs de l'Assemblée nationale. Sign. LABATIE fils, président ; SERRES, secrétaire. Gap le 28 juin 1791. A *Gap, chez J. Allier, imp. du département des Hautes-Alpes*, in-8° 6 p. (A. A.)

« Les électeurs du département des Hautes-Alpes assemblés,

se sont permis de jurer tous sur l'autel de la patrie, que lorsque la loi les aura convoqués, quelque obstacle qui leur soit opposé, la force seule ou la mort pourront les empêcher de se réunir » etc.

1300. Adresse aux législateurs de la France, par les citoyens de Montélimar, rédigée par M. Boisset, président de la Société des amis de la constitution de cette ville. *S. l. n. n. n. d.*, in-8°, 2 p. (G.)

« Les citoyens de Montélimar vous offrent leurs bras, disposez en pour la défense et le salut de l'empire, ordonnez et vous les verrez voler partout ou le danger de la chose publique les appellera »

Cette adresse a été reproduite dans un journal de l'époque à la date du 29 juin 1791.

1301. Le serment des citoyennes, ou les femmes patriotes. Discours prononcé à la Société des amis de la constitution de Grenoble, le 29 juin 1791, par Madame B....s (*Grenoble*), *chez J. Allier*, in-8°, 12 p. (G.)

Explique le rôle que les femmes doivent jouer dans la Révolution.

« Tremblez, femmes aristocrates! vous qui, quoique vivant parmi nous, partagez les sentiments anti-civiques de vos amants fugitifs! Nous vous connaissons, et vos criminelles intelligences ne seroient pas impunies!.....

Et vous, fausses dévotes! vous qui feignez de vous intéresser à la cause du ciel pour conserver vos anciens directeurs! Réveillez-vous, sortez de vos extases fanatiques... etc. »

1302. Arrêté du directoire du département des Hautes Alpes. 30 juin 1791. *Gap, J. Allier*, in-4°, 3 p. (A.)

Organisation de la garde nationale.

1303. Adresse des administrateurs du directoire du dép. des Hautes-Alpes à l'Assemblée nationale. 30 juin 1791. *Gap, J. Allier* 1791, in-4° 3 p. (A.)

Après l'affaire de Varennes.

1304. Extrait des registres de la municipalité de Vienne, du 2 juillet 1791. A *Vienne, de l'imprimerie de la Vve Vedeilhié*, in-4°, placard (V. V.)

Portant convocation des négociants de Vienne pour le 17 juillet à l'effet d'élire les juges qui doivent composer le tribunal de commerce conformément à l'arrêt du directoire du département, du 10 juin 1791.

1305. Procès-verbal de la séance de vingt-deux sociétés, tant des amis de la constitution que des surveillans, tenue à Valence, le 3 juillet 1791, in 4°, 6 p. (G.)

M. Rouvière, chevalier de Saint-Louis, administrateur du département de la Drôme a été proclamé président, il lit ensuite la formule du serment, l'assemblée demande par un mouvement spontané à prêter aussi celui ordonné par l'assemblée nationale les 11 et 13 juillet 1791. L'évêque du département (Marbos) prononce un discours sur la constitution civile du clergé, la séance est terminé par une souscription patriotique dont l assemblée a demandé par acclamation l'impression.

1306. Discours servant de réponse à différentes objections faites aux quatre commissaires députés à la fédération patriotique tenue à Valence, département de la Drôme, le 3 juillet 1791.

Discours prononcé à Annonay, par J. J. Kœnig

et imprimé par ordre de la Société des amis de la constitution. *Annonay. S. d.* 1791, in-8°, 104 p. (B.-D.)

1307. Extrait des registres des délibérations du district de Valence, département de la Drôme. Séance du 8 juillet 1791. A *Valence de l'imp. de J.-J. Viret, imp. du directoire du district*, in-f°, placard sur 2 col. (C.)

Relatif au renouvellement de la moitié des administrateurs du département et du district. Suit l'arrêté du directoire du district qui fixe le tirage au sort de la moitié des membres de l'administration du district au jeudi 14 juillet.

1308. Délibération du conseil général de la commune de Montélimar, département de la Drôme. Du 10 juillet 1791. *Montélimar, Mistral.* 1791, in-4°, 4 p, (G.)

Discours de M. BAUTHEAC DE GRANVAL, maire, au sujet des impositions de l'année 1790, il prie de les payer de suite, il faut, dit-il, des ressources pour alimenter le trésor public.

1309. Mémoire présenté au temps, par M. GAUTHIER D'AUTEVILLE. A Paris, ce 13 juillet 1791, suivi d'une lettre de M. DUPORTAIL, ministre de la guerre. *Paris, C.-J. Gelé.* 1791, in-4°, 50 p. (G.)

Ce prévôt général de la maréchaussée raconte ses tribulations en Dauphiné, de la p. 24 à 49. Pièces justificatives, comprenant des lettres de M. de la TOUR-DU-PIN, de M. LAURRANS de CHARLY, de M. PIOCT, maire de Vienne, etc.

1310. Arrêté du directoire du département des Hautes-Alpes, 13 juillet 1791 *Gap, J. Allier*, in-4°, de 4 p. (A.)

Répartition entre les quatre districts, du nombre de soldats auxiliaires à fournir par le département.

1311. Consigne générale pour la journée du 14 juillet 1791. A *Gap, chez J. Allier, imp. du département des Hautes-Alpes*, in-8°, 8 p. (A.)

Réunion sur la route de Provence, on ira chercher la bannière dans la salle du département. quatre gardes nationaux porteront à la suite de la bannière le relief de la Bastille, on se rendra au champ de la Fédération, une messe sera célébrée. Prestation de serment etc.

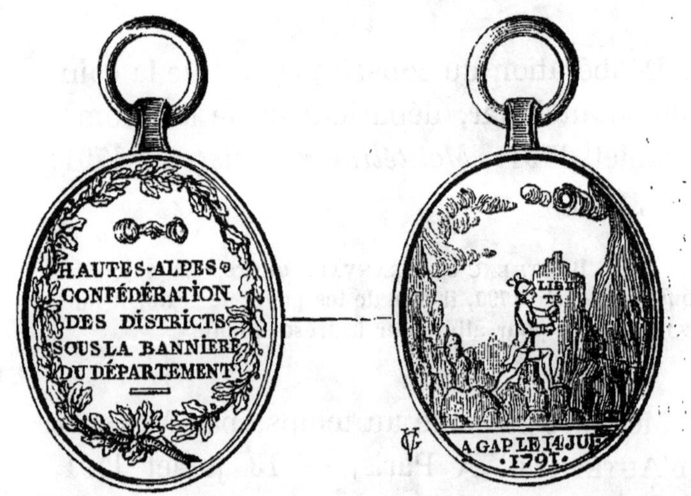

MÉDAILLE DE LA FÉDÉRATION DE GAP,
14 juillet 1791

Cette médaille, ovale et ornée d'une bélière, fut frappée en étain.

Voici la description de ses deux faces :

HAUTES-ALPES
CONFÉDÉRATION
DES DISTRICTS
SOUS LA BANNIÈRE
DU DÉPARTEMENT.

Au-dessus, une foi ; le tout, dans une branche de chêne se repliant en forme de couronne.

Revers . un dragon national de Gap, escaladant les cimes des Hautes-Alpes et gravant, sur un roc isolé, le mot LIBERTÉ. Au bas, et à droite, la lettre T, (Initiale du nom du graveur. : Telmon). A l'exergue :

A GAP, LE 14 JUILLET
1791

(Collection de M. Amat, cliché communiqué par M. G. Vallier.)

1312. Procès-verbal de la confédération des gardes nationales du département des Hautes-Alpes, du 14 juillet 1791. Fait à Gap. Signé : PROVENSAL, président; CRESSY, FANTIN, SAINTE-GUITTE, FAURE, AMAT ; MARTINON, NICOLAS, ALLEMAND, administrateurs du directoire du département ; MOYNIER DU BOURG, procureur-général syndic. *A Gap, chez J. Allier, imp. du département des Hautes-Alpes.* 1791. in-4°, 6 p. (A. A.)

Tous les détachements des compagnies des gardes nationales, des troupes de ligne etc. se sont rendus à huit heures du matin sur la route de Provence, à la droite de la porte Colombe. — Nomination de M. Pluet, officier, député du 75e régiment, ci-devant *Monsieur*, en qualité de commandant de la Fédération.

« Chaque confédéré portait à sa boutonnière, une médaille gravée par le sieur Telmon, citoyen artiste de la ville de Gap, qui a fait hommage de ses talents à la patrie. »

A neuf heures et demie, un détachement commandé par M. Souchon, de Chorges, s'est rendu au lieu des séances du directoire de département pour y recevoir la bannière, qui a été remise à M. Abel d'Antonaves, doyen des fédérés à Paris.

Célébration de la messe, par Caseneuve évêque des Hautes-Alpes et prestation de serment. Discours de M. Provensal, banquet, bal public, feu d'artifice etc.

1313. Discours prononcé par le maire d'Embrun. en présence du 93e d'infanterie et de la garde nationale d'Embrun, assemblés le 14 juillet 1791. *Embrun, P. L. Moyse*, in-4°, 3 p. (A.)

1314. Extrait du registre des délibérations du district de Grenoble, portant délégation aux municipalités du ressort, pour surveiller la jouissance des acquéreurs des domaines nationaux, Du 14 juillet 1791. *Grenoble, J.-M. Cuchet*, in-4°, 3 p. (G.)

1315. Position de la France au 16 juillet 1791. *S. l. n. d. (Grenoble*, 1791,) in 8°.

L'auteur menace de l'attaque des princes étrangers si les *Etats-Généraux* ne reviennent pas sur leur constitution.

Cette brochure, imprimée à Grenoble, a été brûlée dans presque toutes les communes « à la Mure on ne l'a pas brulée, mais on en a fait un autre usage qu'on nous dispensera de rapporter. »

Voir le *Journal patriotique de Grenoble*, 2e année, no 76, 12 août 1791.

1316. Délibération du conseil général de la commune de Montélimar, département de la Drôme, du 18 juillet 1791. *Montélimar, Mistral* 1791, in-4°, 4 p. (V.)

Discours de M. BAUTHEAC DE GRANVAL, maire, il invite les contribuables à verser dans le plus court délai la moitié de leurs impositions de 1790.

1317. Tableau des contributions foncières et mobilières du département de l'Isère ainsi que ses charges et de celles des quatre districts pour l'année 1791. *A Grenoble, chez J.-M. Cuchet imp. du département de l'Isère* (19 juillet 1791), in-4°, 14 p. et un tabl. (I.)

1318. Loi relative à la liquidation de l'office de premier président de la ci-devant chambre des comptes de Grenoble. Donnée à Paris le 20 juillet 1791. (Enreg. à Grenoble le 27 août 1791) A *Grenoble, chez J.-M. Cuchet, imp. du département de l'Isère*, in-4°, 3 p. (M.)

Autre édition in-f° placard.

L'Assemblée nationale instruite par son comité de judicature, qu'il n'existe aucun acte authentique d'acquisition ou de partage entre co-héritiers de l'office de 1er président à la ci-devant chambre des comptes de Grenoble, décrète que cet office sera liquidé, conformément à l'évaluation qui en a été faite en 1771.

1319. Loi relative à la défense des frontières. Donnée à Paris le 29 juillet 1791. (Enreg. à Grenoble le 13 août 1791) *A Grenoble, chez J.-M. Cuchet imp. du départemént de l'Isère.* in-4°, 8 p. (M.)

Autre édition in-f° placard.

Cette loi décrète qu'il sera mis sur le champ, en activité 97.000 hommes de gardes nationales, elles seront distribuées : 5e division. De Belley à Entrevaux sur le Var. Huit mille hommes fournis par les départements de l'ISÈRE, des HAUTES-ALPES, des BASSES-ALPES et de la DROME.

1320. La société des amis de la constitution séante à Grenoble, convaincue de la vérité des réflexions renfermées dans l'adresse suivante, a délibéré de la faire imprimer à ses frais, et distribuer en abondance dans le département de l'Isère.

Délibération signée : BOURGUIGNON-DUMOLARD, président, DUMOLARD, URBAIN la ROCHE, HELIE, FANTIN.

Adresse de la société des amis de la constitution séante à Ruffec, à MM. les électeurs du district, sur le choix des députés à la législature. *A Grenoble, chez J. Allier, imprimeur de la Société des amis de la constitution. S. d.* (août 1791) in-4°, 4 p. (M.)

1321. Arrêtés du directoire du département de l'Isère, relatifs aux gardes nationales volontaires destinées à la défense des frontières. Extrait du procès-verbal du lundi, 18 juillet 1791, suivi de l'extrait du procès-verbal du directoire du département de l'Isère, du lundi 1er août 1791, après-midi. *Grenoble, J.-M. Cuchet*, in-4°, 4 p. (G.)

Autre édition in-f° placard.

Arrêté qui nomme MM. Marcel, maréchal de camp et officier municipal de Grenoble, Mallein-la-Rivoire, aide-major, et Bizannet, sous-aide major de la garde nationale de la dite ville pour procéder à la formation des gardes nationales qui doivent être fournies par le département de l'Isère. Le directoire adjoint aux 3 commissaires ci dessus 1° M. d'Izoard, maire de Grenoble, M. Guillermin, administrateur du département, résidant à Vienne, M. Charavel de l'Isle, officier du génie, retiré et résidant à Grenoble. M. Pin, maire de Saint-Marcellin, M. Varnet, administrateur du district de la Tour-du-Pin.

1322. Règlement provisoire pour le service des gardes nationales. *Grenoble, Cuchet*, in-4°, 8 p.

C'est un règlement rédigé par le ministre de la guerre Duportail.

1323. Loi relative à la distribution de la monnaie de cuivre et de celle qui proviendra de la fonte des cloches. Donnée à Paris, le 6 août 1791. (Enreg. à Grenoble le 23 août 1791.) *A Grenoble, chez J.-M. Cuchet, imp. du département de l'Isère*, in-4°, 8 p. (G.)

Voici la proportion dans laquelle nos départements durent participer au produit de la fabrication des espèces de cuivre :

Monnaie de Lyon : Isère 3 vingtièmes.

Monnaie de Montpellier : Drôme 3 vingtièmes.

Monnaie de Montpellier : Hautes-Alpes 1 vingtième.

1324. Domaines nationaux en vente. District de la Tour-du-Pin. De par les administrateurs composant le directoire du département de l'Isère (du 6 août 1791.) *A Grenoble, chez J.-M. Cuchet, imp.*, in-f°, placard sur 2 col. (I.)

Domaine de Baix et bois de BURNOUD dépendant de la ci-devant chartreuse de Salettes.

1325. Première affiche. Avis au public. De par les administrateurs du directoire du district de Grenoble et ensuite de la délibération du 7 de ce mois. A *Grenoble, chez J.-M. Cuchet, imp. du département de l'Isère*, in-f° placard (C.)

Suit cet avis dans lequel on lit: le public est averti que le undi 5 sept. 1791, il sera procédé à la vente du mobilier des monastères supprimés dans la ville de Grenoble et l'étendue du district.

1326. Tableau de toutes les charges et impositions à supporter par le département. *Cuchet. imp. du département place Saint-André*, in-4°.

V. journal patriotique de Grenoble, 2e année n° 75, 9 août 1791.

1327. Déclaration de Mgr de Leyssin, archevêque d'Embrun (10 août 1791.) *Paris Guerbart*; in-8°, 4 p. (T.)

1328. Affiches patriotiques du district de Vienne

Omne tulit punctum, qui miscuit utile dulci.

HORACE.

Vienne, Joseph Labbe, juillet 1791.-1800. In-8°.

Ce journal prit ensuite le titre de : *Annonces et avis divers de la ville de Vienne.* Il paraissait deux fois par semaine par demi-feuille in-8° et contenait les annonces judiciaires, les annonces de biens à vendre ou à louer, les prix des grains, etc., plus un extrait des séances des assemblées politiques, et un bulletin des nouvelles intérieures et extérieures.

Les Affiches prirent plus tard le titre de: *Affiches patriotiques de Vienne, département de l'Isère.* La variation et le discrédit des signes monétaires occasionnaient de si fréquentes *vicissitudes dans le prix d'abonnement a ce journal*, que l'éditeur, en l'an IV, fut obligé d'insérer l'avis suivant :

« Le prix d'abonnement sera, pour l'année, d'un bichet de blé, ou « sa valeur en numéraire, ou autres marchandises ou denrées, et « de la moitié du bichet ou de la valeur pour six mois. Les paie« ments s'effectuent ordinairement d'avance ; mais ceux faits « par un bichet de blé pourront ne s'acquitter qu'à la récolte de « chaque année, il n'est aucun cultivateur qui puisse se refuser « à ce mode de paiement, que plusieurs de nos abonnés ont « adopté. »

Il existe une collection, peut-être unique, de ce journal dans la bibliothèque du marquis de Bérenger, à Sassenage.

1329. Règlement de la Société des Amis de la constitution de Romans, département de l'Isère. Du 14 août 1791, in-8°.

Ce règlement a été rédigé par Marc-Antoine JULLIEN.

1330. Grenoble, le 15 août 1791. Lettre du procureur syndic du district de Grenoble (Hilaire). A Monsieur... électeur du canton de... *S. l. n. n.*, in-4°, 2 f. (G.)

Lettre de convocation pour nommer les députés au corps législatif. L'Assemblée se tiendra dans l'Eglise des ci-devant Jacobins, à 9 h. du matin.

1331. Extrait du procès-verbal des Amis de la Constitution de Romans. Du mercredi 17 août 1791, l'an troisième de la liberté. A *Romans, de l'imp. de L. Martigniat, imp. du directoire du district.* In-f° 3 p. n. chif. (G.)

Discours de M. Marc-Antoine JULLIEN père. Il demande que la Société de Romans reste inviolablement attachée à la Société mère des Jacobins de Paris. « Nous ne reconnaîtrons, dit-il, jamais d'autres guides, tant qu'ils seront eux-mêmes guidés par l'amour de la liberté et de l'égalité, qui sont l'essence de notre Constitution. »

1332. Montélimar, le 20 août 1791. Lettre de M. le procureur syndic du district (PELLAPRA). A M..., électeur du canton de.... *S. l. n. n.*, in-4°, 2 f. (G.)

Convocation pour procéder, dans l'église principale, à l'élection de plusieurs cures dont les places sont vacantes par le refus de prêter le serment.

1333. Embrun 22 août 1791. Circulaire de l'Evêque aux ecclésiastiques. *S. l. n. d.*, in-4° 3 p. (A.)

Relative au séminaire diocésain.

1334. Grenoble le 23 août 1791. Circulaire du procureur général syndic du département de l'Isère (ROYER). Instruction du directoire du département de l'Isère, relativement à la franchise des lettres et paquets qui lui sont adressés. Fait et arrêté en directoire le 23 août 1791. Signée; AUBERT DU BAYET, président ; PUIS, vice président ; AMAN, ROYER, VALLIER, BOISSIEU, BERGERON, ROUX, BRAVET,

GAUTIER, procureur général syndic, DUPORT; secrétaire. *S. l. n. n.*, in-4°, 4 p. (I.)

La circulaire du proc. général syndic est relative à l'état de répartition des 97,000 gardes-nationales destinées à la défense des frontières dans lequel le département y est compris pour 2870 hommes.

1335. District de Saint-Marcellin. Vente de biens nationaux. (Adjudication le 23 avril 1791.) A *Saint-Marcellin, chez* A. *Beaumont, imp. du district, du tribunal et de la municipalité.*, in-f°, placard sur 2 col. (I.)

Biens de l'abbaye de Laval, du prieuré de la Murette, immeubles de la chapelle Sainte Anne dans l'église de la Murette, de la chapelle Saint-Claude et Saint-Blaise fondée à l'église de Tullins. Chapelle appelée de Saint-Ferréol située snr Chatte.

1336. Tableau des noms de Messieurs les électeurs à l'Assemblée électorale de Valence. 25 août 1791. *Valence, P. Aurel, S. d.* in-8°, 16 p. (B.-D.)

1337. Opinion présentée à l'Assemblée électorale de Grenoble, le 27 août 1791 par ROBIN, électeur de la ville de Bourgoin. *S. l.* in-4°, 1 p. (G.)

Au sujet de la nécessité de faire un bon choix pour la nouvelle législature. « On assure, dit-il, qu'il y a parmi les électeurs eux-mêmes, un nombre prodigieux de prétendants au titre de député à la législature. Cela fait frémir. »

1338. Discours adressé à l'Assemblée électorale du département de la Drôme séante à Valence, et prononcé dans une assemblée des Amis de la Constitution de la dite ville, le 30 août 1791, par Marc-Antoine JULLIEN, électeur du Bourg-du-Péage. *A Valence, chez Pierre Aurel, imp. du département de la Drôme*, in-8°, 12 p. (C.)

Discours violent contre le roi et la royauté.

1339. Opinion de M. GUILLERMIN, notaire à Vienne, sur le partage des communaux. Prix 4 sous. A *Vienne, de l'imp. de J. Labbe. S. d.*, (sept. 1791, in-8°.

1340. Discours à l'assemblée électorale du département de la Drôme, séante à Valence, le 3 septembre 1791, par Jean-Antoine PAULET, électeur du canton de Châteauneuf, de Mazenc district de Montélimar. *S. l.*, in-4°, 1 p. (G.)

Réimprimé dans la *Revue du Dauphiné* T. V. p. 17.
« Nous voici donc, Messieurs, sur l'autel de la patrie, brûler au flambeau de la constitution, où nous avons juré de choisir des législateurs les plus dignes de la confiance. »

1341. Déclaration des principes et du but de la société des Amis de la constitution établie à Briançon, le 4 septembre 1791. *Gap, J. Allier* 1791, In-8°, 10 p. (A.)

1342. Etat des cures à remplacer dans le district de Grenoble, et qui sont vacantes par mort, démission ou refus de prêter le serment pur et simple.

Liste des administrateurs sortis par le sort, du directoire, 2° de l'administration. Grenoble, 7 sept. 1791. Signé : HILAIRE. *S. l. n. n.* (*Grenoble, Cuchet*), in-4°, 3 p. non chiff. (G.) (200 exempl.)

1343. Procès-verbal de l'assemblée électorale du district de Saint-Marcellin, département de l'Isère, tenue dans l'église paroissiale de la même ville. Le 11 sept. 1791 et jours suivants. Contenant la nomination à 5 cures vacantes, l'élection du supplément du tribunal et le remplacement des places du directoire et de l'administration vacantes par le sort ou par démission. *Saint-Marcellin, Beaumont* 1791, in-4°, 45 p. (C.)

1344. Grenoble, 12 septembre 1791. Lettre circulaire des administrateurs composant le directoire du district de Grenoble (AMAR, RÉAL, BELLUARD, ALLEMAND, HILAIRE, GAUTIER) à MM. les maires et officiers municipaux, par laquelle ils demandent un état détaillé de la population de chaque paroisse. *S. l. n, n.*, in-4°, 2 p. non chiff. (M.)

1345. Loi relative aux courriers de la poste aux lettres. Donnée à Paris, le 12 sept. 1791. (Enregis. à Grenoble le 12 oct. 1791). A *Grenoble, chez J.-M. Cuchet, imp. du département de l'Isère*, in-4°, 7 p. (M.)

A compter du 1er janvier 1791, il y aura de Lyon à Grenoble, par Bourgoin, six courriers de départ et six d'arrivée par semaine.

1346. Lettre du roi portée à l'assemblée nationale par le ministre de la justice le 13 septembre 1791. *A Grenoble, chez J.-M. Cuchet, imp. du départ. de l'Isère*, in-4°, 4 p. (G.)

Lettre par laquelle le roi accepte l'acte constistutionnel, elle est suivie de la lettre du ministre de l'intérieur (de Lessart) au directoire du département de l'Isère. Du 14 sept. 1791, par laquelle il annonce que le roi a accepté la constitution. Enreg. à Grenoble, le 17 sept. 1791.

1347. Lettre adressée à MM. les électeurs du district de Vienne, par M. Pouchot, évêque du département de l'Isère. Du 1 septembre 1791. *S. l. n.* n. in-8°, 5 p. (G.)

« L'intérêt de la religion et de la patrie vous réunit dans ce moment pour élire vous-même vos pasteurs. Avant de commencer vos travaux, permettez à mon zèle de vous présenter quelques réflexions utiles...

Vous choisirez sans doute des ministres véritablement amis à la constitution... Eloignez ces ecclésiastiques, qui, sous le voile du patriotisme, cachent des mœurs dépravées... Le vrai patriotisme suppose des vertus. »

1348. Convocation des citoyens actifs de l'arrondissement occidental de la ville de Grenoble, pour l'élection d'un juge de paix. Du 16 sept. 1791. *Grenoble, Cuchet*, in-f° placard sur 2 col. (G.)

Les citoyens actifs de l'arrondissement occidental sont invité à se réunir en assemblées primaires dans les sections ci-après désignées, lundi 26 du présent mois de septembre.

La première est connue sous le nom de section de la place St-André. Le lieu de son rassemblement est la salle du concert.

2° Section du quai. Le lieu de son rassemblement est l'église des ci-devant Augustins.

3° Section du collège. Se réunit en l'église des ci-devant dominicains.

1349. Séance du 19 septembre 1791 des électeurs du district de Montélimar, pour la nomination des curés, avant la signature du procès-verbal. *S. l. n. d.* in-4°, 4 p. non chiff. (G.)

Les électeurs du district de Montélimar réclament l'exécution du traité souscrit à l'assemblée électorale de Chabeuil, au sujet de l'alternat des assemblées électorales et le siège d'un tribunal criminel. Ils prient M. Menuret, médecin, d'interposer ses bons offices, et de réunir tous ses efforts auprès du corps législatif.

1350. Extrait des registres de la municipalité de Saint-Marcellin, département de l'Isère. Du 24 sept. 1791. *A Saint-Marcellin, chez A. Beaumont, imp. du district et de la municipalité*, in-4°, 11 p. (G.)

Discours de M. Vignon, procureur de la commune. La municipalité de Saint-Marcellin adhère de nouveau à la constitution décrétée par l'assemblée nationale. P. 7 : déclaration des députés du Dauphiné, envoyée à la municipalité de Saint-Marcellin par le sieur Lablache, 18 sept. 1791. — « Nous réservons tous les droits de la province du Dauphiné, dont nous avons l'honneur d'être représentants.(C'est une protestation anti-constitutionnelle.) Suit la lettre des officiers municipaux de Saint Marcellin à M. le président de l'assemblée nationale du 24 septembre 1791.

1351. Arrêté du département de l'Isère du 28 sept. 1791. *Grenoble, Cuchet, s. d.*, in-4° 3 p. (I.)

Création d'une caisse d'échange à Grenoble, qui s'ouvrira le 1er octobre 1791.

1352. Proclamation du roi. Du 28 septembre 1790, suivie de l'arrêté du directoire de l'Isère qui en ordonne l'exécution, le 11 octobre 1791. *Grenoble, Cuchet, S. d.*, in-4°, 4 p. (M.)

Le roi accepte la Constitution.

1353. Loi sur l'administration forestière, donnée à Paris le 29 sept. 1791. *A Grenoble, chez J. M. Cuchet imp. du départ. de l'Isère*, in-4°, 52 p. (M.)

Dans les départements de l'Isère, de la Drôme et des Hautes-Alpes, il y aura un conservateur, et les inspecteurs seront au nombre de onze.

1354. Discours prononcé par le roi dans l'Assemblée nationale, le 30 septembre 1791. *A Grenoble, chez J. M. Cuchet, imp. du dép. de l'Isère*, in-4°, 2 p. n. chiff. (M.)

Discours prononcé à la fin de la session de l'Assemblée.

1355. Bouquet civique. Des vérités intéressantes ne sont jamais des répétitions inutiles. (*S. l. n. d.*, (Grenoble sept. 1791) in-8°, 8 p. (M.)

« En prenant la plume, mon but était de présenter un bouquet civique aux citoyens qui travaillent au bonheur de la patrie... aurois-je perdu mon plan de vue, en faisant le tableau comparatif de l'Empire français ? Non sans doute, montrer à l'homme le bien qu'il a fait c'est en le félicitant, ne pas lui cacher ce qui lui reste à faire. »

1356. Adresse à l'Assemblée nationale. Messieurs,... Signée : Les membres du directoire du département de la Drôme. DESJACQUES, vice-président, PEY, DOCHIER, ROUVIÈRE, MILLERET, SIBEUD, POUDREL, BRUN, AYMÉ. *S. l n. d.* (Sept. 1791). In-4°, 3 p. n. chif. (G.)

Représentation sur la modicité du traitement futur des membres des départements et districts. — Demandent d'être remboursés des frais que leur a causé leur déplacement pour la formation du département.

1357. Département de l'Isère. Compte rendu au Conseil d'administration par le directoire du département de l'Isère (dans la séance tenue à Grenoble en 1791), le 1er octobre 1791. A *Grenoble, chez J. M. Cuchet, imp, du dép. de l'Isère.* MDCCXCII. (1792), in-4° 68 p.; 8 p. n. chif. et 4 tableaux.

1358. Discours civique prononcé devant le peuple du canton de la Roche des Arnauds. dép. des Hautes-Alpes, le 2 octobre 1791, par M. CHAIX, curé de Baux. *Se vend chez les demoiselles Garnier, près l'hôtel de ville, à Gap,* in-8°, 11 p. (A.)

Avec une adresse aux élus du 29 août 1791, au corps législatif.

1359. Extrait du registre des délibérations du directoire de district de Montélimar. Du 3 oct. 1791. Signé : MORAL, vice-président, PIALLA, BARNOIN, administrateurs, PELLAPRA, proc. syndic, AYMÉ, secrétaire. *A Montélimar, chez Mistral, imp. du district,* 1791, in-4°, 12 p. (G.)

Relatif à la répartition du principal des contributions foncières et mobilières. Suit un tableau intitulé : *Etat des impositions directes supportées en 1790 par les communautés du district de Montélimar.*

1360. Observations adressées par le directoire du district aux municipalités de son ressort, sur la différence qui existe entre les contributions directes qu'ont payé les citoyens en 1790, et celles qu'ils seront tenus d'acquitter pour 1791. Du 4 octobre 1791. *A Grenoble, chez J.-M. Cuchet, imp. du dép. de l'Isère (1791),* in-4°, 8 p. (M.)

1361. Arrêté du directoire du département de l'Isère (5 oct. 1791). *Grenoble, chez Cuchet, imp.*, in-4°, 3 p. (I.)

Relatif aux fournitures des habillements et équipements des gardes nationales du département.

1362. Contribution foncière. Grenoble le 6 oct. 1791. Vous avez reçu, Monsieur, dans son temps, la loi du 1er avril 1790, concernant la contribution foncière... circ. signée : AMAR, vice-président, RÉAL, Hilaire, GAUTIER. *S. l. n. n.*, in-4° 3 p. (M.)

Instructions relatives à l'assiette des contributions foncières et mobilières.

1363. Arrêté du directoire du département de l'Isère. Du 6 oct. 1791. *Grenoble, chez Cuchet, S. d.* in-4° 2 p. (G.)

Echange des assignats de cinq livres.

1364. Arrêté du directoire du département de l'Isère relativement aux coupons d'intérêts séparés des assignats créés par les décrets de l'Assemblée nationale, des 16 et 17 avril 1790. Du 11 octobre 1791. *Grenoble, chez J.-M. Cuchet, imp.*, in-4· 3 p. (I.)

1365. La constitution française présentée au roi par l'assemblée nationale, le 3 septembre 1791 et acceptée le 14 du même mois. *A Gap, chez Allier, imp. du département des Hautes-Alpes* 1791, in-12, 116 p. et 4 p. table (G.)

Autre édition. A *Gap, chez J. Allier*, in-4°, 72 p. (A. A.)

P. 113. Arrêté du directoire du département des Hautes-Alpes du 13 octobre 1791. Discours du procureur général syndic M. MOYNIER-du-BOURG, suivi de l'arrêté, par lequel les officiers municipaux de Gap proclamèrent solennellement la constitution, le 16 octobre courant etc. signé: CRESSY, vice-président, SAINTE-GUITTE, MARTINON, PROVENSAL, CARLE, MOYNIER-DU-BOURG.

1366. Proclamation du roi concernant les émigrations. Du 14 octobre 1791. (et) Lettre écrite le 17 octobre 1791 au directoire du département de l'Isère par M. de LESSART, ministre de l'intérieur, le priant de la faire réimprimer pour l'envoyer aux districts et à toutes les municipalités. (Enregist. à Grenoble le 21 octobre 1791) *A Grenoble, chez J. M. Cuchet, imp. du dép. de l'Isère*, in-4°, 4 p. (M.)

1367. Arrêté du directoire du département de l'Isère, du 16 octobre 1791. Extrait des registres des délibérations du district de Grenoble. *Grenoble, chez J. M. Cuchet, imp.*, in-4°, 6 p. (100 exempl.) (I.)

Le journal patriotique de Grenoble n° 104, avait publié des plaintes contre le sieur BERTHIER, receveur du district ; après vérification faite, il fut déclaré que les imputations d'*agiotage* étaient dénuées de tout fondement et calomnieuses.

1368. Compte de la gestion du directoire du district de Valence au conseil, conformément à l'article XXIV de la section 11 des lettres patentes du roi du mois de janvier 1790. 17 octobre 1791. *Valence, Viret,* in-f°, 11 p. (G.)

1369. Compte-rendu par les membres du directoire au conseil administratif du district de Crest, le 24 octobre 1791. *Valence, Viret. S. d.*, in-f°, 7 p. (B.-D.)

1370. Pétition que présente au corps législatif M. GAUTHIER-D'AUTEVILLE ci-devant prévôt général des maréchaussées du Dauphiné, contre les abus ministériels et les prévarications odieuses de MM. de la TOUR-DU-PIN et DUPORTAIL, ministres de la guerre (*Se trouve chez Guerbart. imp. lib. rue Dauphine.*) *S. l. n. d.*, in-4°, 8 p.

Cette pétition ne porte pas de date, une note Mste de l'exempl. de la coll. de M. Chaper indique qu'elle fut distribuée le 24 octore 1791, à 800 exempl.

1371. Arrêté du directoire du département de

l'Isère, du 27 octobre 1791. *S. l. n. d.*, in-8°, 3 p. (I.)

Relatif au rassemblement des gardes nationales volontaires ; élection des officiers, etc.

1372. Lettre circulaire du procureur syndic du district de Grenoble, (HILAIRE) aux officiers municipaux. Grenoble, le 28 octobre 1791. *S. l. n. n.* (*Grenoble, Cuchet,*) in-4°, 4 p. n. chif. (350 exempl.) (G.)

Relative au renouvellement de la moitié des officiers municipaux et notables des municipalités.

1373. Arrêté du directoire du département de la Drôme. Du 29 octobre 1791. *Valence*, *Viret*, in-f°, in-plano, à 2 col. (G.)

— Au sujet du recouvrement des sommes offertes pour « l'entretien des gardes nationales volontaires, qui se sont vouées à la défense de la patrie. »

1374. Lettre circulaire du proc., syndic du district de Grenoble (HILAIRE) aux municipalités. Du 29 octobre 1791. *S. l. n. d.*, in-4°, 2 p. n. chif. (G.)

Au sujet de la perquisition des immeubles nationaux, demande des renseignements le plus tôt possible.

1375. Procès-verbal de la session de l'assemblée administrative du district de Romans, tenue en cette ville du 15 au 29 octobre 1791. ***Romans, Louis Martigniat.*** M D C C L X X X X X in-4°, 48 p. (G.)

Ventes de terriers et des effets mobiliers des couvents, — Sur 109 fonctionnaires publics ecclésiastiques, 6 seulement ont refusé de prêter le serment prescrit par la loi. — Ateliers de charité - Rapport sur le régime des hopitaux du district. Routes à ouvrir et à réparer etc.

1376. Département de la Drôme, compte de la gestion du directoire du département de la Drôme du 7 août au 1er novembre 1791. *A Valence, de l'imp. de Jean-Jacques Viret, imp. du département de la Drôme*, in-4°, 35 p. (G.)

Situation du département — Etat sommaire de toutes les dépenses publiques du département de la Drôme — Dépense des administrations de districts et de leurs directoires. Travaux publics.....

1377. Lettre circulaire des administrateurs composant le directoire du district de Grenoble (Amar, Réal, Belluard, etc.) aux officiers municipaux. Grenoble, le 3 nov. 1791. *Grenoble, Cuchet. S. l. n. n.*, in-4°, 2 p. non chiff. (250 exempl.) (G.)

Relative au renouvellement des municipalités.

1378. Lettre circulaire, de l'assemblée administrative du district de Grenoble, aux municipalités et aux citoyens de son ressort. Du 11 novembre 1791, concernant les contributions foncière et mobilière. A *Grenoble, chez J.-M. Cuchet, imp. du département de l'Isère*, in-4°, 8 p. (1000 exempl.) (G.)

1379. Procès-verbal de la seconde session du conseil du département de l'Isère tenue à Grenoble en 1791 (25 nov. 1791. *Grenoble, chez J.-M. Cuchet, imp. du département de l'Isère, 1792*, in-4°, 246 p. (G.)

Cette pièce rare est très importante pour l'histoire locale.

Réunion du 15 nov. 1791, au 1er étage de la maison commune. PUIS, président d'âge remet la séance au lendemain, attendu l'absence de MM. de Vienne qui ne pouvaient arriver que le 16, en raison des mauvais chemins. 16 nov. — dans la grande salle au 1er étage de la maison commune où l'assemblée administrative a établi ses séances publiques. Prestation du serment civique. Election du président M. FALQUET-PLANTA. Bannière donnée par la commune de Paris. 17 nov. Division de l'assemblée en trois bureaux, remise du drapeau à un bataillon des gardes nationales de Grenoble destiné à la défense des frontières, et sur le point de partir, etc.

1380. Etat des dettes et de l'avoir de la commune de Vienne, le 16 novembre 1791. A *Vienne de l'imp. de la veuve Vedeilhié*, in-4°, 9 p. (V. V.)

1381. Procès verbal des séances de l'administration du département de la Drôme, session ouverte le 15 novembre 1791, et close le 16 décembre suivant. *Valence, Viret 1791*, in-4°, 137 p. G.

Discours de M. SIBEUD, de M. AYMÉ, procureur général syndic, etc. (curieux mémoire pour l'histoire du départ. de la Drôme).

1382. Loi portant correction de l'erreur qui s'est glissée dans le décret du 26 avril dernier, au sujet des paroisses de Saint-Clair et de Serres. Donnée à Paris le 18 nov. 1791. (enregistrée à Grenoble, le 2 décembre 1791). A *Grenoble*, de *l'imp. de J.-M. Cuchet, impr. du département de l'Isère*, in-4°, 3 p. (M.)

« La paroisse de St-Clair sera unie au départ. de l'Isère et non celle de Serres qui reste au départ. de la Drôme. »

1383. Grenoble, le 23 novembre 1791. Lettre circulaire signée : ROYER, suppléant du procureur général syndic du département de l'Isère. *S. l. n. n.* in-4°, 6 p. non chiff. (I.)

Il informe que par la loi du 10 juillet dernier, la ville de Grenoble a été mise au rang des places de guerre de la première classe, et que par conséquent ses fortifications seront incessamment réparées et rétablies, ce qui oblige de prendre tout le terrain en dehors et en dedans des remparts que ces fortifications doivent occuper ; il demande tous les titres relatifs à la possession des terrains.

1384. Gros Jean qui remontre son curé. A Saint-Jacques, le 24 novembre 1791. *S. l. n. n.* (*Embrun, Moyse?*), in-8°, 15 p. (M.)

L'auteur engage « à prêter le serment qu'exige notre bonne assemblée nationale. »

1385. Adresse aux habitants des campagnes (par J.-M. Le Quinio, membre de l'assemblée Nationale), suivie de l'ordonnance de réimpression faite par le conseil général du département, séant à Grenoble le 28 novembre 1791. *Grenoble, Cuchet, s. d.* (1791) in-4°, 8 p. (G.)

Imprimée aux frais du département de l'Isère, au nombre de 800 exemplaires en placard et de 2.400 en in-8°.

1386. Instructions adressées par le directoire du district de Grenoble aux municipalités de son ressort, concernant les droits de patentes. Du 30 novembre 1791. *A Grenoble, chez J.-M. Cuchet, imp. du dép. de l'Isère*, in-4°, 8 p. (230 exempl.) (G.)

1387. Dénonciation faite par un grand nombre de citoyens actifs de la ville de Gap, département des Hautes-Alpes, à l'assemblée Nationale. Infraction des lois, abus d'autorité commis par la gendarmerie nationale de la ville de Gap. Signée BOYER, maire, ALLEMAND, L. CALLANDRE, BLANC, ASTIER, officiers municipaux. *A Gap, de l'imp. de J, Allier, s. d.* (nov. 1791) in-8°, 7 p. (G.)

1388. Lettre du directoire du district de Romans, aux municipalités de son ressort. Du 30 novembre 1791. *Romans, de l'imp de Louis Martigniat*, in-4°, 8 p. (G.)

Relative à la contribution foncière et mobilière.

1389. Modèle de procédure, tant en justice de paix, qu'en tribunal de police correctionnelle, en exécution de la loi du 22 juillet 1791, relative à l'organisation d'une police municipale et d'une police correctionnelle, par Louis-Joseph DANTARD, juge de paix de l'arrondissement oriental du canton de Grenoble. Novembre 1791. Chez *Falcon, libraire, rue du Palais*. A la fin: A *Grenoble, chez* J. *Allier, imp. 1791*, in-8°, 4 p. n. chif. et 23 p. (G.)

1390. Extrait du procès-verbal du directoire du département de l'Isère (1er déc. 1791.). *Grenoble, chez* J.-*M Cuchet*, in-f°, 4 p. n. chif. (I.)

Relatif aux comptes et dépenses du département de l'Isère.

1391. Proclamation de la municipalité de Grenoble, relative à la nomination des commissaires pour la contribution mobilière, et pour l'exécution de la loi sur la police municipale. (Le 1er déc. 1791.) *A Grenoble, chez J.-M. Cuchet, imprimeur, du département de l'Isère*, in-f° placard sur 2 col.

1392. Extrait du procès-verbal de l'Assemblée administrative du département de l'Isère. (Du 5 déc. 1791.) *Grenoble, J.-M. Cuchet, S. d.*, in-4°, 3 p. (G.)

Desséchement des marais de Bourgoin.

1393. Rapport sur la situation de l'hôpital général de Grenoble, fait par Jean-Baptiste DELHORS. procureur de la commune au conseil d'administration, à sa séance du 6 déc. 1791 *A Grenoble chez J.-M. Cuchet, imp. du dép. de l'Isère*, in-8°, 24 p. (G.)

Très intéressante brochure pour l'histoire de l'hôpital de Grenoble.

1394. Arrêté du directoire du département de l'Isère. Du 7 déc. 1791, A *Grenoble, chez J.-M. Cuchet, imp. du dép. de l'Isère S. d.* (1791), in-4°, 6 p. (G.)

Chaque secrétaire greffier de district doit tenir un registre sur lequel tous les citoyens électeurs sont obligés de se faire inscrire pour servir de juré de jugement.

1395. Extrait du procès-verbal de l'Assemblée

administrative du département de l'Isère. (Du 9 déc. 1791). *Grenobe, chez J.-M. Cuchet. S. d.*, in-4°, 4 p. (C.)

Concernant la division et le défrichement des communaux d'Heyrieu et de St-Quentin.

1396. Extrait du procès-verbal de l'Assemblée administrative du département de l'Isère. Du 10 déc. 1791. A *Grenoble, chez J.-M. Cuchet, imp. du dép. de l'Isère*, in-4°, 6 p. (I.)

Autre édition, in-f° placard sur 3 col.

Répartition de la contribution foncière. Arrêté en x articles.

1397. Discours d'une députation des volontaires du troisième bataillon du département de la Drôme, prononcé le 10 déc. 1791, au soir, à l'Assemblée nationale. *Paris, imp. Nationale*, in-8°, 6 p.

Au sujet de la non acceptation par le ministre de la guerre, de leurs chefs MM. Gouvion et Vaubois ; elle demande de les laisser à leur poste.

1398. Extrait du procès-verbal des séances du Conseil d'administration de la Drôme. Séance du 12 déc. 1791. *A Valence de J.-J. Viret, imp. du dép. de la Drôme*, in-f°, placard sur 2 col. (C.)

Sur la formation du juré d'accusation et de jugement. Arrête qu'il sera fait une adresse à l'Assemblée nationale pour solliciter un décret qui détermine que désormais, une liste des citoyens remplacera l'inscription volontaire, pour la formation des jurés.

1399. Arrêté du tribunal du district de la ville de Crest, dép, de la Drôme. Du 14 déc. 1791. *S. l. n. d.* in-8°, 8 p. (V.)

1400. Copie de l'adresse du bataillon des volontaires du département de l'Isère en garnison à Vienne, envoyée à l'Assemblée nationale et au ministre de la guerre le 21 décembre 1791. Législa lateurs... *S. l. n. d. (Vienne)* in-4°, 4 p. n. chif. (M.)

Cette adresse a été lue par un volontaire du premier bataillon de Grenoble.

... « Venger la nation outragée est le cri universel, nos âmes en sont l'écho. Dans la carrière honorable de vaincre ou mourir pour la patrie, le bataillon des volontaires du département de l'Isère brûle de courir. Si les premiers élans de la liberté partirent de nos cœurs, si Grenoble fut son berceau, qu'il nous soit permis de lui consacrer notre courage.

« Le pays où naquit Bayard produira des émules dignes de sa gloire...

« Au nom de la patrie et de l'honneur, secondez notre impatience, que nous soyons les premiers dans la carrière, et notre reconnaissance égalera le feu sacré qui nous enflamme. »

1401. La religion chrétienne vengée par la constitution : Sermon civique prononcé le jour de Noël dans l'église cathédrale du département de l'Isère par M. l'abbé Grange, vicaire épiscopal. *A Grenoble, chez J. M. Cuchet, imp. de M. l'évêque du département de l'Isère 1791*, in-8°, 34 p. (G.)

1402. Extrait du procès-verbal des séances du conseil d'administration du département de la Drôme du 12 décembre 1791. Arrêté du directoire du département relatif à la formation du juré d'accusation et de jugement en exécution de la loi du 29 septembre 1791, etc. *A Valence, de l'imp. de J.-J Viret, imp. du département de la Drôme*, in-f° placard (C.)

1403. Elements de la constitution française à l'usage des jeunes citoyens, par M. l'abbé GALLET (directeur du pensionnat et sous principal du collège de Vienne.) *A Lyon, chez J. S. Grabit, imprimeur libraire grande rue Mercière 1791*, in 12, XV + 101 p. (G.)

Dédicace patriotique aux représentants de la nation Française, p. XIV. Adresse par laquelle l'abbé GALLET, supplie l'assemblée nationale d'agréer l'hommage de son ouvrage. Du 14 août 1790.

1404. Lettre circulaire du curé des Granges-Gontardes à ses paroissiens. *S. l. n. n.*, in-12, 12 p. (Blbl. de M. Devès, à Grignan.)

Commençant par ces mots : Chers concitoyens, mes frères, mes amis, votre civisme etc. Signée : TOUTEL, suivie d'un cantique constitutionnel (3 pages de vers.)

1405. Entretien familier d'un vicaire sur le serment exigé pendant la révolution, par le P. ROSSIGNOL. *Embrun, imp. de Moyse, 1791*, in-8°.

Autre édition, *Turin*, in-8°, 16 p.

Cette brochure fit poursuivre le P. ROSSIGNOL par la municipalité d'Embrun qui le condamna à une amende de 40 écus.

1406. Discours prononcé dans une séance des amis de la constitution par M. LAMBERT, homme de loi, au nom des volontaires de la ville de Vienne. *Vienne, Labbe, S. d. (1791,)* in-8°, 3 p. (C.)

1407. Faites courir. *A Vienne, de l'imprimerie de J. Labbe 1791*, in-8°, 8 p. (B. de M. C. Perrössier.)

1408. Représentations pour les procureurs du ci-devant parlement et cour des aides de Dauphiné. *A Grenoble de l'imp. de Vve Giroud et fils 1791*, in-8°, 12 p. (G.)

Elles portent sur deux objets ; 1° Sur la disposition du décret qui parait rejeter les *ventes sous seing privé* ; 2° Sur le *mode* de liquidation et l'indemnité qu'ils croient pouvoir réclamer.

1409. Règlement de la société viennoise des amis de la constitution. *S. n. n. l. n. d.*, in-8°, 15 p. (C.)

1410. Aux citoyens du district de Vienne. Les administrateurs : PERIER etc. Vienne l'an 4 de la liberté. *S. l. n. d.*, in-4°, 3 p. (T.)

1411. Instructions adressées, par ordre du roi, aux directoires du département concernant le remboursement sur le trésor public, des dépenses correspondantes à l'année 1790 seulement, qui auront été avancées par les hopitaux pour la nourriture et l'entretien des enfants exposés, dans celles des anciennes provinces ou ces avances étoient remboursées sur le domaine ou sur le trésor public. *A Valence, chez J.-J. Viret, imp. du département de la Drôme,* in-4°, 4 p. (G.)

1412. Les rigueurs du cloître ou la Clariste de Grenoble, drame en un acte et en vers, par PETITE.

Soyez libre, vivez.

VOLTAIRE.

1791. *S, l. n. n. (Grenoble)* in-8°, 20 p. (G.)

La scène se passe dans le couvent des claristes de Grenoble, sur la fin de 1789.

Julie entra au couvent des claristes. Ses amies lui apprirent bientôt qu'une des sœurs (sœur de St-Victor) Mlle Berthon, était renfermée depuis 17 ans dans un cachot et que l'on faisait croire à ses parents qu'elle était morte. Elle écrivit à un de ses parents ce qu'elle avait appris, il communiqua la lettre à M. de M***, maire de Grenoble. Celui-ci se présenta au couvent, et grâce à son intervention, cette infortunée sortit de sa prison. C'était madame Berthon de la Côte-St-André. Julie quitta le couvent et se maria bientôt après.

1413. Les larmes du clergé. *Et petrus flevit amore.* Par un Dauphinois catholique, apostolique et romain. *S. l. n. n. n. d.* in-8°, 24 p. (C.)

1414. Lettre à MM. les curés du district de Vienne, par le citoyen FORNAND DE BOVINET *(sic)* électeur du département de l'Isère, juge de paix dans la cité de Vienne, membre de la société des Amis de la constitution, séante dans la même ville; imprimée d'après le vœu de ladite société. *A Vienne de l'imprimerie de J. Labbe, imprim. du district et des amis de la constitution. S. d. 1791*, in-8°, 8 p. (G.)

1415. L'amour de la patrie et de la religion, ou discours dans lequel on prouve à tous les évêques de France qu'ils peuvent et doivent rendre la paix à l'Eglise, en consentant à l'organisation civile du clergé, par un vicaire du département de l'Isère (Louis GRANGE) 1791. *S. l. n. n.*, in-8°, 23 p. (G.)

1416. Instruction en manière de conférence pour tirer de l'erreur les fidèles de l'un et de l'autre sexe, sur la constitution civile du clergé (par GARDON, vicaire-épiscopal). *Grenoble, J. Allier*, 1791. in-8° 29 p. (C.)

1417. Lettre de la municipalité d'Embrun au directoire du département des Hautes-Alpes. *Embrun, Pierre-François Moyse,, 1791*, in-4° 8 p. (R.)

Suit une lettre du directoire ouverte par ordre de cette municipalité quoique ne lui étant pas adressée.

1418. Lettre de DONGEOIS, procureur syndic du district (d'Embrun). A *Embrun, chez P.-F. Moyse, imp. du district 1791*, in-4°, 8 p. (G.)

« Les ennemis du bien public redoublent d'efforts pour décrier la plus heureuse des révolutions... » Lettre relative aux contributions publiques. A la p. 3 : Tableau des impositions supportées par les communes du district d'Embrun en 1789. Dongeois démontre que la somme des contributions publiques est encore dans le district hors de toute proportion avec le revenu net et réel dont jouissent les habitants.

1419. Observation sur les droits respectifs des évêques et des curés par le P. ROSSIGNOL (1791), in 8° 70 p.

1420. La Reymondiade (par le Père ROSSIGNOL). *S. l. n. d.*, (Embrun 1791,) in-8°, 80 p.

Opuscule publié contre un ouvrage de l'abbé H. REYMOND, évêque constitutionnel de Grenoble.

1421. Avis aux électeurs du département des Hautes-Alpes, signé : J. SERRE. *Gap, J. Allier*, 1791, in-8°, 19 p.

1422. Adresse au peuple Français par le chevalier de CORBEAU-SAINT-ALBIN, capitaine d'artillerie. *A Valence, de l'imprimerie de Viret*, in-8°, 11 p.

« J'ose présumer que la constitution françoise achevée et assise sur des bases solides, pourra servir de modèle aux différents peuples fatigués d'un gouvernement arbitraire... »

1423. Réplique à la lettre de M. de LEYSSIN, soi-disant archevêque d'Embrun. *S. l. n. d.* (1791), in-8°, 8 p.

1792

L'AN IV DE LA LIBERTÉ

LE Ier DE L'ÉGALITÉ

1424. Almanach du département de l'Isère pour l'année bissextile 1792 (monogramme de Berriat-Saint-Prix). *A Grenoble, chez les libraires de cette ville 1792*, petit in-12 120 + XLIV + 2 p. n. chif. p. la table (G.)

Rédigé par BERRIAT SAINT-PRIX. Contient une table par ordre alphabétique des municipalités, communautés, paroisses et cantons du dép. de l'Isère avec le nom des curés et vicaires de chaque paroisse.

1425. Département de l'Isère. Compte-rendu au conseil d'administration par le directoire du département de l'Isère, le 1er oct. 1791. *A Grenoble, chez*

J.-M. Cuchet, imp. du département de l'Isère, 1792, in-4°, 68 p. chif. 8 p. n. chif. et 4 tableaux (C.)

1426. Département de l'Isère, district de Saint-Marcellin. Compte-rendu à MM. les administrateurs composant le conseil d'administration du district de Saint-Marcellin par les membres du directoire du même district; des objets relatifs à leur gestion depuis le premier août 1790, époque de leur entrée en fonctions, jusqu'au premier novembre 1791. A *Saint-Marcellin, chez A. Beaumont, imp. du district et de la municipalité* (janv.) *1792*, l'an 4 de la liberté, in-f°, 1 f. n. chif. pour le titre + 43 p.

1427. Brevet pour l'établissement de la caisse d'épargnes et bienfaisance du sieur Joachim Lafarge. *A Grenoble, chez J.-M. Cuchet. imp. du départ. de l'Isère. S. d*, (janv. 1792) in-4°, 8 p. (G.)

1428. Extrait du procès-verbal du directoire du département de l'Isère (du 12 janvier, 1792). *A Grenoble, chez J. M. Cuchet, imp. du dép. de l'Isère, S. d. (1792)* in-4°, 7 p. (C.)

Distribution du travail entre les membres du directoire.

1429. De la par des maire et officiers municipaux de la ville de Grenoble. Avis aux citoyens concernant l'organisation de la garde nationale, du 18 janvier 1792. *A Grenoble, chez J.-M. Cuchet, imp. de la municipalité*, in-f°, placard (C.)

La ville de Grenoble sera divisée en 4 sections formant chacune un bataillon ; trois pour l'intérieur et un pour l'extérieur.

1430. Etat du produit des ventes des domaines nationaux dans les six districts du département de la Drôme jusques et inclus le mois de novembre 1791. *Valence 20 janvier* 1792, in-f° placard.

1431. Liste des 30 citoyens qui doivent composer le juré d'accusation. Du 23 janvier 1792. *Grenoble, J.-M. Cuchet*, in-4°, 2 p. (50 exempl.)

1432. Arrêté du directoire du département de l'Isère du 23 janvier 1792. -- *A Grenoble, de l'imprimerie de Vve Giroud et fils*, place aux Herbes. In-f° placard (C.)

Relatif à la pétition de Louis-Charles Saint-Ours de l'Echaillon, citoyen de Veurey, sur son droit de propriété du bac à traille sur l'Isère, pour traverser cette rivière, du territoire de Veurey à celui de Voreppe.

1433. A l'assemblée nationale. Représentants de la nation. Adresse des Amis de la constitution et citoyens de Saint-Marcellin. Lettre de M. Lagrée, ci-devant curé de Saint-Marcellin. Lettre de M. Bare, curé de Saint-Marcellin à M. Brenier Montmorand, président de la société des Amis de la constitution. Saint-Marcellin, 20 janvier 1792. A *Saint-Marcellin, de l'imp. d'Antoine Beaumont, imp. des Amis de la Constitution, s. d.* (janvier 1792) in-4°, 11 p. (G.)

« Les amis de la constitution et citoyens de Saint-Marcellin soussignés, applaudissent à l'énergie et au sublime caractère que vous venez de développer... Nous nous unissons au sublime transport de l'assemblée Nationale dans sa séance du 14 janvier, et jamais nous n'aurons d'autre cri que la constitution ou la mort... » etc.

1434. Lettre circulaire des administrateurs composant le directoire du district de Grenoble (RÉAL, AMAR, ALLEMAND, etc.) aux officiers municipaux. Grenoble, 27 janvier 1792. *S. l. n. n.* In-4°, 2 p. non chif. (G.)

Sur le recouvrement des contributions.

1435. Arrêté du directoire du département de l'Isère. Extrait du procès-verbal, du vendredi 27 janvier 1792. *Grenoble, J. M. Cuchet, s. d.,* (1792). In-4°, 4 p. (C.)

Etablissement, d'après un rapport de M. L. B. Genevois, d'une maison de détention dans chaque canton du département.

1436. Lettre pastorale de M. l'évêque du département de l'Isère (J. POUCHOT). *Grenoble, J. M. Cuchet. S. d.* (janvier 1792). In-8°, 23 p. (C.)

1437. Grenoble le 2 février 1792. Monsieur...

(Lettre signée : L'accusateur public près le tribunal criminel du département de l'Isère, COUTURIER.) (sign. autog.) *s. l. n. n.*, in-4°, 8 p. (M.)

Joseph Couturier, en entrant en fonctions, communique aux juges de paix les observations qu'il a faites sur les lois, et termine sa lettre en les exhortant de remplir avec exactitude et vigilance les devoirs de leur place.

1438. Lettre circulaire des administrateurs composant le directoire du district de Grenoble (RÉAL, président, AMAR, ALLEMAND, BELLUARD, GIROND, HILAIRE, GAUTIER). Du 3 fév. 1792. Aux maires et officiers municipaux. *S. l. n. n.*, in-4°, 2 p. non chiff.

Relative aux contributions publiques.

1439 Arrêté du directoire du département de la Drôme, du 8 fév. 1792. *Valence, Pierre Aurel, s. d.* in-f° placard. (G.)

Sur le droit des patentes.

1440. Lettre circulaire du procureur syndic du district de Grenoble (HILAIRE). Aux officiers municipaux. Grenoble, le 10 fév. 1792 l'an 4e de la liberté. *S. l. n. n.*, in-4°, 2 p. (G.)

Invite les citoyens à contracter un engagement pour servir dans les troupes de ligne.

1441. Arrêté du directoire du département des Hautes-Alpes, concernant la démarcation des deux frontières (10 fév. 1792). *Gap, Allier.* 1792, in-4°, 4 p. (A.)

1442. Adresse du citoyen Benoît BONNARD, résidant à Vienne, département de l'Izère, actuellement détenu en prison de Saint-Joseph de Lyon.

Aux 84 départemens, au ministre de la justice, à celui de l'intérieur, et au club central de Lyon. Citoyens... A Lyon le 11 fév. 1792, l'an 2e de la R. F. *S. n. n. l.*, in-4°, 4 p. (C.)

Adresse relative à sa détention.

1443. Grenoble, 12 février 1792. Lettre d'HILAIRE annonçant que l'Evêché du département de l'Isère vient de vaquer par le refus de M. Dulau de prêter le serment ordonné par la loi, et convocation à l'élection d'un nouvel évêque pour le 27 fév. à 9 h. du matin, dans l'église épiscopal de Grenoble, ainsi qu'à celles de plusieurs cures vacantes dans le district. *S. l. n. n.*, in-4°, 2 p. (M.)

1444. Liste des deux cents citoyens qui doivent former dans le département de l'Isère le juré du jugement, pendant les trois premiers mois de l'année 1792. (13 fév. 1792). *Grenoble, chez J.-M. Cuchet, imp.*, in-f°, 7 p. (I.)

1445. Bourgoin, le 13 février 1792. Lettre de M.

Olphan, lieutenant dans le 4e bataillon de l'Isère. Extrait des *Annales patriotiques* (G.)

Récit de la fête célébrée le 12 février à Bourgoin. M. Perregaux, chef de la manufacture d'indienne établie à Jallieu, « désirant procurer aux membres de la communauté, presque tous protestants, l'avantage de jouir du bienfait de la loi, pour la célébration libre et publique de leur culte, a destiné à cet usage sacré, une grande salle de sa maison et a invité M. Frossard, pasteur à Lyon, administrateur du département du Rhône, à se transporter à Bourgoin pour faire cette touchante cérémonie. »

1446. Discours prononcé par M. Boveron-Pontignac, commandant de la garde nationale de Valence, le dimanche 19 février 1792. A *Valence, chez Pierre Aurel, imp. libraire*, 6 p. (G.)

Il remercie ses compatriotes de l'honneur qu'ils daignent lui faire en l'élevant au grade de leur commandant.

1447. Arrêté du directoire du département de l'Isère. (Du 24 fév. 1792.) *Grenoble, J. M. Cuchet. S. d.* (1792), in-4°, 4 p. (G.)

Concernant les patentes.

1448. Discours prononcé par un membre de la Société des Amis de la Constitution de Grenoble dans la séance publique du dimanche 25 février dernier (1792) et dont la Société a délibéré l'insertion dans son journal. Aux prêtres intolérants et réfractaires, in-8°. (G.)

C'est à vous qui parlez toujours au *nom de Dieu* à qui j'adresse ce discours, « je vous prie d'écouter la voix de la raison qui vous parle au nom du genre humain. »

1449. Instructions adressée par le directoire du département de l'Isère, aux habitants de Sardieu, Penol et Marcilloles, du district de Saint-Marcellin. Fait en directoire du département séant à Grenoble le 27 fév. 1792, l'an IV de la liberté. Signées : PLANTA, ROYER, vice-procureur général syndic ; DUPORT, secrétaire général. *A Grenoble, chez J.-M. Cuchet, imp. du dép. de l'Isère*, in-4°, 8 p. (G.)

Au sujet de la dévastation des bois de Burette et des environs, faite par les dits habitants.

1450. Instruction sur la contribution foncière... par M. ROYER-DESGRANGES, homme de loi, et M. GUEDY, ci-devant procureur. *Imprimé et se vend à Grenoble, chez Vve Giroud et fils. lib., place aux Herbes*, 1792, in-8°, XXIV, 271 p. (G.)

A été mise en vente le 1er mars 1792. V *Journal patriotique de Grenoble*, n° 7.

1451. Adresse aux citoyens du département de l'Isère sur la caisse d'épargne et de bienfaisance du sieur Lafarge (de Crest), lue à la Société des amis de la constitution de Grenoble. *S. l. n. d.*, in-8°, 4 p.

(Distribuée avec le n° du 1er mars 1792 du journal patriotique Grenoble.)

1452. Avis portant vente de différents effets appartenant à M. Dulau, ci-devant évêque de Grenoble (7 mars 1792). *Grenoble, J. M. Cuchet, S. d.*, in-f°, 1 f. (200 exempl.)

1453. Arrêté du directoire du département de l'Isère (du samedi 10 mars 1792.) *A Grenoble, chez J.-M. Cuchet, imp. du département de l'Isère. S. d.* (1792) in-4°, 6 p. (G.)

Relatif aux biens des émigrés. Chaque municipalité doit, dans la huitaine, rédiger l'état nominatif de tous les émigrés de son arrondissement et de tous leurs biens, et défendant d'attenter aux propriétés des émigrés qui doivent être mis en sequestre.

1454. Société des amis de la constitution séante à Montélimar. Extrait du procès-verbal de la séance du 11 mars 1792. *Montélimar, Mistral*, in-8°, 8 p. (G.)

— Discours d'un membre de la société sur : « le complot odieux des despotes de l'Europe, tramé contre la constitution française »

Suit la lettre écrite à la société séante aux Jacobins à Paris. « Braves Jacobins, c'est en versant des pleurs, sur la tombe d'un de vos membres, que nous fixons nos regards sur votre existence, envoyez-nous la liste de tous les citoyens qui composent votre société; et s'il en est un encore qui périsse par le fer assassin de nos communs ennemis, soyez sûr que nous marcherons à la vengeance » — le président Ferrier a ensuite proposé de prendre pour texte dans tous les procée-verbaux ces trois emblêmes :

Vivre libre ou mourir.
L'exécution de la constitution toute entière, ou la mort.
Dévouement éternel à nos frères de Paris.

1455. Manuel des volontaires nationaux contenant toutes les lois, décrets et règlements relatifs à leur organisation et discipline, avec un calendrier pour 1792 et les noms des officiers et sous-officiers des bataillons de la 7e division militaire. In-12, broché 10 sols

Voyez : *Journal patriotique* 3e année 1792, n° II.

1456. Lettre du procureur syndic du district de Valence. En exécution de l'article II de la loi du 25 janvier 1792 sur décret du 24 du même mois, à tous les citoyens de son arrondissement. Valence le 15 mars. Citoyens... Le proc. syndic du district : ROYANNEZ. (*S. n. d. imprimeur,*) petit in-f°, placard (C.)

Suit cette lettre dans laquelle on lit : aujourd'hui vos plus redoutables ennemis ne sont plus que sur les frontières de l'empire, déjà armés pour le maintien de cette sublime constitution, venez prendre de nouvelles armes, pour la défense de votre patrie, il ne vous reste plus qu'à porter vos armes victorieuses contre les ennemis du dehors, si vous voulez vous assurer pour jamais votre liberté.

1457. Rapport sur la situation de la ville de Grenoble, fait par Jean Baptiste DELHORS, procureur de la commune, en conseil général assemblé le 17 mars 1792. *A Grenoble, chez J. M. Cuchet, imprimeur du dép. de l'Isère. S. d.* (1792) in-4°, 7 p. + 3 tabl. formant 6 p. (G.)

Curieux mémoire au sujet des finances de la ville. Le passif excède l'actif de plus de 600.000 liv.

1458. Adresse à l'assemblée nationale législative,

aux corps administratifs du département de l'Isère et aux citoyens de Grenoble, de la part des religieuses hospitalières de cette ville, en forme de réponse aux rapports faits par sieur J.-B. DELHORS, procureur de la commune de Grenoble, le 6 déc. 1791 et celui du 17 mars 1792. *Grenoble, Allier*, 1792, in-4°, 23 p. (I.)

Pièce signée : BEYLE de Saint-VICTOR, supérieure ; sœur ARGOUD de Saint-Augustin, économe.

1459. Arrêté du directoire du département de l'Isère, (du 23 mars 1792) A *Grenoble, chez J.-M. Cuchet, imp. du département de l'Isère* (1792), in-4°, 6 p. (G.)

Par lequel il approuve l'arrêté pris le 17 de ce mois par le directoire du district de Saint-Marcellin, relativement aux curés des paroisses de son arrondissement qui refusent de reconnaître M. l'évêque constitutionnel du département et de publier les mandements qu'il leur adresse (suit l'arrêté du directoire du district de Saint-Marcellin.)

1460. Liste des deux cents citoyens, qui doivent former dans le département de l'Isère, le juré du jugement pendant le mois d'avril, de mai et de juin 1792 (24 mars 1792) *Grenoble, chez J.-M. Cuchet.* in-f°, 8 p. (I.)

1461. Extrait des registres des délibérations du directoire du département de la Drôme. Du 29 mars

1792. A *Valence chez P. Aurel, imp. du département de la Drôme*, in-4°, 4 p. (G.)

Arrêté, en 7 articles, relatif à une indemnité qui sera accordée aux jurés.

1462. Lettre de M. l'archevêque d'Embrun (de LEYSSIN) au sieur Caseneuve, évêque constitutionnel des Hautes-Alpes, en lui envoyant le bref de N. S. P. le pape Pie VI. Du 19 mars 1792. *S. l. n. d.*, (mars 1792) in-12, 4 p. (A. A.)

... « Si les oracles sacrés de l'Evangile, si la voix tonnante de la tradition, si le concert unanime du monde chrétien ne font aucune impression sur votre âme, je ne puis qu'exhorter les fidèles à prier pour vous et m'unir secrètement à leurs prières. » Signée : P. L., archevêque d'Embrun.

1463. Réflexions d'un catholique à ses amis engagés dans le schisme. *S. l. n. n. n. d.* (Grenoble, avril 1792) in-8°, 15 p. (M.)

A la fin, l'auteur donne un extrait du bref du pape, du 19 mars 1792.

1464. Lettre de M. l'évêque de Grenoble (DULAU-D'ALLEMANS) à MM. les curés de son diocèse. 5 avril 1792. *S. l. n. d.*, in-8°, 14 p. (G.)

Il adresse aux curés le bref du pape relatif « à tous ces hommes impurs que le plus énorme des sacrilèges associa au sacerdoce auguste de J.-C. et à ses fonctions, au mépris de toutes les lois divines et humaines ». Lettre signée : H. C. évêque de Grenoble. A Chambéry, ce 5 avril 1792.

1465. Lettre de M. CLAVIÈRE, ministre des contributions publiques, aux sociétés d'Amis de la constitution. Paris, ce 13 avril 1792, l'an 4 de la liberté. Frères et amis, etc... A *Saint-Marcellin, chez A. Beaumont, imp. des Amis de la constitution*, in-8°, 8 p. (G.)

A la p. 8. Extrait des délibérations de la société des Amis de la constitution de Saint-Marcellin, du 6 mai 1792, qui ordonne l'impression de ladite lettre « conçue dans ce langage de fraternité, qui, seul plait aux hommes libres, peut produire de bons effets sur l'esprit des citoyens, en réveillant leur confiance » etc.

1466. Adresse des cardinaux citoyens qui n'ont que des bras nerveux, à leurs concitoyens opulents. Lue à la séance publique du 13 avril 1792, avec la réponse du président de la société des Amis de la constitution (MURET).

Les négociants de la grand'rue semblaient négliger d'apporter leur offrande à la patrie, les cardinaux (ouvriers peigneurs de chanvre du faubourg Très-Cloitres) leur adressent, à cette occasion, la pièce que nous citons et qui est reproduite dans le *Courrier patriotique*.

1467. Règlement concernant l'exercice et les manœuvres de l'infanterie. Du 1er août 1791. *Grenoble, Cuchet*, (18 avril 1792). 2 vol. in-8°. (G.)

1468. Règlement pour l'exercice et les manœuvres des troupes de ligne et des gardes nationales. *Grenoble, Cuchet* 1792, in-12.

1469. Le bon pasteur, ouvrage constitutionnel contenant un prône civique prononcé dans la cathédrale du département de l'Isère, par Gastinel, vicaire épiscopal et ci-devant curé de Seyssuel... *A Grenoble, chez J. Allier, imp.* 1792, in-8°, 52 p.

Sermon prononcé le deuxième dimanche après Pâques (22 avril 1792).

1470. Lettre pastorale de M. l'évêque J. Pouchot, à MM. les curés du département de l'Isère. Grenoble, ce 25 avril 1792, *s. l. n. d. (Grenoble, Cuchet, imp.)* in-4°, 3 p. n. chiff.

Au sujet de quelques plaintes contre des pasteurs qui exigent encore un salaire pour remplir des fonctions qui ne sont pas curiales, mais qui sont religieuses. « Tout ce qui est offert à l'Eglise doit être à l'usage de l'Eglise. »

1471. Adresse du conseil général de la commune de Vienne, à l'Assemblée nationale. Du 28 avril 1792. Signée : Benatru, secrétaire. *S. l. n. n. d.*, in-4°, 1 p. (C).

1472. Supplément au recueil alphabétique des questions sur les patentes. Du 29 avril 1792. Suivi de l'arrêté du directoire du département de l'Isère, pour son exécution, en date du 10 mai 1792. *Grenoble, J.-M. Cuchet, imp. S. d.* (1792), in-4°, 7 p.

1473. Procès-verbal d'installation des commissaires des départements des Bouches-du-Rhône et de la Drôme, chargés par la loi du 28 mars 1792. de l'organisation des districts de Vaucluse et de l'Ouvèze. Avignon le 29 avril 1792, in-8°, (B. C.)

1474. A la Société des Amis de la Constitution à Grenoble. Bourgoin, 30 avril 1792. In-8°.

Réjouissances à l'occasion de la déclaration de guerre.

1475. Dénonciation sur les malversations du sieur OLLAGNIER, membre du directoire du district de Briançon et des membres du directoire du département des Hautes-Alpes, par des citoyens du district de Briançon, dont les noms accompagnent le manuscrit remis à l'imprimeur, adressée à l'Assemblée nationale, 1792, l'an 4 de la liberté. *A Embrun chez P. F. Moyse, imp. libraire*, in-4°, 27 p. (A. A.)

Violent écrit sur de soi-disant dilapidations des effets nationaux et des revenus de la nation.

1476. Proclamation de MM. les commissaires civils réunis des départements des Bouches-du-Rhône et de la Drôme, chargés par la loi du 28 mars de l'organisation des districts de Vaucluse et de l'Ouvèze. Avignon, le 1er mai 1792, in-8°. (B. C).

1477. Lettre écrite par le directoire du département de la Drôme à M. le Président de l'Assemblée nationale. Valence, le 5 mai 1792. (Extrait de la *Gazette nationale* ou le *Moniteur universel*, du mercredi 9 mai 1792, n° 130, p. 537.

1478. Arrêté du directoire du département de la Drôme du 5 mai 1792 Lettre d'envoi de l'arrêté à M. Faure, commissaire, le même jour. (*Courrier d'Avignon*, du lundi 28 mai 1792., n° 128, p. 511 et 512).

1479. Au roi des François. Sire... — (Adresse signée à la fin) : Les citoyens libres de Grenoble, le 6 mai l'an 4e de la liberté, (6 mai 1792). *S l. n. d.*, in-8°, 7 p. (M.)

Adresse engageant le roi à faire la guerre. « Vous êtes un, avec la nation ; les outrages qu'on lui fait sont faits à vous, vous les vengerez. Proposez la guerre à un second ennemi ; les citoyens intrépides voleront aux combats ; ils réduiront à l'impuissance les ennemis de leur liberté. »

1480. Discours prononcé le 6 mai 1792, dans une séance des Amis de la Constitution du Buis, par J. Serre. *Avignon*, 1792, in-8°, 7 p.

1481. Copie de la lettre écrite le 8 mai 1792, par le suppléant du procureur général syndic du département de l'Isère (Royer), au procureur syndic du district de... Grenoble, le 8 mai 1792, l'an 4e de la liberté. « L'Assemblée nationale, Messieurs, voulant assurer à la nation, l'indemnité qui lui est due... » *A Grenoble, chez J.-M. Cuchet, imp.*, in-4°, 2 f. n. chiff.

Lettre donnant des instructions au sujet des biens des émigrés.

1482. Arrêté du directoire du département de l'Isère qui défend d'exporter à l'étranger les orges, avoines, grenailles, légumes, fourrages, vins, denrées, bestiaux et toute espèce de comestibles, sous peine de saisie et de confiscation. (Du mardi 8 mai 1792 et le 4e de la liberté.) (Suit l'arrêté). *A Grenoble, chez J.-M. Cuchet imp. du dép. de l'Isère*, in-4°, 4 p. (G.)

1483. Arrêté du directoire du district d'Embrun. 9 mai 1792. *Embrun, Moyse*, in-4°, 8 p. (A.)

Lettre donnant des instructions au sujet des biens des émigrés. Prescrit l'organisation de la garde nationale et ordonne diverses mesures d'ordre et de sûreté.

1484. Proclamation des commissaires réunis des départements des Bouches-du-Rhône et de la Drôme pour l'exécution des lois des 28 mars et 11 mai 1792, sur l'organisation définitive des districts de Vaucluse et de l'Ouvèze, in-8°, (B. C.)

1485. Grenoble, ce 21 mai 1792, l'an 4e de la liberté. Contribution foncière et mobilière. *S. l. n. d.* (*Grenoble, Cuchet*), in-4°, 6 p. n. chiff (M.)

Circulaire du proc. syndic du district de Grenoble, HILAIRE. Reative aux contributions foncière et mobilière de 1791. — Etat des municipalités qui sont en retard d'adresser au district l'état des rôles de la contribution foncière.

1486. Directoire du district de Vienne. Adjudication de travaux à faire à la grande route de Lyon en Provence (21 mai 1792). *A Vienne, de l'imp. de J. Labbe, imp. du directoire, S. d.*, in-f° placard sur 2 col. (M.)

1487. Arrêté du directoire du département de l'Isère. Qui enjoint aux fermiers, métayers, colons et régisseur des biens des émigrés, mis en sequestre, de payer les contributions publiques auxquelles ces biens sont assujettis. (Du 24 mai 1792.) *A Grenoble, chez J.-M. Cuchet, imp. du département de l'Isère,* in-4°, 3 p. (G.)

1488. Lettre pastorale de M. l'Evêque du département de l'Isère (Jos. Pouchot), qui indique des prières publiques pour la prospérité des armes de la nation. Donnée à Grenoble, le 24 mai 1792. *A Grenoble, chez J.-M. Cuchet, imp. du départ. de l'Isère. S. d.*, in-4°, 4 p. (G.)

1489. Manufacture des soies des frères Jubié, à la Sône, département de l'Isère. Rapport et projet de décret présentés au nom du comité de commerce sur le rétablissement d'une somme de 18,000 livres, dans la caisse du département de l'Isère, par

M. FRASEY. Adresse du directoire du département de l'Isère à l'Assemblée nationale du 24 mai 1792. *S. l., Imp. de l'Ami des lois. S. d.*, in-4°. 20 p. (C.)

Autre édition. *A Paris de l'imp. Nationale*, in-8° 8 p. (C.)

Ce décret était sollicité par M. JUBIÉ, fondateur de la fabrique de soie de la Saône pour le paiement de primes qui lui avaient été promises lors de la création de cet établissement.

1490. Discours prononcé à la Société des Amis de la Constitution de Grenoble, le lundi 27 mai (1792), en présence du général Montesquiou par M. MAUCLERC, de Châlons-sur-Saône, chirurgien de l'armée du Midi, membre de la Société des Amis de la liberté, de Paris. Imprimé à Grenoble, par ordre de la Société des Amis de la Constitution. *A Grenoble, chez J. Allier, imp. cour de Chaulnes. S. d.*, in-8°, 23 p.

Relatif aux biens des émigrés mis en sequestre, s'ils peuvent être vendus au profit de la nation. A la p. 20 : « Mes adieux à la Société de la Constitution de Grenoble. » Il vient d'être nommé chirurgien de l'armée du Midi et doit se rendre à Tournoux.

1491. Extrait des registres des délibérations du directoire du département de la Drôme, du 29 mai 1792. *Valence, Aurel*, in-4°, 4 p.

1492. Lettre de l'abbée DUREU, dit Bourguignon, ci-devant porteur de chaise à Lyon, et actuellement apprentif prêtre de la nation au séminaire de Grenoble, à M. Jolyclerc, ci-devant bénédictin à Ambournay, et actuellement par la grâce de la constitution, M. l'abbé, vicaire épiscopal de Lyon. Du 30 mai 1792. *S. l.* in-8°, 7 p.

Réponse à un mémoire présenté au directoire du département de Rhône-et-Loire, du 12 mai 1792, dans lequel l'auteur se croit insulté.

1493. Circulaire de l'accusateur public près le tribunal criminel du département de l'Isère. Grenoble, le 2 juin 1792, l'an 4 de la liberté. *S. l.*, in-4°, 6 p.

Destinée aux officiers de police, et relative à la police de sûreté.

1494. Adresse du directoire du département de l'Isère aux municipalités et aux citoyens qui veulent se vouer à la défense de la patrie. Extrait du procès-verbal du 5 juin 1792. *Grenoble, J.-M. Cuchet, s. d.*, in-4°, 4 p. (I.)

1495. Liste de tous les sujets sans distinction, des différens districts du département de la Drôme, qui se sont présentés pour être inscrits, ayant les qualités requises par la loi, pour entrer dans la gendarmerie nationale, formée en conformité de l'article premier du titre III de la loi du 29 avril 1792 sur le décret de l'assemblée Nationale du 14 du même mois, *s. l. n. d.*, (6 juin 1792) in-f° placard (G.)

1496. Grenoble, 12 juin 1792, l'an 4e de la liberté.

Lettre à MM. les officiers municipaux annonçant l'envoi de diverses lois, etc., suivie d'une autre lettre, du 13 juin, des administrateurs composant le directoire du district de Grenoble : (RÉAL, AMAR, ALLEMAND, BELLUARD, GIROUD, HILAIRE, GAUTIER). *S. l. n. n.*, in-4°, 2 p. non chiff. (M.)

Demandant de dresser un état des noms des personnes qui ne sont pas résidantes dans le département, possédant des biens dans la commune, etc...

« Il n'est pas juste que les Français émigrés, ces ennemis du peuple, lui fassent la guerre, il n'est pas juste que de bons citoyens payent leur part des dépenses énormes qu'ils occasionnent, sans qu'ils en supportent le fardeau les premiers. »

1497. Lettre des administrateurs composant le directoire du district de Grenoble. Du 12 juin 1792. *S. l. n. n. n. d.*, in-4°, 2 p.

Pour la formation de six brigades de gendarmerie nationale.

1498. Discours de mademoiselle LABROUSSE sur les objections qu'on lui a faites sur la constitution, et qu'elle a prononcé, d'une manière très intelligible, dans plus de trente villes et villages, dans les clubs, dans les églises, et partout où l'on a voulu, et dont on a été si satisfait, qu'on en a désiré l'impression. Ce qui l'a déterminée à l'écrire. Ce qu'elle a fait à Lyon, et fait imprimer à Grenoble. A Grenoble, ce 13 juin 1792. In-8°, 64 p. (G.)

Cette prophétesse nommée Clotilde-Suzette Courcelle-Labrousse native de Vauxain en Périgord, qui parcourut une partie de la France, expliquait au peuple les divers points de la constitution.

« Vivre libre ou mourir, dit-elle ; point de condition mise à notre constitution, en faveur des émigrants et autres aristocrates ; mais criez toujours notre constitution et que notre constitution, et vive notre constitution, vive la patrie, vive la nation, vivent les patriotes et tous les bons patriotes, et cela ira, çà va, çà ira, çà ira. »

1499. District de Saint-Marcellin. Vente des biens nationaux. Du 13 juin 1792. *A Saint-Marcellin, chez A Beaumont, imp. du district*, in-f° placard sur 2 col. (I.)

Immeubles dépendant du ci-devant prieuré de Chevrière, et du chapitre de Saint-Barnard de Romans, à Saint-Lattier.

1500. Tableau des contributions foncière et mobilière du département de l'Isère ainsi que de ses charges et de celles des quatre districts pour l'année 1792. (Fait en directoire à Grenoble, le 15 juillet 1792 (lisez 15 juin) l'an 4e de la liberté). *Grenoble, de l'imp. de Cuchet.* In-4°, 12 p. et un tableau.

1501. Lettre circulaire du procureur syndic du district de Grenoble (Hilaire) à MM. les maire et officiers municipaux. (16 juin 1792.) *S. l. n.n.*, in-4°, 2 f. n. chif. + un tableau du produit annuel des récoltes (à remplir), in-f° obl. (M.)

Par laquelle il demande de connaître le produit annuel des récoltes dans chaque municipalité.

1502. Département de la Drôme. District de Montélimar. Liste des biens des émigrés situés dans le district de Montélimart, dressée à la forme de l'article VIII de la loi du 8 avril 1792, d'après les états envoyés par les municipalités. Fait à Valence le 18 juin 1792, l'an 4e de la liberté. Signée : PEY, vice-président. *S. l. n. n.* in-f° placard (G.)

1503. Département de la Drôme, district de Valence. Liste des biens des émigrés situés dans le district de Valence, dressée à la forme de l'article VIII, de la loi du 8 avril 1792. *S. l.*, 18 juin 1792, in-f° placard, en 2 f. (G.)

1504. Adresse à l'Assemblée nationale et au roi par les citoyens actifs de la ville de Grenoble. (Du 19 juin 1792.) *S. l. n. n. n. d.*, in 8°, 15 p. (G.)

Sur le renvoi de trois ministres.

« Législateurs, si Louis XVI est insensible aux alarmes de la Patrie, s'il ne veut pas être *Un* avec le peuple Français, si par des actes contraires au salut de l'Etat, il trahit et rétracte son serment, la nation va se lever tout entière, et la constitution à la main s'écriera : Louis XVI, roi des Français, est déchu de la couronne. (Suivent les signatures de 3054 citoyens).

Au roi : « Les habitants de la ville de Grenoble ont été frappés de la plus vive douleur en apprenant le renvoi précipité de MM. Servan, Clavière et Roland... Craignez que la patience publique ne se lasse, et que la nation se lèvant toute entière, ne reprenne une autorité qu'elle vous a confiée pour son bonheur et pour la défendre. Suit une *Adresse aux quarante-huit sections de la ville de Paris :*

« Demandez le rappel des trois ministres amis du peuple. Au premier éveil du danger, nous crions : *force à la loi,* et nous déployons le drapeau rouge. »

1505. Manuel du citoyen ou code des devoirs de l'homme libre, essai dédié aux amis de la raison par J.-B. BERARD. *Malheur au peuple qui s'endort sur la liberté, il s'éveille esclave.*

J. ROUSSEAU.

A Embrun, chez P.-F. Moyse, imp., 1792, l'an 4e de la liberté, in-12, 50 p. + 2 p. n. chif. table. En tête une estampe représentant l' « *Edifice de la prospérité publique* ». (G.)

Autre édition. Le titre seul a été changé. En tête, le timbre imprimé de la Société des Amis de la Constiution de Briançon.

1506. Jugement du tribunal criminel du département de l'Isère, séant à Grenoble. Du 21 juin 1792. Qui prononce que Joseph CEZARD, est déchu de la cure de Saint-Thomas de Champdieu, privé de tout traitement, déchu des droits de citoyen actif, déclaré incapable d'aucunes fonctions publiques, et condamné à deux ans de prison. A Grenoble le 21 juin 1792. Signé. LEMAITRE, président; GENISSIEU, BAUDRAN, DUPORT, COUTURIER, E. DUPUY. *A Grenoble, chez J. Allier, imp. du tribunal criminel du département de l'Isère*, in-f° placard sur 3 col. (G.)

J. Cézard avait manqué au serment par lui prêté, « en qualifiant d'intrus et d'inhabiles à remplir les fonctions pastorales, les évêques et curés qui ont été élus, conformément aux lois de l'Assemblée nationale, qu'il avait juré de conserver; en excitant les habitants des campagnes à ne pas reconnaître l'autorité des pasteurs établis, conformément aux mêmes lois... »

1507. Liste des deux cents citoyens qui doivent former le juré de jugement dans le département de l'Isère pendant le trimestre de juillet, août et septembre de l'année 1792. (Du 23 juin 1792.) A *Grenoble, chez Cuchet, imp.*, in-f° 8 p. (I.)

1508. Circulaire des administrateurs du district de la Tour-du-Pin. Du 23 juillet 1792. *S. l. n. n. n. d.*, in-4°, 2 p.

Relative aux contributions foncière et mobilière de 1791 et 1792.

1509. District de Saint Marcellin. Vente des biens nationaux. Du 23 juin 1792. A Saint-Marcellin, de l'*imp. d'A. Beaumont, imp. du district*, in-f° placard sur 2 col. (I.)

Immeubles dépendant de la chapelle de Saint-Jean-Baptiste à Varacieux, du prieuré de Saint-Siméon, de la cure de Saint-André.

1510. Adresse du directoire du département de la Drôme à l'Assemblée nationale. Du 24 juin 1792. Signée : PEY, vice-président ; MELLERET, BRUN, ROUVIÈRE, URTIN, DUCLOS, PAYAN, AYMÉ, procureur général syndic. *Valence, P. Aurel imp. du département de la Drôme, S. d.*, in-f°, placard sur 2 col. (G.)

« La Patrie est en danger ; les ennemis de l'intérieur ligués avec les rebelles de Coblentz, multiplient en ce moment leurs trames criminelles... la révolution est faite dans les esprits, le peuple périra tout entier plutôt que de perdre la constitution et la liberté. »

1511. District de Saint-Marcellin. Vente des biens nationaux. Du 27 juin 1792. *A Saint-Marcellin, chez A. Beaumont, imp.*, in-f° placard sur 2 col. (I.)

Immeubles provenant du prieuré de Chevrière, immeubles des chapelles Saint-Michel et Saint-Sébastien à Thodure, de la chapelle N. D. de Pitié à la Murette, du chapitre St-Barnard de Romans, situés à Saint-Lattier.

1512. Avis du corps municipal. Par délibération du 26 février dernier et du 28 du présent mois de juin (1792) le corps municipal a désigné les noms des différentes places et rues nouvellement établies, il a changé le nom de quelques autres... Du 29 juin 1792, l'an 4e de la liberté. *A Grenoble, chez J.-M. Cuchet, imp.*, in-4°, 3 p. (Bib. de M. Lantelme.)

Il appelle: place de la *Liberté* celle ou l'on a célébré le 24 juin dernier la fête civique de la liberté.

Place de la *Constitution* celle auprès de laquelle résident les autorités constituées.

La place Grenette ou place du Breuil portera le nom de place de la liberté.

La place Saint-André celui de place de la Constitution.

Place de la Halle, place du département.

La rue qui tend de la place du département à la grande rue, portera le nom de rue Mirabeau.

1513. Arrêté du directoire du département de l'Isère du 4 juillet 1792. Signé : Puis, vice-président ; Royer, vice proc. gén. syndic, Duport, secrétaire. A *Grenoble, chez J.-M. Cuchet, imp. du département de l'Isère. S. d.* (1792), in-4°, 7 p. (G.)

Autre édition. *Grenoble, Cuchet,* in-f°, placard sur 3 col. (M.)

Relatif à la fête de la fédération du 14 juillet et au serment fédératif. Arrêté en 9 articles, relatif aux mesures à prendre pour le renouvellement annuel du serment fédératif et aux insignes des grades de la garde nationale.

1514. Dicours prononcé à l'assemblée nationale, le 4 juillet 1792, par M. DELHORS, procureur de la commune de Grenoble, suivi de l'extrait du procès-verbal de l'assemblée nationale. *Grenoble, J.-M. Cuchet, S. d.*, in-8°, 7 p. (C.)

1515. Directoire du district de la Tour-du-Pin. Adjudication de travaux à faire sur la grande route de Bourgoin en Savoie (9 au 12 juillet 1792.) *Grenoble, chez J.-M. Cuchet imp. du département de l'Isère.* in-f° placard sur 2 col. (M.)

Le 9 juillet, adjudication des travaux pour l'entretien de la grande route de Bourgoin en Savoie, depuis le pont de Ruy jusqu'au pavé de la Traverse de Cessieu, le 12 juillet, travaux jusqu'a la limite de France et de la Savoie.

1516. Extrait du procès-verbal de la séance des amis de la constitution de Gap. Du lundi 9 juillet 1792, l'an IV de la liberté. Frère MARCHON père, vice-président, occupant le fauteuil. *Gap, J. Allier*, 1792, in-8° de 4 p. (G.)

Au sujet de l'attentat commis le 8 juillet sur la personne du président de la société par le chef des officiers de gendarmerie.

1517. District de Saint-Marcellin. Vente des biens

nationaux. Du 9 juillet 1792. *A Saint-Marcellin, de l'imp. d'Antoine Beaumont*, in-f° placard sur 2 col (I.)

Immeubles provenant de la chapelle de Saint-Jean-Baptiste à Varacieux, du prieuré de Saint-Etienne-de-Saint-Geoirs, du prieuré de Saint-Siméon, de la cure de Saint-André, etc.

1518. Adresse de l'état-major de l'armée du midi à l'assemblée nationale. Législateurs,... (Suit l'adresse signée : DUBOIS-DE-CRANCÉ, adjudant-général, DUBREUIL, adjoint, BEAUVERT, BIDAT, adjoint.) *A Grenoble, chez J.-M. Cuchet, imp. du départ. de l'Isère. S. d.* (13 juillet 1792) in-8°. (G)

« Aucun entrepôt, pas même Grenoble, n'est à l'abri d'un coup de main... « c'est lorsque des troubles éclatent, et que les citoyens du midi armés l'un contre l'autre s'égorgent, que l'on ordonne l'envoi de 20 bataillons sur le Rhin, c'est-à dire de dégarnir toute la frontière depuis Gex jusqu'au Var... Législateurs réflechissez, voilà notre position réelle... »

1519. Discours du curé de Valaurie (l'abbé MARTIN) adressé le 14 juillet 1792, jour de la fète nationale, à ses paroissiens au moment de la prestation du serment. *S. l. n. n. n. d.*, an 4 de la liberté, in-8°, 4 p. (V.)

1520. Administration du district de L'Ouvèze, séant à Carpentras, département de la Drôme (14 juillet 1792) (tableau impr.) (B. C.)

1521. Mandement de monseigneur l'archevèque d'Embrun (Pierre-Louis de LEYSSIN) sur les malheurs qui affligent la France. A Chambéry, où l'on nous a forcé de choisir un asile, ce 15 juillet de l'année 1792, la 4e de la persécution. *S. l. n. d.*, in-12 9 p. (Bibl. de M. Lantelme).

1522. Tableau des contributions foncière et mobilière du département de l'Isère, ainsi que ses charges et de celles de quatre districts, pour l'année 1792. Fait en directoire du département, à Grenoble le 15 juillet 1792, l'an 4e de la liberté. Signé : PUIS, vice-président, DUC, JAILLET, ROYER, ORCELLET, etc., *s. l. n. d.*, in-4°, 12 p. et un tableau. (I.)

1523. Arrêté du directoire du département de l'Isère, relatif aux ecclésiastiques non assermentés du district de Grenoble. Du 17 juillet 1792. A *Grenoble, chez J.-M. Cuchet imp. du département de l'Isère, s. d.*, in-4°, 7 p. (G.)

Autre édition, in-f°, placard.

Le directoire invite tous les ecclésiastiques insermentés domiciliés dans le district de Grenoble, à sortir du royaume dans le délai de trois jours, après la publication du présent arrêté.

1524. Adresse des administrateurs du directoire du département des Hautes-Alpes, à leurs concitoyens, 17 juillet 1792. *Gap, J. Allier*, in-f°, placard. (A.)

1525. Circulaire (sans titre) signée : HILAIRE, procureur général syndic du district de Grenoble.

Datée du 18 juillet 1792 et adressée aux officiers municipaux des communes. *S. l. n. n.*, in-4°, 2 p.

Elle annonce et accompagne l'envoi de l'acte du corps législatif du 12 juillet qui déclare la patrie en danger, et la loi du 8, qui fixe les mesures à prendre.

Le conseil général du département, ceux des districts, ceux des communes seront en surveillance permanente, aucun fonctionnaire ne peut s'éloigner de son poste. Tous les citoyens en état de porter les armes devront être en état d'activité permanente, etc. et enfin : nous devons tous renouveler et remplir le serment de *Vivre libre ou mourir*.

1537. Application de l'amnistie par le tribunal criminel d'Avignon transféré à Montélimar, aux crimes et délits commis à Avignon dans les nuits des 16 et 17 octobre 1791. Fait à Montélimar, le 30 juillet 1792, l'an 4e de la liberté et le premier de l'Egalité. Imprimé à *Grenoble, chez J. Allier*, sur la minute à lui remise par un des juges. *S. d.* (1792), 15 p. (V.)

1538. Résumé général du compte des dépenses faites au dépôt de mendicité, depuis le 1er août 1790, jusqu'au 1er août 1792, par M. Paques, suivi du compte des dépenses non faites, rendu au public par plusieurs citoyens. A Grenoble, l'an 4e de la liberté et de l'égalité le 1er. A *Grenoble, de l'imprimerie de Veuve Giroud et fils, place aux Herbes*, in-4°, 33 p. (G.)

Réfutation du compte présenté par M. Charles Pâques. « Ah! notre tâche est enfin finie, il en résulte que sur 66,513 liv. de dépenses vous avez une erreur de 26.176 liv... Sors des rangs, tes mains souillées ne doivent plus disposer des deniers de l'Etat, et ton cœur corrompu ne peut participer au soulagement de l'humanité souffrante....» Suivent les signatures de 71 citoyens de Grenoble, la plupart négociants.

1539. Extrait des registres des délibérations du conseil général permanent de la commune de Grenoble. Du 1er août 1792, *A Grenoble, chez J.-M. Cuchet, imp. du département de l'Isère,* in-8°, (G.)

Adresse à l'Assemblée nationale. « Les membres du conseil général de la communee vous conjurent d'examiner rigoureusement la constitution à la main, si Louis XVI, par sa conduite politique, n'est pas censé avoir abdiqué la royauté, et si l'intérêt de la Patrie n'exige pas que vous prononciez, sans délai, la suspension d'une autorité qu'il parait diriger contre la constitution, » etc.

1540. Extrait du procès-verbal des séances permanentes du conseil d'administration du département de l'Isère du 1er août 1792. *Grenoble, J.-M. Cuchet, S. d.* (1792), in-4° 3 p. (C.)

Qui arrête « que le canton de Voiron était au cas d'être déclaré avoir bien mérité de la patrie. »

1526. Déclaration de M. André ANDRIEU-MARTINET BOISSAC, prêtre du diocèse de Vienne, natif de la paroisse de Rui, ci-devant vicaire auxiliaire de la paroisse de Montceaux en Dauphiné, diocèse de Vienne. — Lettre à M. Roibon, maire de la commune de Montceaux, près Bourgoin et Saint-Chef en Dauphiné (Chambéry 19 juillet 1792). — Lettre (du même) à M. Pouchot, évêque constitutionnel de l'Isère. 19 juillet 1792. *S. l. n. n. n. d.*, In-8°, 3 p. (G.)

« Il déclare avoir les plus vifs remords de s'être servi des pouvoirs accordés par l'évêque constitutionnel de l'Isère, en exerçant les fonctions de vicaire dans la paroisse de Montceaux. Dans la 3e lettre, écrite à M. Pouchot, évêque du département de l'Isère, il dit : J'abjure votre communion, et je ne me séparerai jamais de mon légitime pasteur, M. l'archevêque de Vienne, et de l'Eglise catholique qui ne vous reconnait pas. »

1527. Loi relative a l'armée de ligne. Donnée à Paris, le 22 juillet 1792, l'an 4e de la liberté. A *Grenoble, chez J.-M. Cuchet, imp. du département de l'Isère*, in-4°, 3 p. (G.)

L'Isère doit	fournir . . .		533	hommes
Les Hautes-Alpes	»	»	267	»
La Drôme	»	»	400	»

1528. Arrêté du conseil d'administration du département de la Drôme. Du 24 juillet 1792. *Valence, J.-J. Viret, s. d.*, in-f° placard, 2 col. (G.)

Formation d'un bataillon de gardes nationaux volontaires dans le district de Louvèze.

1529. Discours prononcé par M. le président du département de l'Isère (Planta), à la première séance de l'assemblée permanente, le 24 juillet 1792. A *Grenoble, chez J. M Cuchet, imp. du dép. de lIsère*, in-4°, 12 p.

« La patrie est menacée. Les despotes de l'Europe viennent de se déclarer et conspirent hautement contre votre liberté. Serrez-vous autour de la constitution... Respectez la propriété et la sûreté des personnes... soutenez le zèle de vos magistrats par votre confiance et la patrie sera sauvée. »

1530. Rapport et conclusions de l'accusateur public près le tribunal criminel provisoire d'Avignon (RANDON, juge du district de Saint-Hippolyte). Fait et donné à Montélimar, le 24 juillet 1792, l'an 4e de la liberté. *Paris, chez les libraires associés* (1792) in-8°, 109 p. (V.)

Sur l'application de l'amnistie aux crimes et délits commis dans cette ville les 16 et 17 octobre 1791.

1531. Adresse des administrateurs du département de l'Isère, à leurs concitoyens. Du 25 juillet 1792. *Grenoble, J.-M. Cuchet. S. d.* (1792), in-4°, 7 p. (G.)

« La Patrie est en danger ! A ce cri terrible qui a retenti jusqu'au fond des cœurs, vos administrateurs ont volé ; et dignes de votre choix, fermes dans le poste que vous leur avez confié, ils y braveront les intrigues et les armes des ennemis qui osent menacer votre liberté.... Déployez toutes vos forces, et la Patrie est sauvée. »

1532. Arrêté du conseil d'administration du département de la Drôme. du 25 juillet 1792. *Valence, J.-J. Viret. S. d.*, in-f° placard sur 3 col. (G.)

Vente de la maison religieuse des dames de Ste-Ursule de Die.

1533. Lettre circulaire du directeur du juré d'accusation près le tribunal du district de Briançon (ALPHAND). A Briançon, le 25 juillet 1792. *S. l. n. n.*, in-4°, 2 f. n. chiff. (M.)

Relative à la convocation des jurés. La liste des jurés est manuscrite. Elle est signée : le procureur général syndic du district de Briançon: BOREL.

1534. Extrait du procès-verbal des séances du conseil du département de la Drôme. Du 27 juillet 1792. *Valence, Aurel*, in-f° placard sur 2 col. (G.)

Les chefs et commis des bureaux du directoire du département de la Drôme, viennent renouveler le serment de fidélité à la constitution et sollicitent la réintégration de MM. Arbod et Anteime dans leurs places de commis, lorsque la patrie aura été déclarée n'être plus en danger. »

1535. Prône civique, prononcé par M. COURTOIS, curé de Montélimar, le 29 juillet 1792, l'an 4e de la liberté. *S. l. n. d.*, in-8°. (Bibl. nationale Ld. n° 3915.)

1536. Grenoble, 30 juillet 1792. Lettre circulaire des administrateurs composant le conseil permanent du district de Grenoble. (RÉAL, SARRET, ALLEMAND, AMAR, BELLUARD, BÉTHOUX. GIROUD, GAUTIER). *S. l. n. n.*, in-4°, 2 f. n. chif.

Instructions et conseils patriotiques au sujet de la loi du 8 juillet, qui fixe les mesures à prendre lorsque la Patrie est en danger, et sur l'acte du corps législatif du 12, qui déclare que la Patrie est en danger.

1537. Procès-verbal de la séance du conseil général de la commune de Nancy, du 22 juillet 1792, réimprimé par ordre et aux frais du département de la Drôme. Adresse du conseil général de Nancy à l'assemblée nationale le 23 juillet. Extrait du procès-verbal du conseil général du département de la Drôme du 4 août 1792, in-4°, (B. C.)

1538. Délibération du corps municipal de la ville de Gap, relative à la police municipale, du 5 août 1792 l'an IVe de la liberté. *A Gap, chez J. Allier, imp. de la municipalité, de Gap, 1792*, in-4°, 14 p. (V. G.)

Règlement de police, en 54 articles.

1539. Armée du Midi, la nation, la loi, le roi. *A Grenoble, chez J.-M. Cuchet, imp. du département de l'Isère. S. d.* (6 août 1792) in-4°, 2 p., (I.)

Ordonnance faite par Anne-Pierre MONTESQUIOU-FEZENSAC, lieutenant-général des armées françaises, commandant en chef l'armée du Midi, par laquelle il requiert le conseil du département de l'Isère, pour l'exécution de la loi du 25 juillet dernier qui l'autorise à prendre la moitié des Cies de grenadiers, chasseurs, canonniers et dragons pour la défense de la frontière. Fait au quartier général de Ruy, le 6 août 1792.

1540. Adresse du conseil du département des Hautes-Alpes, à tous les citoyens du département 8 août 1792. *Gap, J. Allier 1792*, in-4°, 4 p. (A.)

Appel aux citoyens des Hautes-Alpes pour marcher à l'ennemi.

1541. Extrait du procès-verbal des séances permanentes du conseil d'administration du département de l'Isère. Du 8 août 1792. *Grenoble, Cuchet. S. d.* (1792) in-4°, 8 p. (C.)

Levée de 2.400 hommes pour être employés, sous les ordres du général de l'armée du Midi, à la défense des frontières.

1542. Adresse de la municipalité de Gap aux citoyens, 9 août 1792. *Gap, J. Allier*, in-°, 3 p. (A.)

1543. Proclamation du conseil permanent du département de l'Isère, aux municipalités de son ressort, pour l'exécution de la loi du 22 juillet, et celles du 25 du même mois, et la réquisition de M. Montesquiou, général de l'armée du Midi (10 août 1792.) *A Grenoble, chez J.-M. Cuchet, imp. de la ville*, in-4°, 4 p. (G.)

Proclamation patriotique relative à la réquisition du général de l'armée du Midi qui appelle au secours de la patrie 2.400 hommes destinés à servir seulement pendant cette guerre et la durée de la réquisition...

1544. Proclamation du directoire du département de l'Isère, du 10 août 1792. *Grenoble, J.M. Cuchet, S. d.*, in-4°, 4 p. (G.)

Sur le dessèchement des marais.

1545. Lettre de monsieur de Montesquiou, général de l'armée du Midi aux administrateurs du département de l'Isère, (août 1792,) in-8°, 3 p.

1546. Couplets chantés à Grenoble à la fête du 10 août sur l'air de l'hymne marseillois. *Grenoble, J.-M. Cuchet S. d.* (1792), in-8°, 3 p. Suivent 6 couplets. (G.)

1547. Deux années de l'histoire de Grenoble, depuis la suspension de Louis XVI (10 août 1792) jusqu'à la chute de Robespierre (9 thermidor an II) (27 juillet 1794) par M. Albin GRAS. *Grenoble, N. Maisonville.* nov. 1850. in-8°, 140 p. (G.)

1548. Extrait des registres des arrêtés du département de la Drôme, du 11 août 1792. *Valence, P. Aurel,* in f°, placard sur 3 col. (G.)

Surveillance de la correspondance. Toutes lettres partant de l'intérieur du département pour l'étranger et adressées aux émigrés seront arrêtées... Suit une liste de journaux qui ne peuvent circuler dans le département de la Drôme (25 journaux y compris les *Affiches du Dauphiné.*)

1549. Mémoire pour la ville de Grenoble. 11 août 1792. *A Grenoble, chez J.-M. Cuchet, imp. de la municipalité, s. d.* 1792, in-4°, 11 p. (G.)

Au sujet de la loi du mois d'août 1791, qui ordonne que les biens des communes seront vendus pour payer leurs dettes. — Le 2 août, le maire, Prunelle de Lière, après la lecture du mémoire de M.J.-B. DELHORS, sur les créances et les biens de la ville de Grenoble, décide, avec le conseil de ville, qu'on demandera à l'assemblée nationale, d'accorder une avance de 315.000 liv. — Le directoire recommande au corps législatif de prendre en grande considération la pétition de la ville, puisqu'elle est dans l'impossibilité de pourvoir au payement de ses dettes échues.

1550. Extrait du procès-verbal du conseil d'administration du département de la Drôme, signé : Freycinet, président. Du 12 août 1792. *Valence, de l'imp. de J.-J. Viret*, in-f° placard sur 2 col. (G.)

Relatif aux secours à accorder aux familles des grenadiers, chasseurs, canonniers ou dragons, requis par le général de l'armée du Midi.

1551. Extrait du procès-verbal des séances permanentes du conseil d'administration du département de l'Isère. Du 13 août 1792. A *Grenoble, chez J. M. Cuchet, imp. du dép. de l'Isère*, in-4°, 3 p. (G.)

M. Mallein, commandant de la 1e légion des gardes nationales du district de Grenoble, vient apporter l'assurance du patriotisme de la garde nationale, il ajoute que le canton de Voiron, qui ne devait fournir que 43 hommes, pour son contingent de la levée des deux mille quatre cents hommes demandés par le général de l'armée du Midi, en a fourni 108 et sa compagnie de dragons s'est offerte toute entière à la première réquisition. — Le conseil arrête que le canton de Voiron a bien mérité de la patrie.

1552. Loi relative à la réunion de dix bataillons de gardes nationaux à Valence. Du 14 août 1792, l'an 4e de la liberté. A *Paris, de l'imp. nationale du Louvre 1792*, In-4°, 2 p. (G.)

1553. Loi relative à la formation d'une compagnie franche Allobroge, Donnée à Paris, le 13 août 1792, l'an 4e de la liberté. (Enreg. à Grenoble, le 28 août 1792.) A *Grenoble, chez J.-M. Cuchet, imp. du dép. de l'Isère*, in-4°, 8 p. (M.)

Cette nouvelle légion, sous la surveillance de l'officier général commandant à Grenoble « pourra être composée, de 14 compagnies d'infanterie légère de 120 hommes chacune, y compris les officiers, dont 7 compagnies seront armées de carabines, les 7 autres de fusils à bayonnettes, et d'une compagnie d'artillerie légère de 160 hommes. La ville de Grenoble sera le lieu du rassemblement de cette légion et celui de son dépôt.

1554. Avis aux citoyens, par la Société des surveillans de Valence. Signé : Claude PAYAN, président, AUREL, secrétaire. A *Valence, chez P. Aurel, imp. des surveillans, s. d.* (août 1792) in-f°, placard sur 2 col., papier gris. (G.)

Convocation à une séance qui devait avoir lieu dans la salle des ci-devant Cordeliers, le 21 août. « Vous qui vous êtes honorés du nom de surveillans, lorsque ce nom était encore une injure ; vous tous, bons citoyens, qui n'êtes pas reçus au nombre de ses membres, empressez-vous de venir dans son sein. Si vous êtes dignes de l'égalité vous vous rendrez au milieu de ses enfants. » etc.

1555. Lettre des commissaires de l'armée du Midi, Imprimée et envoyée aux 83 départements et aux armées, par ordre de l'assemblée Nationale. Lyon, 15 août 1792. — Lettre des commissaires de l'armée du Rhin... Strasbourg, le 15 août 1792. A *Valence, chez P. Aurel, imp. du dép. de la Drôme*, in-4°, 4 p. (G.)

Au sujet de la proclamation des décrets de l'assemblée nationale, rendus à l'occasion des événements du 10 de ce mois.

1556. Aux corps administratifs, *Grenoble, imp. Cuchet. S. d.* (1792), in-4°, 8 p.

Adresse du ministre de l'intérieur, suivie de l'arrêté du directoire du département de l'Isère pour sa publication en date du 17 août 1792.

« Les dangers de la Patrie ne sont pas encore anéantis... Je vous invite, messieurs, à vous livrer sans partage au bonheur de seconder une révolution qui s'achèverait sans vous dans les déchirements, et que vous pouvez et devez promptement affermir avec gloire... »

1557. Aux corps administratifs. *A Gap, chez J. Allier, imp. du dép. des Hautes-Alpes, 1792*, l'an V de la liberté, in-4°, 8 p. (H.-A.)

Circulaire administrative et politique du ministre de l'intérieur ROLAND.

1558. Adresse du conseil général du département de l'Isère, aux citoyens. (17 août 1792.) A *Grenoble, chez J.-M. Cuchet, imp. du départ. de l'Isère*, in-4°, 3 p. (G.)

« L'Assemblée nationale appelle une convention nationale, c'est à vous, citoyens, d'en élire les membres. » Suivent divers conseils patriotiques aux électeurs.

1559. Extrait du procès-verbal des séances permanentes du conseil d'administration du département de l'Isère. Du 19 août 1792. *Grenoble, J.-M. Cuchet, S. d.*, in-4°, 4 p.

Relation du serment prêté à Grenoble sur l'*Arbre de la Liberté*, de maintenir l'égalité et la liberté. La cérémonie eut lieu sur la place de la Liberté. Discours prononcé par M. PLANTA, président du conseil d'administration du département de l'Isère.

1560. Loi donnée à Paris, le 19 août 1792, l'an 4e de la liberté, décret de l'Assemblée nationale des 13 et 19 août 1792. (Enreg. à Grenoble le 24 avril 1792. *A Grenoble, chez J.-M. Cuchet, imp. du dép. de l'Isère*, in-4°, 2 p. (G.)

« Les villes du Dauphiné où se tiendront les assemblées électorales pour la nomination des députés à la convention nationale sont : Embrun, Valence, Vienne.

1561. Extrait du procès-verbal des séances du conseil du département de la Drôme. Du 19 août 1792. Signé : FREYCINET, président. *Valence, chez P. Aurel*, in-f° placard (G.)

Adresse à l'Assemblée nationale par laquelle le conseil « jure l'adhésion la plus franche et la plus entière à tous les décrets, et le maintien de la liberté et de l'égalité ou de mourir en les défendant. »

1562. Extrait du procès-verbal des séances du conseil du département de la Drôme. Signé: FREYCINET, président. Du 20 août 1792. *Valence, P. Aurel*, in-f° placard (G.)

L'Assemblée renouvelle le serment, et vote une adresse à l'Assemblée nationale.

1563. Extrait du procès-verbal du conseil du département de l'Isère en surveillance permanente.

(Du 22 août 1792). *Grenoble, J.-M. Cuchet. S. d.*, (*1792*), in-4°, 8 p. (G.)

Réception des commissaires nommés par l'Assemblée nationale pour se rendre à l'armée du Midi.

Discours du président PLANTA et adresse à l'Assemblée nationale, pour lui exprimer l'indignation dont le conseil est pénétré au récit des attentats commis envers la souveraineté nationale par le département des Ardennes et la municipalité de Sedan.

1564. Pièces trouvées dans le secrétaire du roi, lues à l'Assemblée nationale le 14 août 1792, l'an 4 de la liberté, imprimées et envoyées aux 83 départements par son ordre. Arrêté du directoire du département de l'Isère (relatif à l'impression, la publication et l'affiche des pièces ci-dessus) 22 août 1792. *A Grenoble, chez J.-M. Cuchet, imp. du dép. de l'Isère*, in-4°, 4 p. (G.)

1565. Extrait des arrêtés du conseil d'administration du département de la Drôme. Du 24 août 1792. *Valence, P. Aurel*, in-f° placard sur 2 col. (G.)

Une compagnie de gardes nationaux de la commune de Quissac (Gard), armée et équipée à ses frais, se rendant au camp de Ceyssieu, a demandé et obtenu de défiler en armes dans la salle du conseil. Suit une copie de la lettre écrite au conseil d'administration du département du Gard à M. le président de l'Assemblée nationale. Du 17 août 1792.

1566. Extrait du procès-verbal du conseil du département de l'Isère en surveillance permanente. Du 25 août 1792. *A Grenoble, chez J.-M. Cuchet, imp. du dép. de l'Isère. S. d.*, in-4°, 6 p. (G.)

Surveillance de la correspondance avec l'étranger.

1567. Extrait du procès-verbal du conseil du département de l'Isère en surveillance permanente. Du 25 août 1792. *Grenoble, Cuchet. S. d.*, in-4°, 4 p. (G.)

Convocation des conseils généraux des communes. Demande l'état des biens des émigrés.

1568. Tableau des électeurs nommés dans les trente-cinq cantons du district de Grenoble. Le 26 août 1792. *Grenoble, Cuchet,* in-8°, 16 p. (C.)

1569. Tableau des électeurs nommés dans les vingt-un cantons du district de Vienne. Le 26 août 1792. *S. l. n. n. (Grenoble, Cuchet.)* in-8°, 24 p. (C.)

1570. Extrait du registre des administrateurs du conseil du district de Gap. 26 août 1792. *Gap, J. Allier*, in-f°, placard (A.)

Levée d'un bataillon de grenadiers et chasseurs pour défendre la frontière.

1571. Extrait du procès-verbal de réunion de la commission chargée de l'organisation des districts de Vaucluse et de l'Ouvèze, par décrets de l'assemblée nationale des 28 mars, 11 mai et 15 août 1792. Arrêté du 7 septembre 1792. Extrait des arrêtés du conseil d'administration du département de la Drôme. Séance du 27 août 1792, in-8°, (B. C.)

1572. Adresse d'un électeur du département de

la Drôme à ses collègues, le 28 août 1792, l'an premier de l'égalité Français... *A Vienne, de l'imp. de J. Labbe, imp. de l'adm. et du tribunal, du district de Vienne, rue des Clercs*, in-f°., placard (C.)

Adresse relative aux nouvelles élections des députés « jamais, dit-il, mission ne fut plus honorable, plus grande, plus délicate que celle qui vient de nous être confiée; il s'agit de nommer des députés qui vont décider du sort des habitants du monde entier. Je condamne à l'infamie, à la malédiction de Dieu tout électeur qui donnera sa voix pour autre intérêt quelconque que celui du bien général... »

— L'impression en est arrêté au nombre de 600 exempl. A Vienne, le 8 septembre 1792.

1573. Arrêté du conseil général du département de la Drôme du 28 août, 1792, in-f° placard (C.)

Concernant les émigrés.

1574. Adresse de la société des Jacobins, séante à Grenoble, à la convention nationale. Du 14 fructidor an 2. (31 août 1792.) *S. l. n. n. n. d.*, in-4°, 3 p. (G.)

1575. Avis aux citoyens qui composent les sept sections de la ville de Grenoble. *S. l. n. n. n. d.* (août 1792) in-8° 8 p. (G.)

« Citoyens, vous êtes réunis en assemblées primaires pour délibérer sur nos plus chers intérêts, sur les moyens de maintenir votre constitution, la liberté et l'égalité qui lui servent de base »... Demandez le rappel d'un général (M. La Fayette) qui ne fait ourdir que des conspirations; forcez l'assemblée législative à lancer contre lui le décret d'accusation, et moquez-vous de tous ceux qui vous injurient. Le peuple Français est debout, et ne demande pas mieux que d'écraser les ennemis qui cherchent à vous égarer. »

1576. Procès-verbal des séances de l'assemblée électorale du département de la Drôme, pour l'élection des députés à la convention nationale. (Du 2 septembre au 14 septembre 1792.) *Valence, Viret, 1792*, in 4°, 30 p. (G.)

Adresse à l'assemblée nationale, rédigée par Marc-Antoine JULLIEN. Discours du même. Lettre du citoyen ROUVIÈRE à l'assemblée nationale, du 13 septembre 1793. Furent élus députés:

Marc-Antoine JULLIEN.

Pierre-Barthélemy SAUTAYRAS, du canton du Sauzet.

Joseph-Fiacre OLIVIER, du canton de Pernes.

Michel-Louis RIGAUD, du canton de Crest.

François MARBOS, de Valence.

Jacques-Bernadin COLAUD, de Die.

Joseph BOISSET, J.-J.H. JACOMIN, J.-R. FAYOLLE.

J.-M.-Ph. MARTINET, premier député suppléant du département de la Drôme à la convention.

L.-A JOURDAN, second député, sup.

J.-F. QUIOT. troisième député sup.

Suit l'élection des membres de l'administration du département de la Drôme.

1577. Directoire du district de la Tour-du-Pin. Adjudication de travaux à faire sur la grande route de Lyon à Grenoble et de Bourgoin en Savoie. *A Grenoble, chez J.-M. Cuchet, imp.du dép. de l'Isère, S. d., (1792)* in-f° placard sur 2 col. (M.)

Travaux à exécuter sur la grande route de Grenoble à Lyon, commençant au pont d'Ecloze et se terminant à la Ledrière etc. (3 septembre 1792.)

1578. Grenoble le 3 sept. 1792, l'an IV de la liberté. Lettre du vice-procureur syndic du district de Grenoble (Giroud) aux municipalités. *S. l. n. d.*, in-4°, 1 f. (G.)

Il se plaint de la négligence que mettent les municipalités à fournir la liste des émigrés que l'administration demande en vain depuis plusieurs mois.

1579. Délibération du conseil général permanent de la commune de Grenoble concernant les visites domicilières, pour les armes et les munitions de guerre, du 3 septembre 1792 ; suivie de la liste des commissaires nommés par cette délibération. *Grenobe, J.-M. Cuchet. S. d.*, in-4°, 6 p.

Archives de la ville de Grenoble. LL. 83.

1580. Adresse des électeurs du département de la Drôme à l'assemblée nationale. Signée : Marc-Antoine Jullien, président, Joseph-François Payan secrétaire. 4 sept. 1792 l'an 4e de la liberté et le premier de l'égalité. *Valence, P. Aurel (1792)* in-4°, 4 p. (V.)

1581. Discours prononcé à l'assemblée électorale du département de la Drôme les 4 et 5 septembre 1792, l'an 4e de la liberté, et de l'égalité le premier, par Marc-Antoine Jullien, président de l'assemblée, nommé 1er député du département de la Drôme à la convention nationale. *S. d. Valence, P. Aurel*, in-4°, 4 p. (B.-D.)

1582. Département de la Drôme. District de Montélimar. Tableau des curés (au nombre de 15) qui ont refusé de lire le mandement de M. l'évêque du département, et de ceux dont les cures sont vacantes par mort ou désertion. Fait à Montélimar le 4 septembre 1792, l'an 4e de la liberté et le 1er de l'égalité. Signé : PAIN, président, PIALLA, REYNAUD, etc. *S. l. n. d.*, petit in-f° placard. (G.)

1583. Extrait du procès-verbal des séances de l'assemblée électorale du département de la Drôme. *Valence, P. Aurel. S. d.* (septembre 1792), in-4°, (B. D.)

1584. Adresse du conseil du département de l'Isère, en surveillance permanente, aux citoyens de son ressort, du 5 septembre 1792 (suit) : Extrait du procès-verbal du conseil du département de l'Isère, en surveillance permanente, du 5 septembre 1792.) *A Grenoble, chez J. M. Cuchet, imp. du département de l'Isère*, in-4°, 8 p. (G.)

« De nombreux citoyens s'avancent de toutes parts contre nos ennemis, ils ne sont armés que de courage. Déjouons la combinaison perfide des anciens agents du pouvoir exécutif, etc. La garde nationale du département de l'Isère est priée de remettre ses armes, au chef-lieu du canton. Elles doivent être distribuées aux hommes de l'armée du Midi.

1585. Extrait du procès-verbal des séances de l'assemblée électorale du département de la Drôme, du vendredi 7 septembre 1792, l'an 4e de la liberté, et de l'égalité le 1er. *Valence, chez P. Aurel imp.*

du dép. de la Drôme, et de l'assemblée électorale, in-4°, 2 p. (Bib. de M. Arnaud, de Crest.)

1586. Le ministre de l'intérieur (J.-M. ROLAND) Paris 1er septembre 1792. (Circulaire, suivie de l'arrêté du directoire du département de l'Isère pour sa publication et exécution). Du 7 septembre 1792. *Grenoble, Cuchet, imp.*, in-4°, 4 p.

« Une ligue semblable à celle qui se forma contre vous en 89, se manifeste aujourd'hui par des complots pareils; » etc.

1587. Mandement pour le diocèse du département de l'Isère le siège vacant, (par Louis BERTON, second vicaire, président le conseil épiscopal). 8 septembre 1792. *A Grenoble, de l'imp. de J. Allier,* in-4°, 4 p.

Autre édition, in-f° placard à 3 col.

Ordonnant un service funèbre pour le repos de l'âme de feu J. POUCHOT, mort le 7 septembre.

1588. Règlement pour le service et la discipline intérieure de la garde nationale de Grenoble. du 11 septembre 1792. *A Grenoble chez J.-M. Cuchet, imp. du dép. de l'Isère,* in-8°. 48 p. (G.)

Ce règlement fut élaboré le 12 août 1792 dans la salle des exercices du collège et approuvé par le directoire du district de Grenoble le 11 septembre 1792.

1589. Procès-verbal de l'assemblée électorale du

district de Valence. Du 14 septembre 1792. *Valence, imp. de J. Viret,*, in 4°. 10 p. (G.)

Nouvelle élection des membres composant l'administration et le tribunal de Valence. Suit un arrêté rédigé par Barthélemy Faujas, pour se procurer le moyen d'envoyer à la défense de la patrie, la gendarmerie nationale du département.

1590. Grenoble, le 15 septembre 1792, l'an 4e de la liberté et le 1er de l'égalité. (Lettre des administrateurs composant le directoire du district de Grenoble, aux maire et officiers municipaux des communautés, par laquelle ils adressent le mandement qui fixe le contingent des municipalités dans la contribution foncière)... pour 1792. *S. l. n. d.*, in-4°, 2 f. n. chif. (C.)

« Occupez-vous donc, messieurs, sans délai, de cette répartition ; jamais la nation n'aura besoin de plus pressant secours, que dans ces moments où les tyrans veulent nous replonger dans les fers. Restons unis ; payons les impôts; respectons les lois et la patrie sera sauvée. »

1591. Saint-Marcellin, le 18 septembre 1792, l'an IV de la liberté et le 1er de l'égalité. Messieurs... Les commissaires du conseil du département de l'Isère; JUVENET, PAYN. *S. l. n. n.*, in-4°, 4 p. n. chif. (I.)

Circulaire adressée aux officiers municipaux, relative à la convocation des gardes nationales.

1592. Liste des deux cents citoyens qui doivent former le juré de jugement dans le département de l'Isère pendant le trimestre d'octobre, novembre et décembre de l'année 1792 (du 19 sept. 1792) *Grenoble, J.-M. Cuchet (1792)* in-4°, 11 p. (C.)

1593. Paris, 20 sept. 1792. Lettre de Serre. *S. l. n. d.*,, in-4°.

Il remercie les électeurs qui l'ont nommé à la convention.

1594. Copie de la lettre écrite par les députés du dép. des Hautes-Alpes, à l'assemblée législative aux administrateurs du même département 20 sept. 1792. *S. l. n. d.*, in-f°, 4 p. (A.)

Réponse à des attaques calomnieuses.

1595. Les crimes du 10 août dévoilés par les patriotes Suisses et les efforts qu'ils ont fait pour les prévenir. *S. l. n. d.* (20 sep. 1792) in-8°, 16 p. (G.)

« Venez combattre sous les *drapeaux Allobroges*, venez augmenter cette légion qui a juré la mort des tyrans et une haine éternelle à tous les rois! » Appel à ceux qui voudraient entrer dans la légion des Allobroges qui se formait à Grenoble.

1596. Au nom de la nation française. Liberté, Egalité. *S. n. n. l.*, (21 septembre 1792) in-4°, 4 p. (C.)

Proclamation du général Montesquiou au moment où il se préparait à pénétrer en Savoie, elle est adressée aux Savoyards et datée de Barraux.

22 Septembre 1792

L'AN PREMIER DE LA RÉPUBLIQUE FRANÇAISE

1597. Lettre de M. Montesquiou, général de l'armée du Midi, aux administrateurs du département de l'Isère. Aux Marches, le 23 septembre 1792. *S. l. n. n.*, in-8°, 3 p. (G.)

Il apprend les premiers succès de l'armée. « Montmeillan est abandonné et vient de nous ouvrir ses portes. »

1598. Arrêté du conseil général permanent du département de l'Isère. Du 24 septembre, l'an 4e de la liberté et le Ier de l'Egalité. *Grenoble, J.-M. Cuchet*, in-4°, 8 p. (C.)

Circulaire et arrêté des plus violents, à l'occasion de la disette des grains, contre les habitants des campagnes qui ne paient pas leurs contributions, etc. — Mesures prises pour forcer les campagnes à porter des grains au marché, etc.

1599. Département de la Drôme. Compte de la gestion du directoire du département de la Drôme. Du 1er novembre 1791 au 25 septembre 1792, l'an Ier de la République. *A Valence, de l'imp. de Jean-Jacques Viret,* in-4°, 44 p. (G.)

Rédigé par les commissaires rédacteurs: Melleret, Duclos et Rouvière.

1600. Adresse des administrateurs du département de la Drôme aux citoyens du même département. Du 29 septembre 1792. *Valence, J.-J. Viret, s. d.* in-f° placard sur 2 col. (G.)

Au sujet de la déchéance de la royauté et la proclamation de la République.

1601. Bulletin de l'armée du Midi. *S. n. n. l. n. d.* (Grenoble, vers le 28 sept. 1792) in-8°, 7 p. (C.)

C'est le récit de l'entrée en campagne de l'armée française par Barraux et Pont-de-Beauvoisin, et de la rapide conquête de la Savoie.

1602. Léonard-Joseph Prunelle, de Grenoble, mandataire du peuple français auprès de la convention nationale, aux citoyens de la République française, ses commettans et ses frères. *S. d.* (octobre 1792). *A Grenoble, de l'imp. de J. Allier, imp. de la municipalité,* in-8°, 16 p. (G.)

1603. Compte-rendu de la gestion du district de

Crest. Du 1er octobre 1792. *Crest, Benistant et Gallet, s. d.*, in-f°, 32 p. (B. D.)

1604. Discours prononcé par le citoyen CHEYNET, président de la société des Amis de la liberté et de l'égalité de Montélimar dans sa séance extraordinaire, du 4 octobre 1792, l'an premier de la République française. *Montélimar, Mistral* (1792), in-8°, 8 p. (V.)

1605. Circulaire des administrateurs du département de la Drôme, aux officiers municipaux. Du 5 octobre 1792. *Valence, P. Aurel*, in-4°, 3 p. (G.)

Ils demandent des tableaux exacts, de la masse d'hommes, d'armes, de munitions et des voitures disponibles.

1606. Arrêté du département des Hautes-Alpes. 6 octobre 1792 *Gap, J. Allier, 1792*. in-4°, 3 p. (A.)

Recensement des grains.

1607. Extrait du procès-verbal du conseil du département de l'Isère en surveillance permanente. Arrêté relatif au recensement des grains, ordonné par la loi du 16 septembre 1792. (Du 6 octobre 1792.) *A Grenoble, chez J.-M. Cuchet. imp. du départ. de l'Isère. S. d.,* in-4°, 6 p. (G.)

1608. Procès-verbal de visite du citoyen JUBIÉ,

commissaire du département au directoire du district pour y mettre à exécution les arrêtés des 24 et 26 septembre dernier; concernant les contributions, le recouvrement du droit de patente, celui des revenus des biens des émigrés sequestrés et les précautions à prendre pour s'assurer des grains et en prévenir les accaparements. (Du 8 octobre 1792). Suivi du tableau des municipalités en retard et des commissaires nommés pour les aider à leurs frais, à la confection des opérations prescrites par l'arrêté ci-dessus. *Grenoble, J.-M. Cuchet. S. d.(1792)* in-4°, 18 p. (C.)

1609. Extrait des registres des délibérations du conseil permanent d'administration du district de Valence, département de la Drôme. Séance du 10 octobre 1792, l'an I de la R. Présents, les citoyens BARJAC, président; QUIOT, CHABERT, CHANCEL, ROLLAND, ROLLET, VIGNON, ALLIÉ, BONNET, CHARLON et JANNET, administrateurs. *A Valence de l'imprimerie de J.-J. Viret, imprim. du district*, in-f°, placard. (C.)

Tableau nominatif des émigrés du ressort « portant confiscation de leurs biens, meubles et effets, au profit de la nation, une indemnité de pertes incalculables que lui a fait éprouver l'obstination de ces mauvais citoyens dans leur coupable désertion... » — Il comprend les noms de 66 personnes parmi lesquelles on trouve: MESSEY, ex-évêque, DEBEAUX-PLOVIER, DAUPHIN, MONICAULT, ex-chanoine de St-Ruf, PLANTA, de VAUX, LA CROIX-PISANÇON, LA COSTE, VESC, MOREL, ci-devant commandant au fort Barraux, etc.

1610. Département de la Drôme. Discours du citoyen PAYAN, administrateur du département de la Drôme, aux gardes nationales marseilloises. Du 9 octobre 1792. *Valence, Aurel*, in-4°, 3 p. (G.)

Un bataillon de gardes nationales marseillaises parti de Paris le 16 septembre, arriva à Valence le 9 octobre 1762. On lui offrit une couronne civique en reconnaissance du service signalé qu'il avait rendu à la République à la célèbre époque du 10 août. Suit le discours de Claude PAYAN.

1611. r enoble, ce 11 octobre 1792, l'an Ier de la République. Lettre du procureur syndic du district de Grenoble, HILAIRE, au citoyen juge de paix du canton de... *S. l. n. n.*, in-4°, 2 f. n. chif. (M.)

« Je vous prie, dit-il, d'apposer les scellés sur la campagne et les effets mobliers de tous les émigrés de votre juridiction ».

1612. Gap, le 14 octobre 1792, l'an Ier de la R. F. (Lettre des administrateurs du directoire du département des Hautes-Alpes ; DHÉRALDE, président ; ST GUITTE, FANTIN, PROVENSAL, ROBIN, MOYNIER-DU-BOURG, proc. général syndic ; BLANC, secrétaire). *S. l. n. d. (Gap, Allier)*, in-8°, 4 p. n. chif. (H.-A).

Relative au droit de patente.

1613. Instruction du conseil du departement de l'Isère. Du 15 octobre 1792. *Grenoble, Cuchet*, in-4°, 6 p. (1200 exempl.)

Relative aux émigrés.

1614. Lettre adressée au directoire du département

de l'Isère, par le ministre des contributions publiques (CLAVIÈRE). Le 6 octobre, l'an Ier de la R. F. Adresse des administrateurs du directoire du département de l'Isère : (PLANTA, PUIS, TROUSSET, DUC, ROUX, ORCELLET, JAILLET, DUMOLARD, FORGERET, Abel FORNAND, ROYER, DUPORT), à leurs concitoyens, relativement à la contribution en remplacement des droits supprimés en 1790, sur les sels, les huiles et savons, sur la marque des fers et des cuirs, sur la fabrication des amidons. A Grenoble, le 20 octobre 1792. *Grenoble, chez J.-M. Cuchet, imp. du dép. de l'Isère*, in-f° placard, sur 3 col. (C.)

1615. Noms des prêtres, vicaires ou desservants du district de Grenoble qui peuvent être nommés aux cures vacantes. Arrêté à Grenoble sur la demande des candidats, ce 23 octobre 1792, par le procureur syndic du district (HILAIRE). *A Grenoble, chez* J.-*M. Cuchet, imp. du département de l'Isère* (23 oct. 1792), in-4°, 4 p.

Suit une liste de quatre-vingt-trois prêtres parmi lesquels on trouve :

CARLHIAN, premier vic. de St-Louis.
RAVANAT, second vic. de St-Louis.
ALPHAN, vic. desservant de Theys.
DAVAU, premier vic. de Voiron.
ALLEMAND, desservant de Pierre-Châtel.
GASPARD CLET, desservant de Tolvon.
REVOL, ex-jacobin desservant de la Pierre, âgé de 63 ans.
MICHAL, ex-augustin desservant de Sassenage.
DUBOILE, ex-jacobin, desservant du Monestier-de-Clermont.
BOZONNIER, ex-cordelier, desservant de St-Guillaume.
TURIN, ex-recollet, desservant de Clavans.
BOURGEAT, directeur du séminaire de l'Ain, etc.

1616. Adresse des citoyens de Grenoble à la convention nationale. (Du 23 oct. 1792). *S. l. n. n. (Grenoble, J.-M. Cuchet)*, in-8°, 8 p. (M.)

Elle commence ainsi : « Vos premiers pas dans la carrière glorieuse, où la confiance vous a appelés, ont été des pas de géants. Vous avez posé les vraies bases de la liberté universelle... en abolissant la royauté, cette lèpre invétérée qui dévorait la France depuis quatorze siècles, en décrétant enfin l'unité et l'indivisibilité de la République, etc. »

Les citoyens de Grenoble s'étaient assemblés en section le 14 octobre 1792 « à l'effet d'applaudir et d'adhérer au décret qui a fait tomber la royauté et a établi la royauté, » et rédigèrent cette adresse. Voyez *Journal patriotique* de Grenoble, du 28 oct. 1792. N° 110 p. 457-458.

1617. Correspondance du ministre CLAVIÈRE et du général MONTESQUIOU, servant de réponse au libelle du général contre le ministre. *S. l. n. n. n. d.*, in-4°, 48 p. papier gris. (G.)

La 1re lettre du général Montesquiou, à Clavière, est datée du camp des Abrets, le 11 sept. 1792, l'an 4 de la liberté et le 1er de l'égalité.

1618. Lettre du ministre de l'intérieur aux citoyens administrateurs du département de la Drôme, le 14 octobre 1792, au sujet de la réclamation de la dame DEVÈZE ; — lettre écrite par le procureur général syndic du département de la Drôme. Du 26 octobre aux administrateurs du district de l'Ouvèze, in-8°, (B.-C.)

1619. Décret de la Convention nationale. Du 28

septembre 1792, l'an 1er de la R. F. Fête civique célébrée dans toute la Republique en mémoire du succès des armes françaises en Savoie, et circulaire aux municipalités du département de la Drôme. Du 29 octobre 1792. *A Valence, chez P. Aurel*, in-f° placard sur 2 col. (G.)

« La chanson des guerriers marseillais devenue l'hymne de la République, a été chantée avec enthousiasme autour de l'arbre de la liberté. »

1620. Grenoble, 30 octobre 1792, l'an 1er de la R. F. Le suppléant du procureur général syndic du département de l'Isère, (Royer) au citoyen... électeur du canton de... District de Grenoble. *S. l. n. n.*, in-f°, 1 f. (M.)

Circulaire relative à la tenue de l'Assemblée électorale fixée au 11 nov. à St-Marcellin.

1621. Requête des citoyennes Françoise Bernard et Marie Jouffroy, de la ville de Pernes, aux citoyens administrateurs du directoire du département de la Drôme, à l'effet d'obtenir que les biens possédés par les filles de Sainte-Garde ne soient pas considérés comme biens nationaux. Observations et pièces justificatives. *S. d.* (octobre 1792), in-4°, 16 p. (B. C.)

1622. Aux abonnés du *Journal patriotique* de Grenoble et à mes concitoyens, par Balthazard

ROYER. *S. l. n. n. (Grenoble, Cuchet,)31 oct. 1792* in-8° 8 p. (G.)

1623. Gardes nationales. Arrêté du conseil du département de la Drôme en permanence. Du 31 octobre 1792. *A Valence, chez P. Aurel, imp. du département de la Drôme*, in-f° placard sur 2 col. (G.)

Relatif à la formation d'un nouveau bataillon de gardes nationales volontaires destiné à l'armée des Pyrénées.

1624. Le conseil général de la commune de Vienne aux Français. *A Vienne, de l'imp. de Vve Vedeilhié*, in-4°, 8 p. (V. V.)

« Frères et amis,

« Depuis quelques mois des bruits calomnieux se répandent sur la commune de Vienne et ses administrateurs... déjà nous avons prévenu le ministre de l'intérieur de ces horribles manœuvres... Nous vous présenterons, frères et amis, la conduite que nous et nos concitoyens avons tenue depuis le mois de juillet 1789...

Suit un extrait du journal de Lyon, du 5 oct. 1792, n° 118.

1625. Eloge de Thionville et de Lille. Couplets pour servir de suite à l'hymne nationale. *S. l. n. d.* (Grenoble, octobre 1792.) in-8°, 4 p. non chif, (C.)

1626. Etat des émigrés du district de Grenoble, département de l'Isère, relevé sur les listes fournies par les municipalités, et dressé en exécution de l'art. VIII de la loi du 8 avril 1792. Fait à Grenoble, le 3 novembre, l'an Ier de la République française

Signé : PLANTA, président, DUPORT, secrétaire général. *A Grenoble, chez J.-M. Cuchet, imp. du département de l'Isère*, in-f° placard (I.)

Cet état contient les noms des émigrés au nombre de 120, leurs anciennes qualités et leurs domiciles ordinaires.

1627. Adresse du conseil général du département de l'Isère, aux quarante-huit sections de Paris. Du 3 nov. 1792, l'an Ier de la République française. *Grenoble, J. Cuchet. S. d.*, in-4°, 3 p. (G.)

« Vous avez renversé le despotisme ; vous avez étouffé ce monstre qui se releva cent fois avant d'expirer. Vos effort généreux vous méritent la reconnaissance de tous les Français ; le règne de l'Egalité est votre ouvrage. Continuez, braves Parisiens, nos ennemis ne sont pas tous dans la poussière, il en est au milieu de vous; encore un combat, et votre triomphe est complet. »

1628. Réponse de la section des Champs-Elysées à l'adresse des administrateurs du département de l'Isère aux 48 sections de Paris. *imp. de la section, s. d.* (nov. 1792), in-4°, 4 p.

Appel à la modération.

1629. Rôle des administrateurs du département du tribunal criminel de l'administration du district de Grenoble, du tribunal et du bureau de paix, renouvelés au mois de novembre 1792. *Grenoble. J.-M. Cuchet, imp.*, in-4°, 4 p. (C.)

1630. La femme de Jacob Benjamin à la convention nationale. *S. l. n. n. n. d.* (4 nov. 1792), in-8°, 22 p. (G.)

Dans cet écrit la femme de Jacob Benjamin, munitionnaire général des vivres de l'armée des Alpes, prend la défense de son mari qui venait d'être arrêté. Suivent divers certificats en faveur de Benjamin, signés des officiers et soldats du 1e bataillon de l'Isère, au camp de Vayrier, près Carrouge, 20 octobre 1792. A la fin: Prix commun des légumes qui se vendent à Embrun.

1631. Extrait du procès-verbal des séances du conseil du département de la Drôme du 6 nov. 1792. *Valence, P, Aurel*, in-f° placard sur 2 col. (G.)

Renouvellement des corps administratifs. municipaux et judiciaires. — Invitation aux assemblées primaires d'émettre leur vœu sur l'abolition de la royauté.

1632. Grenoble, le 7 novembre 1792, l'an Ier de la République française. (Lettre circulaire commençant par ces mots : En exécution de l'art. IX de la loi du 19 oct. dernier...). Le procureur syndic du district de Grenoble : HILAIRE. *S. l. n. n.*, in-4°, 2 p. (M.)

Relative à la convocation des électeurs pour donner un successeur à l'évêque du département qui vient de décéder, et procéder à l'élection du procureur syndic de l'administration, des membres du directoire, etc... A Saint-Marcellin, le 11 nov.

1633. Copie de la lettre écrite par le ministre de la guerre au directoire du département de la Drôme. Du 7 nov. 1792. Signée : PACHE, ministre de la guerre. *S. l. n. n.*, in-4°, 2 p. (G.)

Il ne sera accordé aucun congé limité ou absolu aux volontaires qui en demanderont directement au ministre à moins que les municipalités certifient l'indispensable nécessité de les leur procurer.

1634. Adresse présentée par les citoyens de la ville de Grenoble réunis en assemblée populaire, après avoir prévenu légalement la municipalité, aux administrations de département et de district, aux officiers municipaux, aux tribunaux criminel et civil, et aux juges de paix, établis dans la ville de Grenoble. Le 9 novembre 1792. *A Grenoble, chez J.-M. Cuchet, imp. s. d.* (1792) in-8°, 4 p. (M.)

Les citoyens de Grenoble demandent que la loi qui bannit à perpétuité tous les émigrés du territoire français soit exécutée.

1635. Extrait du procès-verbal des séances du conseil du département de la Drôme, du 9 novembre 1792. *Valence, Aurel*, in-f° placard sur 2 col. (G.)

Suspension de la municipalité d'Etoile, district de Valence, pour n'avoir pas dénoncé trois citoyens émigrés et rebelles aux lois de l'état, qui sont les sieurs ROUX la MONTAGNIÈRE et les deux frères DUPONT.

1636. Extrait du procès-verbal des séances de l'assemblée électorale tenue à Briançon pour la nomination des administrateurs du département. Président, accusateur public et greffier du tribunal criminel (du 11 novembre 1792.) *A Gap de l'imp. du département, 1792,* in-4°, 24 p.

1637. Aux citoyens réunis en sociétés populaires,

par Claude PAYAN, administrateur du département de la Drôme. Du 11 nov. 1792. *S. l. n. n. d.*, in-4°, 11 p. sur papier gris (G.)

« Sociétés populaires, voulez-vous imprimer à la République un caractère ineffaçable ? que les lieux de vos séances ne soient jamais des arènes de gladiateurs, livrés aux serpents de la haine, de la calomnie, à des vaines déclamations, à des dénonciations absurdes et à tous les vices des esclaves ! qu'ils deviennent des temples, ou le peuple se pénètre d'amour pour la vertu et de respect pour la loi, où il apprenne qu'il est aussi nécessaire de lui obéir, qu'il est utile de la discuter. » etc.

1638. Grenoble, ce 12 novembre 1792, l'an Ier de la R. F. Le procureur syndic du district de Grenoble (HILAIRE) aux officiers municipaux. *S. l. n. d.*, in-4°, 4 p. n. chiff. (G.)

Circulaire relative à l'administration. Rôle de la répartition sur les contribuables.

1639. Défense du peuple anglais, sur le jugement et la condamnation de Charles Ier, roi d'Angleterre, par MILTON. Réimprimée aux frais des administrateurs du département de la Drôme. *A Valence, chez P. Aurel, imp. du département de la Drôme, 1792*, in-8°, 100 p. (G.)

A la p. 5. Arrêté du conseil du dép. de la Drôme du 14 nov. 1792. « Considérant qu'il est du devoir des administrateurs de former et de mûrir l'opinion publique sur la grande question qui s'agite à la convention nationale pour le jugement de Louis Capet, arrête que ledit livre sera réimprimé au nombre de 1000 exempl. »

1640. Adresse de l'assemblée électorale du département des Hautes-Alpes à la convention nationale. Briançon le 15 novembre 1792. *S l. n. d.*, in-4°, 4 p. (G.)

Autre édition, *Gap, J. Allier.*, in-4°, 4 p. (A.)

« Pour nous habitans d'un sol ingrat, pour qui la nature ne semble renouveler ses saisons qu'afin de l'accabler de ses fléaux, nous avons résolu comme vous, de vivre libre ou de mourir... Nous osons croire, législateurs, que vous apprécierez en pères de la patrie, les sentiments des habitants des Hautes-Alpes, qui ne sauraient souffrir la lumière s'il fallait vivre esclaves »

1641. Instruction sur la loi du 20 septembre 1792 qui détermine le mode de constater l'état civil des citoyens. Grenoble le 17 nov. 1792. Signée : Louis Berton, second vicaire episcopal, Accarias, vicaire épisc. secrétaire. *Grenoble, imp. Allier*, in-8°, 81 p. (G.)

Dispense les fidèles 1° des empêchements d'affinité spirituelle et d'honnêteté publique ; 2° de tous les empêchements de consanguinité ou d'affinité autres que ceux compris en l'article xi de la première section du titre iv de la loi du 20 septembre 1792 qui détermine le mode de constater l'état civil des citoyens.

1642. Les administrateurs du directoire du département de la Drôme aux officiers municipaux des communes du ressort, du 17 nov. 1792. *Valence, J.-J. Viret. S. d.*, in-4°, 3 p. (G.)

Répartition d'assignats-coupures.

1643. Elections faites par l'assemblée électorale du département de l'Isère, tenue à Saint-Marcellin, commencée le 11 novembre 1792. *A Grenoble, chez J.-M. Cuchet, imprimeur du département de l'Isère*, in-4°, 4 p. (M.)

A la p. 3 on trouve : élection faite par l'assemblée électorale du district de Grenoble, commencée le 18 novembre 1792.

1644. Lettre d'un cultivateur de l'Oisans, électeur à Saint-Marcellin. *S. l. n. d.* (18 nov. 1792) in-8°, 6 p.

— Récit ironique des élections faites par l'assemblée électorale du département de l'Isère, tenue à Saint-Marcellin.

1645. Adresse d'un franc et loyal républicain à ses concitoyens (par J. C. Berton, vic. épiscopal) 19 nov. 1792. *Grenoble, imp. Allier. S. d.*, in 8°, 7 p. (G.)

C'est une protestation contenant diverses lettres contre l'élection de H. Reymond en qualité d'évêque constitutionnel de l'Isère.

1646. Extrait des délibérations du directoire du département des Hautes-Alpes, 19 décembre 1792. *Gap, J. Allier*, in-4°, 2 p. (A.)

Emission d'assignats.

1647. Dubois Crancé, député des Ardennes, de l'Isère, du Var et des Bouches-du-Rhône à ses commettans le 28 nov. 1792 (Paris) *de l'imp. de L. Pottier de Lille.* in-8°, 22 p. (M.)

Il fait un petit historique de la Révolution et attaque le ministre Roland de la Platière.

1648. Mémoire justificatif pour le citoyen François A.-P. MONTESQUIOU, ci-devant général de l'armée des Alpes. Précédé et suivi de pièces importantes. Novembre 1792, l'an 4e de la liberté. *S. l. n. d.*, in-8°, 54 p. (G.)

Document curieux relatif au Dauphiné et à la Savoie.

1649. Décret de la convention nationale, du 26 novembre 1792, l'an premier de la République française, qui ordonne la proclamation et l'exécution des articles du décret sur les émigrés, relatifs aux émigrés rentrés dans le territoire de la République... (suit) : Arrêté du directoire du département de l'Isère. Extrait du procès-verbal du 4 déc. 1792. *A Grenoble, chez J.-M. Cuchet, imp. du département de l'Isère*, in-4°, 6 p.

Les citoyens de Grenoble présentent une adresse par laquelle ils demandent « l'expulsion de tous les émigrés qui rentrent en foule dans le département de l'Isère » le directoire arrête que le décret du 26 nov. serait réimprimé, publié et affiché dans toutes les villes et communes du département.

1650. Copie de la lettre écrite par le ministre de l'intérieur ROLLAND, au procureur général syndic du département de la Drôme. Du 4 déc. 1792. *Valence, Viret*, in-f°, placard (G.)

Il approuve l'arrêté du conseil du département de la Drôme qui a suspendu pendant un mois de leurs fonctions municipales, le maire et trois officiers municipaux et le procureur de la commune d'Etoile.

1651. Etat général de la situation des caisses au 15 décembre 1792. *S. l. n. d.*, in-f° placard (C.)

Situation des caisses du payeur général des receveurs des districts de Grenoble, Vienne, Saint-Marcellin et la Tour-du-Pin.

1652. Paris, le 15 déc. 1792, l'an I de la Rép. Le ministre de l'intérieur (ROLAND.) aux administrateurs du département de l'Isère. Suit l'arrêté du directoire pour son exécution du 25 déc. 1792. *S. l. n. n.*, in-8° (G.)

Le ministre signale une erreur dans l'article XXI de la loi n° 125, au lieu du mot : *au-dessous* de 25 liv. il doit y avoir celui : *au-dessus* de 25 liv.

1653. Extrait de la séance permanente du conseil d'administration du district de Crest, département de la Drôme, séance du 17 décembre 1792. Signé : BANCEL, président ; POURTIER, secrétaire. *S. l. n. d.* in-4°, 4 p. (V.)

Décision des membres du conseil d'administration de rester à leur poste sans désemparer.

1654. Récit historique et moral sur la botanique, lu devant le conseil d'administration du département des Hautes-Alpes, séant à Gap, le 18 décembre 1792, l'an Ier de la République française, par le citoyen Dominique CHAIX, curé de la Roche-des-

Arnauds. *A Gap, chez J. Allier, imprimeur du département, 1793*, in-8°, 27 p.

Les 8 premières p. contiennent l'extrait du procès-verbal de la session du conseil du département des Hautes-Alpes du 18 déc. 1792, et un discours à l'éloge du citoyen Chaix, prononcé par le procureur général syndic (MONYER-DUBOURG.)

1655. Adresse du conseil général du département de l'Isère à la convention nationale, du 29 décembre 1792. A *Grenoble, chez J.-M. Cuchet, imp. du dép. de l'Isère, s. d.*, in-4°, 4 p. (tiré à 1500 exempl.)

Demandant que tout créancier de la République puisera son payement dans la caisse du district de sa résidence. Cette adresse est signée : DELHORS, président temporaire.

1656. Extrait du procès-verbal des séances du conseil général du département de la Drôme, du 19 décembre 1792. *Valence, P. Aurel*, in-f° placard sur 3 col. (G.)

Suppression de la feuille intitulée : *Suite du journal de Perlet*, qui ne pourra circuler dans l'étendue du départ. de la Drôme.

Suit l'arrêté qui donne l'ordre « de brûler ledit journal dans les bureaux des postes, en présence des directeurs desdites postes, ce journal étant entaché de royalisme et pouvant corrompre le civisme des citoyens. »

1657. Extrait des délibérations du directoire du département des Hautes-Alpes, du 19 décembre 1792, l'an Ier de la République française. Séance publique. Signé : BLANC, secrétaire. A *Gap, chez*

J. Allier, imp. de l'administration du départ. des Hautes-Alpes, 1792, in-8°, 2 p. (R.)

Sur les assignats.

1658. Pétition du citoyen Allier, imprimeur à Grenoble, du 21 décembre 1792, aux membres du département de l'Isère. *Grenoble, J. Allier*. in-4°. (G.)

Cette pétition a pour objet de faire adjuger, au bail à rabais, toutes les impressions des corps administratifs, ou d'obtenir que ce travail soit partagé entre le citoyen Cuchet et le pétitionnaire.

1659. Antoine Farnaud à ses concitoyens les électeurs des Hautes-Alpes. Gap, le 21 décembre 1792, l'an Ier de la République. Citoyens... *S. l. n. n.* in-4°, 2 p. (A. A.)

« Le vœu libre, dit-il, de près de 200 électeurs m'avait désigné pour le secrétariat du département des Hautes-Alpes, le serment solennel et spontané de 30 administrateurs environ, m'avait assuré cette place, la rétractation de 17 d'entre eux vient de me la ravir... »

1660. Aux électeurs du département des Hautes-Alpes. Citoyens électeurs... A Gap, le 22 décembre, 1792, l'an Ier de la R. F. *S. l. n. n.*, in-4°, 2 p. (A. A.)

Circulaire signée ; Lachau, Paul Bertrand, Bontoux fils, etc., Au sujet d'Antoine Farnaud, qui avait été nommé secrétaire du département et dont l'élection ne fut pas maintenue.

1661. Adresse des associés amis de la liberté et de l'égalité à tous les bons citoyens. Du 22 décembre

1792. *Grenoble, J. M. Cuchet*, in-8°, 4 p. n. chiff. (C.)

1662. Adresse des administrateurs du département de l'Isère aux citoyens des campagnes. (Du 22 décembre 1792). A *Grenoble, chez J.-M. Cuchet, imp. du département de l'Isère, s. d.*, in-4°, 3 p.

« Le triomphe de Cérès est arrivé, vos bras sont libres ; les seigneurs ne sont plus, le monarque lui-même est abattu sous la puissance nationale. Vos champs vont prendre une face nouvelle, la fécondité de leurs productions va annoncer le règne de la liberté, et le sol de la République va se couvrir de moissons, comme les frontières se sont couvertes de héros... Des fonds sont destinés à encourager vos essais. »

Annonçant aux agriculteurs « que des prix et des couronnes civiques attendent les plus sages et les meilleurs cultivateurs ». Adresse signée : Delhors, président temporaire.

1663. Liste des deux cents citoyens qui doivent former le juré du jugement dans le département de l'Isère pendant le trimestre de janvier, février et mars de l'année 1793. Du 22 déc. 1792. A *Grenoble, chez J.-M. Cuchet*, in-f°. 8 p. (I.)

1664. Avertissement. Signé : Hélie, président du conseil, Accarias, vic. ép. secrétaire. Grenoble, le 23 déc. 1792, l'an Ier de la R. F., *s. l.*, in-12, 1 p. non chiff.

Instruction sur les mariages. Il n'y a plus de publication à faire à l'église, etc.

1665. Lettre circulaire du procureur syndic du

district de Grenoble (HILAIRE). Du 27 déc. 1792, l'an Ier de la R, *S. l. n. d.*, in-4°, 4 p, (G.)

Confection des matrices de rôle. Lettres, à ce sujet, des administrateurs du directoire du département et du ministre des contributions publiques.

1666. Modèle des actes relatifs aux naissances, mariages, divorces et décès. Extrait du procès-verbal du directoire du département de l'Isère. Du 27 déc. 1792. Pour la réimpression de ces modèles au nombre de 2.000 exempl. A *Grenoble, chez J. M. Cuchet, imp. du dép. de l'Isère.* (C.)

1667. Tableau des autorités constituées civiles et judiciaires, séantes à Grenoble. — Signé : HILAIRE. Le 7 nov., an II. (27 déc. 1792) A *Grenoble, de l'imp. de J. Allier, impr.* in-4°, 2 p. n. chiff.

1668. Département de l'Isère. Compte rendu au conseil d'administration du département de l'Isère, par les administrateurs composant le directoire du même département, des recettes et des dépenses faites depuis le 1er octobre 1791 au 15 déc. 1792. (30 déc. 1792), A *Grenoble, chez J.-M. Cuchet, imp. du département de l'Isère*, in-4°, 48 p. 3 tableaux in-f°, entre les p. 32 et 33. (C.)

1669. Liste du juré de jugement pour le trimestre de janvier 1793, l'an II de la République française; en exécution de la loi du 29 septembre 1791.

A *Gap, de l'imp. du département 1792*, in-4°, 4 p. (M.)

Contient la liste des citoyens inscrits des districts de Gap et de Briançon. Elle est accompagnée d'une lettre imprimée, datée de Gap, le 31 décembre 1792 et signée du procureur général syndic Moynier Dubourg.

1670. Recueil de quelques vérités simples qui intéressent tous les bons citoyens. Signé : Claude Charpin fils, de Grenoble, sentinelle patriote, toujours à son poste. *S. l. d. d.*, in-4°, 2 p. n. chiff. (G.)

« On a osé dire la vérité aux Rois. J'ose plus, je la dis au peuple... Honni soit qui s'en offense. »

Pièce curieuse mais sans intérêt, il fait le portrait des méchants et des honnêtes gens, etc.

1671. Discours prononcé par M. Barroil, officier au 1er bataillon des volontaires de l'Isère, en garnison à Vienne, à la séance de la Société des Amis de la Constitution de cette ville. *Vienne. Labbe.* in-8°, 4 p.

1672 Mémoire ou aperçu de la culture, par les commissaires soussignés, de la commune de Saint-Ferjus, applicable aux divers fonds qu'elle contient. *A Grenoble, de l'imprimerie de Vve Giroud et fils, place aux Herbes, 1792*, in-8°, 17 p. + 2 p. n. chif. (G).

Calcul du prix des récoltes et le produit sur quinze années, de la commune de St-Ferjus. A la fin : Table des estimations du territoire de St-Ferjus 1791.

1673. Compte que rendent les anciens administrateurs du directoire du district de Gap, aux nouveaux administrateurs du même district de leur gestion depuis la session du 1er octobre dernier. Décembre 1792. *Gap* J. *Allier*, in-4°, 56 p. (A.)

1674. Histoire des guerres d'Italie, première partie contenant les campagnes des Alpes depuis 1792 jusqu'en 1796. Par X.-B. Saintine. *Paris*, A. *Dupont 1826*, in-18. (G.)

1675. Adresse du directoire du département de la Drôme à l'Assemblée nationale. *Valence*, *P. Aurel*, *S. d.*, (1792), in-f° placard sur 2 col. (G.)

Signée : Les administrateurs composant le directoire du département de la Drôme. Desjacques, vice-président ; Sibeud, Pey, Rouvière, etc.

« En conservant les principes constitutionnels, vous avez préservé le royaume de sa perte... »

1676. Avis aux fidèles catholiques, sur les erreurs que publient les ennemis de la constitution, contre la réformation du clergé. Tirés de l'évangile, des conciles, des saints pères et des auteurs les plus respectacles de l'Eglise catholique par M. Bare, curé de Saint-Marcellin. *A Saint-Marcellin, de l'imp. d'Antoine Beaumont, imp. du district* in-12, 46 p. (G.)

1677. Cabinet politique et littéraire ou catalogue des livres, journaux et autres ouvrages périodiques; qui se donnent à lire par abonnement, il se vend

12 sols. *A Grenoble, chez Falcon, libraire, rue du Palais 1792*, in-12, 94 p.

Catalogue de 1895 numéros.

1678. Les députés des Hautes-Alpes à la convention nationale, aux volontaires du 2e bataillon de ce département à Maubeuge *S. l. n. d.*, (1792) in-4°, 2 p. (A.)

1679. Werther, traduit de l'allemand avec figures (marque de Giroud) *A Maestricht, chez J.-P. Roux et Cie, imprimeurs libraires, associés. A Grenoble, chez J.-L.-A Giroud, imprimeur, place aux Herbes, 1792*, in-12, 2 f. n. chif. pour le faux titre et le titre; 111 p. + 2 p. n. chif., préface + 236 p. 2 grav. hors texte, la première à la p. 28, la 2e à la p. 214. (G.)

Les figures sont de Chodowicki. Nous ne connaissons pas d'autre *Cazin* portant la rubrique de Grenoble.

1680. Œuvres diverses de Madame de Montanclos ci-devant Mme de Princen, en prose et en vers, seconde édition, à Paris, chez Berry... chez Delalein... Imprimé *à Grenoble, chez J. L. A. Giroud, imprimeur-libraire, place aux Herbes 1792*, in-12, 2 vol. 6 f. n. chif. et 292 p. + 4 p. n. chif
– 2e vol. 2 f. n. chif. + 274 + 1 f. n. chif. (G.)

1681. Almanach du département de l'Isère, année mil sept cent quatre-vingt-treize, premier de la République Française (par J. BERRIAT SAINT-PRIX). A *Grenoble, chez les libraires de cette ville* (*imp. F. Allier.*) 1793, 138 p, + XXIV + 2 f. n. chif. (G.)

1682. Almanach général du département des Hautes-Alpes pour l'année de grâce mil sept cent quatre-vingt-treize. *Gap, J. Allier*, 1793. p. in-12, de 129 p. (A.)

Contient le calendrier Gregorien, la liste des députés à la convention nationale des 83 départements --- P. 59 : Description du département des Hautes-Alpes --- P. 64. Administrations du département, etc. A la p. 120-123 : Liste des émigrés du département des Hautes-Alpes. P. 124 : un article sur la caisse d'épargne et de bienfaisance.

1683. *Ordo sancti officii recitandi, missœ que celebrandœ, juxtà ritum Diœcesis Isariensis, pro anno MDCCXCIII, qui includit labentem primum Reipublicœ annum, et initiantem secundum. Paschâ occurrente 31 martii, quem ordinari curavit consilium episcopale, sedè vacante. Gratianopoli, ex typis, Josephi Allier 1793*, in-8°, 28 p.

A la p. 5 : *Pastoralis epistola. Gratianopoli, 15 decembris 1792. Reipublicœ primo.* Signée : HÉLIE, *prœses consilii*, ACCARIAS, *vic. episc.*

1684 Abrégé du graduel à l'usage de Vienne, contenant les messes des dimanches et principales fêtes de l'année. *A Grenoble, de l'imprimerie de Veuve Giroud et fils, place aux Herbes*, 1793, 1 vol. de 682 p. in-8°.

1685. Extrait des registres des arrêtés du directoire du département de la Drôme. Séance publique du 1er janvier 1793, l'an second de la R. F. *A Valence, de l'imp. de Jean-Jacques Viret*, in-f° placard sur 2 col. (G.)

Arrêté qui ordonnne que tous les notaires publics du district du ressort seront tenus de satisfaire, d'ici au 15 février prochain inclusivement, au décret de la Convention nationale du 1er nov. 1792, et de produire en conséquence au directoire du département le certificat de civisme qui leur est prescrit, à défaut de quoi passé ledit délai, qui sera réputé fatal, il sera ultérieurement délibéré pour que signification soit faite aux notaires qui ne se seront pas conformés à la loi.

1686. Proclamation des commissaires des districts de Nyons, de Montélimar et de l'Ouvèze, le 1er janvier 1793. *Carpentras*, in-8°, (B. C.)

1687. *La Vérité* au peuple, journal des départements de la Drôme et de l'Ardèche, (avec cette épigraphe) : *Aux armes citoyens, volez à la victoire -- En mourant pour l'Etat, vous vivrez pour la gloire. Valence, imp. de Pierre Aurel*, in-4°.

Le 1 n° est du 1er janvier 1793 et le dernier du 12 mars 1797. Ce journal dont l'esprit était le jacobinisme pur, n'a eu qu'une durée éphémère. A la fin du 31e n°, du 12 mars 1797, une note de l'imprimeur annonce que la nomination des principaux rédacteurs à des fonctions publiques l'oblige de renoncer à la continuation de son journal, et que pour désintéresser les abonnés du reliquat de leur abonnement, dans le cas où ils n'exigeraient pas le remboursement, il leur fera parvenir le journal de *Perlet*.

1688. Lettre circulaire des administrateurs du directoire du département des Hautes-Alpes. Gap, le 4 janvier 1793, l'an 2 de la R. F. *S. l. n. d.*, in-4°, (M.)

Relative à l'expédition des certificats de résidence.

1689. Adresse du conseil général du département de l'Isère à la convention nationale. (Du 7 janv. 1793). *A Grenoble, chez J.-M. Cuchet, imp. du département de l'Isère,* in-4°, 3 p. (G.)

« La royauté n'est plus ; nos armées sont triomphantes ; par « quelle fatalité, lorsque les avis ne devraient retentir que des « cris de la victoire, sommes-nous obligés de faire entendre des « cris de douleurs ?...

« Factieux, agitateurs, et vous tyrans de la terre, nos bras « sont armés, et nous vous le disons pour la dernière fois, le « peuple français ne veut ni roi, ni dictateur, ni triumvirs ; il « veut être libre ; sa volonté est immuable ; il sera libre ou le « dernier des français périra.

« A ces accens citoyens de toute la République, reconnaissez « les habitants de l'Isère. »

1690. N° 7. Département de la Drôme, district de Valence. Biens d'émigrés à vendre. Première affiche (8 janvier 1793). *Valence, chez J.-J. Viret, imp. du district*, affiche en 2 pièces (C.)

Tableau des biens de l'émigré Louis MARQUET, situés dans la municipalité de Combovin, canton de Chabeuil.

1691. Extrait du procès-verbal du directoire du département de l'Isère, du mardi 8 janvier 1793.

A Grenoble, chez J.-M. Cuchet, imp. du département de l'Isère, in-4°, 8 p. (C.)

Arrêté relatif aux biens des émigrés et à leurs revenus.

1692. Lettre circulaire du procureur syndic du district de Grenoble (Hilaire) aux officiers municipaux, *s. l. n. d.*, in-4°, 2 f. n. chif. (C.)

Lettre patriotique au sujet de l'établissement de patentes.

1693. Du mercredi 9 janv. 1793 à 4 heures après-midi, dans la grande salle au premier étage de la maison commune de la ville de Grenoble, *s. l. n. d.*, in-4°, 2) p. n. chif. (I.)

Procès-verbal de la séance du conseil du département — dans laquelle il arrête qu'il s'occupera de l'établissement des écoles primaires, et organisera un institut national à Grenoble.

P. 6. Projet d'organisation d'une école de chirurgie.

P. 9. Séance du 12 janvier 1793. Rapport sur l'institut national.

1694. Extrait des délibérations du directoire du département des Hautes-Alpes, séance publique (du 13 janvier 1793). Signé: Chabert, président; Blanc, secrétaire. *A Gap, de l'imp. du département*, in-8°, 4 p. (R.)

Sur la levée d'un bataillon de grenadiers.

1695. Règlement du tribunal du district de Grenoble concernant l'expédition des affaires qui y sont portées, publié le 15 janvier 1793, deuxième de la R. F. (Signé: Pison du Galland fils, Duport,

Enfantin, Gautier, Perrotin, juges; Dupuy, commissaire national. *A Grenoble, chez J. Allier, imp. du tribunal du district*, in-4°, 7 p. (M.)

1696. Lettre pastorale du nouvel évêque du département de l'Isère. (H. Reymond) à tous les citoyens qui ont concouru à son élection. Suivie d'un avertissement sur l'observance du carême prochain. Du 15 janvier 1793. *Grenoble, Cuchet. S. d.*, in-8°, 16 p. (G.)

La lettre pastorale à tous les citoyens qui ont concouru à l'élection d'A. Reymond est du 24 déc. 1792. Suit une lettre de communion adressée au Pape ; enfin, avertissement sur l'observ. du carême.

1697. Leçons aux volontaires qui ont abandonné leur poste dans le danger de la patrie. Lettre adressée aux rédacteurs de la *Feuille villageoise*, par Sabatier la Bastie, pasteur à Livron, 17 janv. l'an 2e de la R. F. N° 19 de la *Feuille villageoise*, p. 437-438.

1698. Extrait du procès-verbal du conseil général du département de l'Isère en surveillance permanente, (du 20 janv. 1793.) *A Grenoble, chez J.-M Cuchet, imp. du département de l'Isère*, in-4°, 3 p. (G.)

Il sera levé dans le département de l'Isère, en conformité de l'arrêté du 5 janv. 1793, cinq cents volontaires pour se rendre à Paris et y rester aux ordres de la convention nationale. »

1699. Extrait du procès-verbal du conseil général du département de l'Isère en surveillance permanente (du lundi 21 janvier 1793.) *A Grenoble, chez J.-M. Cuchet, imp. du département de l'Isère*, in-4°, 4 p. (I.)

Arrêté relatif aux certificats de résidence et aux émigrés.

1700. Extrait du procès-verbal du conseil général du département de l'Isère en surveillance permanente. (Du 21 janv. 1793.) *A Grenoble, chez J.-M., Cuchet, imp. du dép. de l'Isère*, in-4°, 3 p. (G.)

En réponse à la lettre du ministre de l'intérieur du 4 janvier. Le conseil général arrêtè qu'il serait ouvert sur le champ, au secrétariat du département, un registre de souscription pour fournir des capotes et des souliers aux soldats de la République.

1701. Adresse du conseil général du département de l'Isère, aux habitants des campagnes. (Du 22 janv. 1793.) *A Grenoble, chez J.-M. Cuchet imp. du dép. de l'Isère*, in-4°, 5 p. (I.)

Au sujet de la dévastation dans les forêts nationales.

« Réfléchissez-y bien, citoyens, dévaster les bois, c'est détruire notre marine, c'est ruiner le commerce et l'agriculture... C'est assassiner le corps politique. Que les dévastateurs fassent maintenant un retour sur eux-mêmes et qu'ils jugent de quel délit ils sont coupables !... »

1702. Décret de la Convention nationale, du 23 janvier 1793, l'an 2e de la R. F. Adresse de la Convention nationale au peuple Français. Citoyens.. — *A Grenoble, chez J.-M. Cuchet, imp. du départ. de l'Isère*. In-4°, 8 p. (G.)

« Le tyran n'est plus ; il a subi sa peine, et le peuple n'a fait entendre que des acclamations pour la République et pour la liberté... »

1703. Les représentants du peuple Français, députés par le département des Hautes-Alpes, aux corps administratifs de ce département. (Lettre signée : BARETY, BOREL, Auguste IZOARD, SERRES, CAZENEUVE.) Paris, le 23 janv. 1793, l'an second de la R. *A Paris de l'imp. Nationale.* In-8°, 3 p. (G.)

Lettre relative à la condamnation du roi. — Assassinat de Michel Le Pelletier. « Il faut que les bons citoyens se tiennent ralliés avec fermeté autour de la convention. »

1704. Taxe uniforme des témoins. Extrait du registre des arrêtés du directoire du département de la Drôme, séance du 23 février 1793. *S. l.*, in-f°, placard. (B.-C.)

1705. A Messieurs du département de la Drôme. Joseph-Paul-François AUDIFFRET, citoyen et ci-devant vi-bailli de St-Paul-trois-Châteaux, district de Montélimar. *S. l. n. d.* In-4°, 4 p. (V.)

Supplique pour demander sa mise en liberté. Arrêté pour complicité dans la conspiration de Jalès, il proteste de son innocence et soutient qu'il a été pris pour un autre Audiffret. Il fut mis en liberté le 28 vendémiaire an III (19 oct. 1794).

1706. A la Convention nationale. Joseph-Paul-François et Joseph-François-Xavier AUDIFFRET, citoyens de Saint-Paul-trois-châteaux. District de Montélimar, département de la Drôme. *S. l. n. d.*, in-4°, 4 p.

Même but que le n° précédent.

1707. Extrait des registres des délibérations du directoire du département des Hautes-Alpes, contenant réglement de la taxe accordée aux témoins.

Du 24 janvier 1793. *A Gap, chez J. Allier, imp. du dép. des Hautes-Alpes*, in-8°, 5 p. (R.)

1708. Procès-verbal de la 3e session du conseil du département de l'Isère commencée à Grenoble le 1er (lisez 15) décembre 1792 (jusqu'au 25 janvier 1793), en continuation de la surveillance permanente. *Grenoble, chez J.-M. Cuchet, imp. S. d.*, in-4°, 333 p. et 1 tableau des routes du département de l'Isère, in-4°, 4 f. n. chif. (G).

Volume rare et important.

1709. Copie de la lettre du maréchal de camp attaché à l'armée d'Harville (TOURVILLE). A Dinant-sur-Meuse, le 25 janvier 1793, l'an second de la République. Citoyens administrateurs... *S. l. n. d.*, (*Gap Allier*) in-4°, 2 p. n. chif. (A. A.)

Imprimée par ordre des administrateurs du département des Hautes-Alpes. « C'est avec une vive satisfaction que je rends la justice au bon et brave bataillon des Hautes-Alpes commandé par l'ancien et respectable lieutenant colonel SAINT-MARTIN, de dire qu'il a très bien servi depuis trois mois, qu'il s'est bravement comporté à la bataille de Jemmapes près Mons. J'ai aussi des éloges à vous faire du citoyen MEYER, second lieutenant-colonel, dont je suis extrêmement satisfait, » etc.)

1710. Extrait du procès-verbal des séances de la municipalité de Beaumont, district de Valence, dép. de la Drôme. Signé ROZERON, maire ; PASCAUD, VALLAYEZ cadet, GARNIER LA BARREYRE, etc. Voyez la *Feuille Villageoise* n° 18. Du 31 janvier 1793, p. 419 à 424.

Réunion fraternelle des catholiques et des protestants de Beau mont, dans l'église paroissiale.

1710. Liste des deux cents citoyens qui doivent former le juré de jugement dans le département de l'Isère, pendant le trimestre de janvier, février et mars de l'année 1793. A *Grenoble, chez J.-M. Cuchet, imp. du dép. de l'Isère.*, in-4°, 8 p. (I.)

Le 22 déc. 1792, dans la grande salle, au premier étage de la maison commune de la ville de Grenoble, où le directoire du département tient ses séances, le directoire a lu et approuvé la liste de 200 citoyens. Signée : PLANTA, président, PUIS, vice-président, ORCELLET, ROYER, COMBEROUSSE, DUC, DELHORS, VIGNON, BRENIER, ALMERAS, procureur général syndic, DUPORT, secrétaire.

1711. Extrait du procès-verbal des séances du conseil permanent de la Drôme. Du 1er janvier 1793. *A Valence, chez P. Aurel, imp. du dép. de la Drôme*, in-f° placard (G.)

Arrêté relatif aux dépenses d'administration du département.

1712. Décrets de la convention nationale des 3 février et 12 mars 1793, qui changent la dénomination des villes de Fontenai-le-Comte, de Mont-Dauphin, de Bourbon-Lancy et de Nogent-le-Roy.

A Paris, de l'imp. Nationale exécutive du Louvre 1793. in-4°, 3 p, (G.)

La convention nationale, sur la motion d'un de ses membres, décrète que la ville de *Mont-Dauphin* portera à l'avenir le nom de *Mont-Lyon.*

1713. Arrêté du directoire du département de l'Isère qui rappelle l'exécution des lois relatives à la conservation des bois et forêts (4 fév. 1793). *Grenoble, Cuchet,* in-4°, 6 p. (I.)

1714. Département de l'Isère. District de Grenoble. Emigrés. Liste des biens des émigrés situés dans l'étendue du district de Grenoble. — Du 5 fév. 1793. A. *Grenoble, chez J.-M. Cuchet imp. du dép. de l'Isère,* in-f°. 54 affiches chiffrées. La première affiche est en deux pièces. (I.)

Contient les noms et les biens des émigrés suivants :

Agoult, colonel du régiment ci-devant Agenois, fils du sieur d'Agoult, conseiller au ci-devant parlement.

Agoult (Antoine), sous-lieutenant des gardes du roi.

Agoult-Montmort, (Marie-Félicité Delois de Loinville.)

Achard de Germane, (Alexandre), homme de loi.

Allemand-Dulauron, fils, commis négociant.

Allemand (Jean-Baptiste), officier de marine, et Pierre Allemand, prêtre, résidant à Saint-Julien-en-Vivarais.

Allois d'Herculais, maréchal de camp.

Amori (Jean-Claude-Joseph), procureur au ci-devant parlement.

Arces (Louis-Antoine d'), ancien colonel de troupes légères.

Arces fils (Marie-Joseph-Louis d').

Arzac du Savel, fils aîné, homme de loi.

Arzac (Martial), 3e fils, officier d'infanterie.

Baronat (Jean-Baptiste), conseiller au ci-devant parlement.

Baratier (Louis-Henry), ancien capitaine du génie.

Barral (Charles-Joseph de) conseiller au ci-devant parlement.

Barral. née Barnave (la dame).

Bardonenche (René-César-Antoine de) colonel des grenadiers, fils de César-Antoine.

Bardonenche née Belmont, (la dame de)

Beausemblent (Lazare).

Bérenger fils, (Ch. Reymond Ismidon de)

Beyle. ancien officier d'infanterie, décoré de Saint-Louis.

Besson née Morand.

Besson d'Arvillier, officier au 38e régiment ci-devant Dauphiné.

Blacon, officier de dragons.

Bovet (la dame de) épouse de Louis de Bovet.

Bovier de Vourey, (Jean-Baptiste-Claude de).

Bouffier de Cesarges fils, homme de loi.

Bourne-Descombe.

Bourne-Longchamp.

Blanchard fils du maitre à danser.

Bouche, fils, coutellier.

Bourcet la Saigne, valet de chambre du ci-devant prince royal.

Bovet (Louis de) ancien officier de dragons.

Brison du Roure, ci-devant baron des Etats de Languedoc.

Canel de Saint-Romans, officier.

Cattin la Merlière (Jean-Joseph-François) fils ainé, officier au régiment provincial d'artillerie de Grenoble.

Chaboud (Joseph-Just-André), conseiller au ci-devant parlement.

Chanel de Croui (sic) planteur de Saint-Marc en Amérique.

Dupuy (Françoise) veuve de Valbonne Châteaudouble.

Chatelard, officier de dragons.

Chenicour fils, étudiant.

Chevalier Distras-de Sinard (Jacques-François), conseiller au ci-devant parlement.

Dauriac, chanoine du ci-devant chapitre N.-Dame.

Désirat, chapelier.

Drevon-la-Parelle, homme de loi.

Dubois, cadet, officier du génie.

Duchesne ainé, fils de feu Duchesne, commis au greffe.

Galbert, officier de marine.

Galphard (Magloire), ancien curé de Clelles.

Gallicien de Villenéuve.

Dupuy Saint-Vincent, conseiller au ci-devant parlement.

Gallien de Chabons aîné, officier de cavalerie.

Gallien de Chabons, chanoine de Malte.

Dupuy de Sonas, capitaine au régiment de Barrois.

Dulau-d'Allemans (Henri-Charles), natif de Périgeux, ci-devant évêque de Grenoble.

Emé Marcieux, major de cavalerie.

Gamon-Monval (Jéan-Baptiste), capitaine du génie.

Garnier, avocat.

Jail aîné, homme de loi.

Jail Dupré, procureur au ci-devant parlement.

Girin Lamorte (Auguste), lieutenant au 75e régiment.

Gigard (Benoit) ci-devant chanoine de Saint-André.

Gigard cadet, vicaire de Saint-Joseph.

Gonnet, fils du chapelier.

Guignard de Saint-Priest (François-Emmanuel.)

La Coste (Pierre-François-Laurent), président au ci-devant parlement.

Heraud fils, élève en chirurgie.

Jullien, substitut du procureur général.

Lagrée Desmarets, lieutenant-colonel d'artillerie.

Lagrée (Marc-Marie-Ennemond-Octavien d'Oudart de) conseiller au ci-devant parlement.

Lambert Gaspard dit d'Hautefart et la dame Lambert née Chanel.

Lambert (Séraphin.)

Langon, ci-devant garde du roi.

Poipe née Vallin.

Rivière, Chanoinesse.

L'argentière de Venterol (François-Laurent Philibert.)

Launay (Hyacinthe) et la dame Launay née Pison.

Leclet (Charles-Etienne) conseiller au ci-devant parlement.

Leclet (la demoiselle Liliose)

Malivert née d'Agoult.

Leyssin (Charles Louis.)

Lenoir aîné, étudiant en pratique et Lenoir cadet, élève en chirurgie fils du citoyen Lenoir, avoué.

Mansor aîné et cadet.

Maximi (Louis-François de) élève d'artillerie.

Marnais née Langon.

Maximi oncle, officier d'artillerie.

Meffrey née Leyssin.

Melat née Devaux.

Montauban la Tour-du Pin (François-Armand) ci-devant maréchal de camp.

Morand, ci-devant garde du roi.

Morard (Marc-Antoine de.)

Morard (Marie-Joseph-Gabriel) major du 60e régiment ci-devant royal la marine.

Montchenu (Victor de), officier au régiment du roi.

Mounier (Jean-Joseph) homme de loi, député à l'assemblée constituante et la dame Mounier née Borel sa femme.

Piat-Desvial dit Rivoire, officier du régiment ci-devant royal Liegeois.

Pina Saint-Didier et sa femme née Garagnol.

Murat Lestang.

Nantes (Henri et Jacques.)

Nugues.

Oddot Bonniot.

Pascal, homme de loi.

Patras Delange, capitaine au 41e régiment d'infanterie de la Reine.

Pellet fils, de Lalley.

Peyrin, cadet (Pierre) maire de la Roche de Chabrière, conseiller au ci-devant parlement.

Pina (Simond) chevalier de Malte.

Plan de Syès, officier de la garde du ci-devant comte d'Artois.

Ponnat de Gresse, ancien ci-devant officier de dragon, et la dame de Ponnat née Latour.

Porte (Jean-Louis) aide-major.

Quinsonnas (Joseph Marc Octavien l'Auberivière Pourroy) officier des gardes françaises.

Rage de Voissant (Jean-Baptiste.)

Renneville (Paul-Alexandre), ci-devant capitaine au régiment de Forez.

Rey, curé d'Echirolles.

Rey de Noinville (Alphonse-Louis du), colonel de dragons.

Roux-Deageant de Morges (François de Salles Pierre de), chevalier d'honneur au ci-devant Parlement.

Rigaud de Montjoux.

Robert, étudiant fils du notaire.

Rostaing, née Veyronne.

Roux-Deageant Morges fils, officier d'infanterie.

Sadin (Louis), prêtre, curé de St-Jean-St-Louis

Sadin fils, ci-devant viballi de Graisivaudan, homme de loi.

Seyve d'Ornacieux père, (Joseph-Arthus, Lacroix de), ci-devant président au Parlement.

Seyve d'Ornacieux fils (Barthélemy-Arthus de la Croix de), président.

Seyve d'Ornacieux cadet, ci-devant chevalier de Malte.

Sauvage (Les frères) fils, au cit. Sauvage de Saint-Marc, ci-devant directeur général des fermes.

Sibut de Saint-Ferréol (Jos. Armand), ancien conseiller au Parlement.

Souchon, frére.

Talochon (Elizée) frère de la Charité, chirurgien.

Trouilloud (Les frères).

Toscan (Benoit), fils du notaire,

Trivio (La dame).

Vachon (Louis-François de) chevalier d'honneur au ci-devant Parlement.

Vallin (la veuve), née Muzi.

Vaulx (Pierre-Marie de), président au ci-devant Parlement.

Vaujany (François-Joseph de), ancien chevau-léger.

Vaulx (Claude-Joseph-Gabriel de), chevalier de Malte.

Vaulserre des Adrets (Louis-Elizabeth-Emmanuel de), conseiller au ci-devant Parlement.

1715. Département de l'Isère. District de Saint-Marcellin. Emigrés. Liste des biens des émigrés, situés dans l'étendue du district de Saint-Marcellin, dressée en exécution de l'art. VIII de la loi du 8 avril 1792, sur les Etats fournis par les municipalités et sur les déclarations faites ensuite de la loi du 23 août suivant ; et troisième proclamation de la confiscation des biens desdits émigrés, conformément aux articles V et VI de la loi du 2 septembre 1792.

A Grenoble, chez J.-M. Cuchet, imp. du département de l'Isère. Cette liste comprend 24 affiches chiffrées 1 à 24 (la première est en deux parties). (1.)

Au f° 23 et 24, divers arrêtés du directoire du département de l'Isère des 8 août 1792, 5 février 1793.) Signés: PLANTA, président; M. ROYER, secrétaire, relatifs aux listes susdites et déclarant que les biens des émigrés sont : acquis et confisqués à la nation.

Liste alphabétique des émigrés, de leurs biens et valeur présumée du revenu et du capital de chaque objet.

Cette liste comprend les noms et les biens des émigrés suivants:

Allois d'Herculais (Adrien-Théodore), maréchal de camp.

Amori (Jean-Claude-Joseph) procureur au ci-devant Parlement.

Baronnat (J.-Baptiste), conseiller au ci-devant Parlement de Grenoble.

Batine (Vve de), née de Bardonnenche.

Beaumont (Christophe), ci-devant officier.

Beaumont d'Autichamp (Jean-Thérèse-Louis), officier général.

Beausemblant (Lazare et Régis).

Bérenger (Ch.-Reymond-Ismidon), chevalier d'honneur de Madame.

Boffin de Pusignieux (Georges-Félicien), colonel de cavalerie.

Bovier de Saint-Jullien de Vourey (Gabriel-Jean-Baptiste-Claude), conseiller au ci-devant Parlement.

Brenier-Monière (Melchior-Antoine), homme de loi.

Cauel de Saint-Romans (Antoine-Joachim), officier au ci-devant régiment d'infanterie de Monsieur.

Carra fils, grenadier dans le régiment ci-devant d'Enghien.

Cattin-Lamerlière dit Monterey (Jean-Joseph-François), fils aîné officier au régiment provincial d'artillerie de Grenoble.

Cattin-Lamerlière (Louis-Ferréol de), lieutenant au 68e régiment ci-devant Beauce.

Chatelard, officier de dragons.

Couvat (François-Xavier), ancien curé de Beaucroissant.

Degars (Vve), née Bocon de Lamerlière.

Du Contant, dit Fontenille, colonel de chasseurs.

Dupuy de Saint-Vincent, Philippe-Etienne, conseiller au ci-devant Parlement et sa femme née Rambaud de Brunel.

Emé Marcieux fils aîné, major de cavalerie, et sa femme née Broglie.

Falcoz La Blache (Alexandre), ancien maréchal de camp.

Fortin-Laporte (Victor-Amédée), ci-devant capitaine d'artillerie.

Garampel de Bressieux (Pierre-Ignace), capitaine au régiment de chasseurs, ci-devant Lorraine.

Guignard de Saint-Priest (Marie-Joseph-Emmanuel), ci-devant intendant de Languedoc.

Mayras (La dame), la Roquète (Marie-Magdeleine), née Orladin.

Montchenu (Josehp-Abel Falcoz de), officier de dragons.

Montchenu (Claude-Henri de).

Laroque, (Joseph-Antoine-Augustin Tertule la Beaume de).

Murinays (Guy), ex-député à l'Assemblée constituante.

Lagré, ci-devant *Antonin.*

Lamotte (Abel), capitaine dans le ci-devant régiment Angoumois.

Lancellin dit la Roullière (Scipion), ancien major du régiment ci-devant Bourgogne, et sa femme, née Orlandin.

Pina St-Didier (Joachim), sa femme née Garagnol.

Rage de Voissant (Jean-Baptiste), et sa femme née Vachon.

Rojeat (François), prêtre.

Rozier dit Linage, (Eusèbe et Louis).

Seyve d'Ornacieux (Joseph-Arthus La Croix de), président au ci-devant Parlement de Grenoble.

Seyve fils, chevalier de Malte.

Talleyrand Périgord (Archambaud) et sa femme née Senozan.

Trenonay.

Vachon (Louis-François de), chevalier d'honneur au ci-devant Parlement de Grenoble.

Vrevin (Charlotte), née Bologne, épouse du sieur Vrevin, officier

1716. Département de l'Isère. District de la Tour-du-Pin. Emigrés. Biens des émigrés, situés dans l'étendue du district de la Tour du-Pin. 5 février 1793. *A Grenoble, chez J.-M. Cuchet, imp. du départ. de l'Isère*, in-f° placard, 50 affiches numérotées. (I.)

Les archives de l'Isère ne possèdent que les n°° 49 et 50, qui contiennent les biens et la liste des émigrés suivants :

Virieu Pupetière.

Gely-Montcla (Achille-Armand), ci-devant garde du corps.

Briançon Vachon de Belmont fils à feu François.

Charvet, (Jean-Claude).

1717. Département de l'Isère. District de Vienne. Emigrés. Liste des biens des émigrés, situés dans l'étendue du district de Vienne, dressée en exécution de l'art. 8 de la loi du 8 avril 1792, sur les Etats fournis par les municipalités et sur les déclarations faites ensuite de la loi du 23 août suivant ; et 1re proclamation de la confiscation des biens desdits émigrés conformément aux art. 5 et 6 de la loi du 2 septembre 1792. A *Grenoble, chez J.-M, Cuchet*, in-4°, 32 p. (C.)

1718. Arrêté du conseil permanent du département de l'Isère, relatif à l'échange des billets de confiance. Extrait du procès-verbal du 6 février 1793. *Grenoble, J.-M. Cuchet*, in-4°, 7 p. (G.)

Les municipalités qui ont émis des billets de confiance nommeront des commissaires chargés de recevoir ces mêmes billets lorsqu'ils seront présentés, et en feront l'échange contre des assignats.

1719. Fournitures de souliers pour les défenseurs de la patrie. Adresse des administrateurs composant le directoire du département de la Drôme aux fonctionnaires publics et citoyens du même département. A *Valence, de l'imp. de J. J. Viret* (G.)

« Les despotes de l'Europe se coalisent pour nous ravir la liberté, que nous avons conquise au prix des plus grands sacrifices : le sort de Louis Capet les fait trembler sur leurs trônes chancelants ; ils redoublent d'efforts pour nous asservir, redoublons d'énergie pour les terrasser... Plusieurs de nos braves volontaires combattans sur les frontières, manquent de souliers, cotisons-nous pour leur en procurer : quel est celui d'entre vous qui ne rougiroit pas d'en avoir deux pair es, quand son frère, son défenseur, celui de la liberté, est dans un dénûment absolu?... Sociétés populaires, aiguillonnez le civisme de tous vos membres, pasteurs de tous les cultes, empressez-vous de donner l'exemple de votre dévouement à la patrie. »

1720. Extrait du procès-verbal des administrateurs du département des Hautes-Alpes en surveillance permanente. Séance publique du 7 février 1793, l'an second de la République française, à 3 heures de l'après-midi. Signé : CHABERT président, BLANC, secrétaire. A *Gap, de l'imp. du dép. 1793,* in-8°, 6 p. (R.)

Il a été fait lecture d'une lettre écrite par le maréchal de camp Tourville, attaché à l'armée d'Harville, datée de Dinant sur Meuse le 25 janvier, par laquelle il rend le témoignage le plus satisfaisant sur la conduite et la bravoure du 2e bataillon des volontaires des Hautes-Alpes. — Il fait connaitre le besoin urgent de compléter ce bataillon. L'administration arrête qu'il sera levé dans le département 300 volontaires.

1721. Copie de la lettre écrite par le ministre de la guerre aux administrateurs du département de l'Isère, le 10 février 1793, l'an second de la R. F. — Copie de la lettre écrite le 16 février 1793 par le ministre de la guerre (BEURNONVILLE) aux administrateurs du département de l'Isère. *S. l. n. n.*, in-4°, 4 p. n. chiff. (G.)

Habillement, fourniture de souliers.

1722. Fournitures de guêtres pour les défenseurs

de la patrie. Extrait des registres des arrêtés du directoire du département de la Drôme. Séance publique du 12 fév. 1793, l'an II de la R. A *Valence, chez P. Aurel, imp. du département de la Drôme*, in-f° placard sur 2 col. (G.)

« Les généreux défenseurs de la liberté, nos belliqueux volontaires, sont dans le dénuement le plus complet de tous les objets d'équipement, sans souliers, au milieu des neiges, ils bravent les glaces de l'hiver... Dignes émules des héroïnes de l'antiquité, les citoyennes de Valence, s'occupent à faire des guêtres pour nos braves frères d'armes... le directoire, applaudissant au zèle des citoyennes, Constantin, Perrier fille, Fort, Reynier, Legendre, Clappier et Urtin et les délèguent pour recueillir les offrandes des guêtres que les citoyennes de Valence destineront à nos braves défenseurs...

1723. Adresse du conseil permanent du département de l'Isère à la convention nationale. Extrait du procès-verbal du 12 fév. 1793, l'an II de la R. *A Grenoble, chez J.-M. Cuchet, imp. du dép. de l'Isère*, in-4°, 3 p. (I.)

Demandant que dans la nouvelle émission d'assignats que l'on vient de décréter, se trouve comprise une forte quantité de coupures de deux et de cinq sous. « l'humanité sollicite instamment cette mesure. »

1724. Département de l'Isère. Etat des municipalités qui ont émis des billets de confiance, sans l'autorisation du département. *S. l. n. n. d.* (13 fév. 1793), in-f°, 1 p. (A. I.)

Ce sont les municipalités suivantes :
Grenoble et Corps, billets de 5 sous et de 2 sous.

La Côte-Saint-André et la Tour-du-Pin billets de 5 s. 2 s. 6 deniers.

Crémieux, 5 sols. et 10 sols.

Barraux, La Mure, Vizille, Voiron, St-Ferjus, Monestier-de-Clermont, Bourg-d'Oisans, Mens, Vienne, Saint-Marcellin, Tullins, Rives, Chatte, le Pont-en-Royans, Roybon, Bourgoin, le Pont de Beauvoisin et Lemps.

1725. Les administrateurs du district d'Embrun à leurs concitoyens, 12 février 1793. *Embrun, Moyse, 1793*, in-f° affiche (A.)

Vente des biens nationaux.

1726. Pétition des protestants de Livron au conseil général de leur commune. Du 13 février 1793, l'an II de la R. F. (rédigée par SABATIER la BASTIE, pasteur). — Au sujet de la réunion fraternelle des catholiques et des protestants. V. la *Feuille villageoise*, n° 24, du 7 mars 1793, p. 539 à 542.

1727. Extrait du procès-verbal des administrateurs du département des Hautes-Alpes en surveillance permanente. Séance publique du 15 fév. 1793. A *Gap, chez J. Allier, imp. de l'administration du dép. des Hautes-Alpes 1793*, in-f°, placard sur 2 col. (I.)

Arrêté concernant le service des postes « qui nous à paru trop négligé dans les circonstances où le bien public exige que les corps administratifs en surveillance permanente soient exactement instruits. »

1728. Instruction des administrateurs du conseil permanent du département de l'Isère, à leurs concitoyens, sur le droit de patentes. Du 18 février 1793, l'an second de la R. *A Grenoble, chez J.-M. Cuchet, imp. du dép. de l'Isère*, in-4°, 3 p. (G.)

« Songez que,si la victoire abandonnait les étendards de l'égalité, vos fortunes deviendraient la proie des barbares satellites des despotes... Le seul moyen de hâter le règne de la tranquillité, c'est de faire des sacrifices à la chose publique, »

1729. Adresse du conseil du département en surveillance permanente, aux conseils généraux des communes de son ressort. Extrait du procès-verbal du conseil. Du 18 février 1793, l'an 2 de la R. F. *A Grenoble, chez J.-M. Cuchet, imp. du dép. de l'Isère* in-4°, 4 p. (A. I.)

«Les ennemis de la République, irrités de leurs défaites, ont rassemblé toutes leurs forces pour tenter un dernier effort. »

Appel aux volontaires « pour leur faire connaître la nécessité de se réunir sous les drapeaux de la liberté, afin d'en assurer à jamais la conquête. »

1730. Extrait du procès-verbal du directoire du département de l'Isère. Du 19 février 1793, l'an 2 de la R. F. *Grenoble, J.-M. Cuchet, s. d.*, in-f°, 108 p. (C.)

Liste des biens des émigrés situés dans l'étendue du district de Grenoble.

1731. Les administrateurs du département des Hautes-Alpes. Aux citoyens, les maires et officiers municipaux de la commune de... Gap, le 20 février 1793, l'an 2 de la R. F. *S. l. n. n.*, in-4°.

Lettre circulaire relative au rôle à fournir des personnes qui ont droit aux secours de la République comme, mère, femme ou enfant d'un citoyen soldat volontaire.

1732. Extrait du procès-verbal du conseil d'administration du département des Hautes-Alpes. 21 février 1793. *Gap, Allier*, 1793, in-4°, 4 p,

Levée d'un bataillon de grenadiers.

1733. Extrait du registre des arrêtés du directoire du département de la Drôme du 21 février 1793 *Valence, Aurel*, in-f° placard.

Relatif aux déserteurs.

1734. Arrêté du conseil général du département de l'Isère relatif au recrutement pour l'armée navale. Extrait du procès-verbal de la séance du 22 fév. 1793. A *Grenoble, chez J.-M. Cuchet, imp. du dép. de l'Isère. S. d.*, in-4°, 11 p. (G.)

1735. Extrait du registre des arrêtés du directoire du département de la Drôme. Séance publique du 22 février 1793 l'an 2me de la R. *A Romans, de l'imp. de L. Martigniat, imp. du district de la Drôme*, in-f° placard à 2 col. (G.)

Tous les citoyens, sans distinction d'état, de profession et de sexe seront taxés par les juges, lorsqu'ils seront appelés en témoignage, à raison de 5 liv. par jour.

1736. Décret de la convention nationale du 24 fév. 1793 l'an 2 de la R. F. qui fixe le mode de recrutement de l'armée. (suit) Tableau de la répartition générale des 300.000 citoyens appelés à la défense de la Patrie. A *Grenoble, chez J.-M. Cuchet, imp. du dép. de l'Isère*, in-4° 18 p. plus 2 f. n. chif. tableau (G.)

Voici la répartition pour le Dauphiné :

	Population	Nombre effectif des citoyens à marcher dans chaque département.
Drôme	247.000	1.949
Isère	325.000	4.025
Hautes-Alpes	120.000	1.040
	692.000	7.014

1737. Arrêté du conseil général du département de l'Isère en surveillance permanente. Extrait du procès-verbal du 27 fév. 1793, l'an second de la R. *A Grenoble, chez J. M. Cuchet*,, in-4°, 3 p. (I.)

Indemnité à accorder aux témoins.

1738. Arrêté du conseil général du département de l'Isère qui règle la police des séances de l'administration, le mode de promulgation des lois, l'organisation et le régime des bureaux. Extrait du procès-verbal de la séance du 27 février 1793, l'an second de la R. F. A *Grenoble, chez J.-M. Cuchet, imp. du département de l'Isère*, in-4°, 16 p.

Les articles 7, 8 et 9 du chapitre III sont intéressants au point de vue de l'histoire de l'imprimerie :

VII : Toutes les lois, décrets etc. qui seront dans le cas d'être publiés et affichés dans le département seront imprimés avec l'arrêté du directoire du département au nombre de 750 exempl. en placards et de 1050 en in-4°.

VIII : Dès que l'imprimeur aura rendu les exemplaires par lui imprimés, il en sera publié et affiché à son de trompe, des exemplaires en placards dans les principales places, carrefours et rues de la ville de Grenoble.

IX : Le directoire du département adressera, sans délai, aux quatre administrations de district, des exemplaires des lois, décrets et autres actes imprimés en nombre suffisant, ce nombre est provisoirement fixé, savoir pour le district de Grenoble : à 300 exempl. in-4° et 285 placards.

Pour le district de Vienne à 170 in-4° et 190 placards.

Pour le district de Saint-Marcellin à 130 in-4° et 110 placards.

Pour le district de la Tour-du-Pin à 160 in-4° et 160 placards.

1739. Proclamation du conseil général de la commune de Grenoble à ses concitoyens. du 1er mars 1793 l'an 2me de la R. F. A *Grenoble, chez J.-M. Cuchet*, in-4°, 4 p. (I.)

Au sujet des désordres fomentés par des femmes attroupées le 27 février qui voulurent forcer les marchands à livrer leurs grains au-dessous du prix courant.

1740. Adresse du conseil général du département de l'Isère en surveillance permanente, aux citoyens de la ville de Grenoble. (1er mars 1793.) A *Grenoble, chez J.-M. Cuchet, imp. du dép. de l'Isère*, in-4°, 6 p. (G.)

Au sujet du trouble qui régnait dans Grenoble « si vous nous secondez, si vous avez le courage de les dénoncer (nos ennemis) vous verrez bien tôt renaitre l'abondance et la tranquillité. Signée : PLANTA, président. »

1741. Extrait des délibérations des administrateurs du département des Hautes-Alpes en surveillance permanente (du 5 mars 1793). Signé : CHABERT, président, BLANC, secrétaire. A *Gap, de l'imp. du département* 1793, in-8°, 4 p. (R.)

Sur la levée en masse.

1742. Arrêté du conseil général du département. Du 5 mars 1793. A *Grenoble chez J.-M. Cuchet, imp. du dép. de l'Isère. S. d.* (1793), in-4°, 8 p. (G.)

Concernant le contingent d'hommes que doit fournir le département de l'Isère pour le recrutement des armées.

1743. Copie de la lettre écrite par les commissaires de la convention nationale dans les départements méridionaux, aux administrateurs du département de l'Isère. Toulon, le 6 mars 1793, l'an 2me de la R. F. Copie de la Réponse du chef du bureau des armements, à la lettre du suppléant du procureur général syndic du département de l'Isère, écrite au citoyen ordonnateur de la marine à Toulon sous la date du 25 février 1793. *A Grenoble, chez J.-M. Cuchet imp. S. d.*, in-4°, 3 p. n. chif. (A. I.)

Autre édition, in-f° placard (C.)

Relatives au recrutement de l'artillerie et de l'infanterie de la marine.

1744. Ordre des administrateurs du directoire du district de Grenoble aux communes de son ressort, de tenir les hommes recrutés en exécution de la loi du 24 février dernier à la disposition de l'agent militaire. *S. l. n. n. n, d.* (mars 1793), in-4°, 1 p. (C.)

1745. Proclamation faite par les commissaires réunis des départements des Bouches-du-Rhône et de la Drôme, le 7 mars 1793, portant repartition entre les communes du district de Vaucluse, des 100,000 livres accordées par la loi du 28 mars dernier pour les digues, ateliers de charité, et ouvrages d'utilité publique. *S. l.*, in-4°. (B. C.)

1746. Adresse des administrateurs du département de l'Isère à la convention nationale. Du 8 mars 1793. *Grenoble, chez Cuchet, imp. S. d.*, in-4°, 4 p. (G.)

« La vérité ne reposoit jamais sur les lèvres des courtisans, et fuyoit l'oreille des rois ; nous sommes dignes de le dire, et la Convention nationale est digne de l'entendre... La royauté n'est plus. Citoyens, nos ennemis renaissent, l'espérance renait dans leur âme ; pulvérisons cette espérance enfantée par le crime. »

1747. Arrêté du conseil du département de l'Isére relatif à la conservation des forêts nationales. Du 8 mars 1793. A *Grenoble, chez* J.-*M. Cuchet, imp. du dép. de l'Isère*, in-4°, 5 p. (I.)

Toutes les permissions de couper du bois dans les forêts nationales et d'émigrés sont révoquées, tous les marteaux supprimés, etc., etc.

1748. Département des Hautes-Alpes. Brevet

pour l'établissement de la caisse d'épargne et de bienfaisance du sieur LAFARGE, 8 mars 1793. *Gap, J. Allier*, 1793, in-4°, 7 p. (A.)

1749. Grenoble, le 9 mars 1793, l'an second de la R. F. Les administrateurs du directoire du district de Grenoble, aux maire et officiers municipaux de la commune de... *S. l. n. d.*, in-4°, 3 p. n. chif. (G.)

Relatif à l'organisation de l'armée et au recrutement.

1750. Rapport fait à l'Assemblée administrative du département de l'Isère, dans sa séance du 24 janvier 1793, l'an second de la R. F. ; par son comité des contributions publiques, sur l'excès de la portion assignée à ce département dans les trois cents millions des contributions foncière et mobilière ; suivi d'un arrêté du conseil général. (Du 24 janvier) et d'une demande en décharge. (Du 13 mars 1793.) A *Grenoble, chez J.-M. Cuchet, imp. du dép. de l'Isère*, in-8°, 30 p. (M.)

Ce rapport a été rédigé par François-Joseph ALMERAS-LATOUR, procureur général-syndic. — Suit une adresse à la Convention nationale.

« Les habitants du département de l'Isère sont accablés de l'excessivité de leurs contributions foncière et mobilière. Ils s'étonnent, ils gémissent de leur impuissance à verser au Trésor national leur contingent des dépenses nécessaires au soutien de la République, ils s'inquiètent de cette surtaxe.... Réparez envers le département de l'Isère une surcharge dont les erreurs de l'Assemblée constituante l'ont rendu victime ; accordez-lui une décharge d'un million cent six mille huit cent vingt-trois livres dix-sept sous cinq deniers sur les contributions foncière et mobilière de 1791. Accordez lui pareille décharge pour 1792. Rétablissez par cette mesure, l'égalité de répartition violée par le système de l'Assemblée constituante. »

1751. Fourniture d'effets d'habillement pour les défenseurs de la Patrie. Extrait des registres des arrêtés du directoire du département de la Drôme. Du 13 mars 1793, l'an 2 de la R. A *Valence, de l'imp. de P. Aurel*, 1793, in-f° placard sur 2 col. (G.)

Arrêté « destiné à accélérer et utiliser la fourniture d'effets d'équipement pour les défenseurs de notre liberté, combattant sur la frontière. »

1752. Adresse au peuple des campagnes, sur le mariage des prêtres, par A. MURET. *Grenoble, Allier. S. d.*, (15 mars 1793), in-8°, 16 p.

1753. Plan d'instruction publique comprenant les écoles primaires secondaires et institut à établir dans la ville de Vienne, dans sa séance du 21 février 1793, l'an 2 de la R. F., et ce, ensuite du vœu manifesté par l'Assemblée électorale du district dans sa session de novembre et décembre 1792. Précédemment par l'autre assemblée administrative, actuellement séante à Grenoble. (Rédigé par Benoit MAGNARD, prêtre, principal du collège de Vienne). *A Vienne, de l'imp. de Joseph Labbe*, 1793, l'an 2 de la R. F. in-8°, 53 p. (G.)

A la p. 51. Extrait du procès-verbal du directoire du département de l'Isère assemblé extraordinairement le 15 mars 1793, qui adopte ce plan d'instruction.

1754. Nyons, département de la Drôme, 15 mars 1793, l'an second de la R. F. Législateurs... A *Montélimar, chez R. Mistral, imp. du dép. de la Drôme 1792*, in-4°, 4 p. n. chiff. (G.)

Adresse des électeurs de Nyons à la convention nationale, du 15 mars 1793.

Ils demandent une indemnité pour construire une digue le long de la rivière d'Aygues.

1755. Arrêté du conseil général du département de l'Isère, en surveillance permanente, relatif aux menus frais du culte, pour 1791 et 1792. Extrait du procès-verbal de la séance du 15 mars 1793. *Grenoble, chez J.-M. Cuchet. S. d.*, in-4°, 3 p. (G.)

1756. Liste des deux cents citoyens qui doivent former le juré du jugement dans le département de l'Isère pendant le trimestre d'avril, mai et juin de l'année 1793. (Du 16 mars 1793.) *Grenoble, J.-.M. Cuchet, imp.* in-f°, 8 p. (I.)

1757. Adresse d'un citoyen français (Antoine Accarias, vicaire épiscopal du diocèse de l'Isère) à ses frères du département du Mont-Blanc. A *Annecì, de l'imp. de la Société* (18 mars 1793), in-8°, (Bibl. de M. le capitaine Levet.)

« Vos chaines ont été brisées, ne souffrez pas qu'il en reste le moindre vestige parmi vous, vous retomberiez bientôt sous le joug de la servitude... »

A la suite de la proclamation de la constitution civile du clergé (8 fév. 1793) le clergé d'Annecy disparùt. Le 15 mars, la municipalité d'Annecy pria les citoyens Hélie, grand vicaire constitutionnel de Grenoble, Accarias et autres de l'Isère de continuer leurs fonctions de *missionnaires de la liberté* jusqu'à la quinzaine de Pâques.

1758. District de Saint-Marcellin. Vente de biens nationaux (du 18 mars 1793). A *Saint-Marcellin, de l'imp. de A. Beaumont*, in-f° placard sur 2 col. (I.)

Immeubles de l'ancienne dépendance des religieuses ursulines de Tullins : maison conventuelle appelée *Cruzille*...

1759. Arrêté du conseil du département de l'Isère en surveillance permanente (20 mars 1793). *Grenoble, Cuchet*, in-4°, 2 p. non chiff. (I.)

Relatif au certificat de civisme.

1760. Zèle civique pour le recrutement. Extrait du registre des arrêtés du directoiredu département de la Drôme, du 20 mars 1793. *Valence, Aurel*, in-f° placard sur 2 col. (G.)

Lettre écrite aux citoyens commissaires de la convention nationale par J. Monier, capitaine des grenadiers. A Tain, le 20 mars 1793. « La ville de Tain compte depuis la Révolution plus de 100 défenseurs. Je vous citerai un Lafrance, père de cinq garçons qui sont tous au service; un Morety et un Bazile, qui ont chacun trois garçons tous volontaires... »

1761. Extrait des registres des délibérations du conseil général de la commune de Grenoble, du 21 mars 1793. — Extrait du procès-verbal du conseil général du département de l'Isère, en surveillance permanente. Du 27 mars 1793. A *Grenoble, chez J.-M. Cuchet, imp. du département de l'Isère.* in-f° placard sur 2 col. (G.)

Secours à accorder en raison de l'augmentation du prix des subsistances.

1762. Rapport des commissaires nommés par le conseil général de la commune de Grenoble, fait dans la séance publique du 21 mars 1793. *Grenoble, Cuchet, imp. S. d.*, in-4°, 20 p. (G.)

Sur les subsistances. Contient divers arrêtés sur le même sujet du 3 et 10 avril 1793.

1763. Rôle dressé par les commissaires des sections, de tous les citoyens, garçons ou veufs sans enfants, depuis l'âge de 18 ans jusqu'à 40 accomplis, de la commune de Grenoble. (22 mars 1793). A *Grenoble, de l'imp. de J.-M. Cuchet, imp. de la commune*, in-4°, 20 p. (C.)

1764. Extrait du registre des arrêtés du directoire du département de la Drôme. Séance publique du 22 mars 1793, en présence des citoyens Boisset et Moyse Bayle, députés et commissaires de la convention nationale. A *Valence, chez Pierre Aurel, imp. du dép. de la Drôme*, in-f° placard sur 3 col.

Mesures de sûreté générale. Certificats de civisme.

1765. Arrêté du conseil du département de l'Isère. Du 23 mars 1793. Signé : PLANTA. *Grenoble, J.-M. Cuchet S. d.*, in-4°, 4 p. (G.)

1766. Arrêté du conseil du département de l'Isère en surveillance permanente. Extrait du procès-verbal du 23 mars 1793. *Grenoble, Cuchet*, in-4°, 4 p. (G.)

« Il sera fait dans toutes les communes du département, dès la réception dudit arrêté, des visites dans les maisons suspectées de recéler des individus rangés par la loi dans la classe des émigrés ou des prêtres déportés. S'il s'y trouve des prêtres perturbateurs, les commissaires les feront arrêter sur le champ. »

1767. Arrêté du département des Hautes-Alpes. Du 25 mars 1793. *Gap, J. Allier*, in-4°, 3 p. (A.)

Prescrivant le désarmement des gendarmes de Custine.

1768. A la société philanthropique. A *Vienne, de l'imp. de Joseph Labbe*, pet. in 4°. placard. (V.V.)

Invitation aux citoyens souscripteurs pour l'achat des blés nécessaires à l'approvisionnement de la classe indigente de se rendre, le mercredi 27 mars 1793, en la maison commune de Vienne, pour entendre le rapport des opérations faites par le comité et déterminer ce qu'il convient de faire dans les circonstances actuelles. Mesures de sûreté.

1769. Liste des jurés du jugement, formée pour le second trimestre de l'année 1793, par le procureur général syndic du département de la Drôme, et approuvée par le directoire, en exécution de la loi du 22 septembre 1791, sur le décret du 16 du même mois. A Valence, le 28 mars 1793, l'an 2 de la R. A *Valence, chez P. Aurel, imp. du dép, de la Drôme*, in-8°, 14 p. (G.)

1770. Payement des censes, rentes et pensions dues à la nation. Adresse des administrateurs du département de la Drôme aux citoyens des districts de Die et de l'Ouvèze qui se refusent à payer les censes, dues à la nation. Du 30 mars 1793. *Valence, Viret*, in f° placard sur 2 col. (G.)

1771. Dialogue entre COBOURG, général autrichien, et DUMOURIEZ. A *Grenoble, de l'imp. de J. Allier. S. d.*, (mars 1793), in-8° 7 p. (G.)

1772. Statuts de la société des Amis de la liberté et de l'égalité, séante à Gap. Déclaration des principes de la société. Signés : BRUN, président ; SABLIÈRE, Antoine FARNAUD, Louis FARNAUD, CHEVALIER, LAFFREY, secrétaire. A *Gap, de l'imp. d'Allier. S. d. (1793)*, in-12, 11 p. (A. A.)

1773. Adresse aux citoyens du département de l'Isère, par Antoine FRANÇAIS, ex-député. Imprimée et envoyée à toutes les communes du département, par délibération de la société des Amis de la liberté et de l'égalité, séante à Grenoble. Du 1er avril 1793, l'an second de la R. F. *Se vend à Greno-*

ble, chez Falcon, libraire, place de la Constitution, 1793, in-8°. (G.)

Sur la situation politique. Conseils aux habitants des villes et des campagnes. etc., cette adresse se termine par cette phrase : « Du fer, du pain, de la surveillance, de l'union, de la constance, mais surtout la liberté... Avec ces moyens peuple, tu résisteras au monde entier et tu pourras même lui dicter des lois. »

1774. Les députés des Hautes-Alpes (BARETY, BOREL, A. ISOARD, SERRES, Ig. CAZENEUVE) à la convention nationale, aux volontaires du 2e bataillon de ce département à Maubeuge. Paris le 3 avril 1793 l'an 2e de la R. *S. l. n. d.*, in-4°, 2 p. n. chif. (G.)

« Braves compatriotes... le traitre Dumouriez, voulait se servir de votre courage et de vos forces pour asservir votre patrie, pour soumettre les Français au joug ignomineux et cruel d'un roi. Concitoyens... vous n'avez pas été de ce nombre, mais on aura cherché à vous tromper... vous ne démentirez pas l'amour de la liberté qui anime les habitants des Hautes-Alpes.

1775. Extrait du procès-verbal du conseil permanent du département de l'Isère, du 3 avril 1793, l'an 2e de la République *A Grenoble, chez J.-M. Cuchet, imp. du dép. de l'Isère*, in-4°, 4 p. (G.)

Arrêté relatif aux créanciers ou prétendants droits sur les biens des maisons religieuses supprimées et des émigrés, mis à la disposition de la nation.

1776. District de Saint-Marcellin. Vente de biens nationaux. Du 3 avril 1793. *A Saint-Marcellin de l'imp. d'Antoine Beaumont*, in-f°, placard sur 2 col (I.)

Immeubles provenant de l'ancienne dépendance des religieuses Ursulines de Tullins, du ci-devant chapitre des chanoinesses de Malte, de la sacristie de Tullins, des Minimes de Tullins.

1777. Arrêté du directoire département des Hautes-Alpes. Du 5 avril 1793 l'an second de la R. F. Signé ; CHABERT,, président. Proclamation du conseil exécutif provisoire. Du 22 janv. 1793. *A Gap, de l'imp. du département 1793,* in 4°, 4 p. (A. A.)

1778. Délibération de la société des amis de la liberté et de l'égalité, dans la séance du 7 avril 1793 l'an second de la République Française. *A Grenoble. de l'imp. de J. Allier*, in-4°, 2 p. (G.)

Mesures pour « engager les membres de la société à se rendre assiduement à ses séances et à distinguer les vrais patriotes des hypocrites. »

1779. Extrait du procès-verbal du conseil du département de l'Isère, en surveillance. Du lundi 8 avril 1793 A *Grenoble, chez J.-M. Cuchet, imp. du département de l'Isère*, in-4°, 8 p. (G.)

Le procès-verbal contient un discours du procureur général syndic ALMÉRAS prononcé contre le général DUMOURIEZ --- « On venait de renouveler le serment de maintenir la République, les membres de l'administration se rendirent à 4 heures à l'église Saint-Louis et successivement au pied de l'arbre de la liberté où fut prononcé le serment... le président PLANTA entonna l'hymne des Marseillais et tout le peuple le chanta en chœur. »

1780. Proclamation des commissaires de la convention nationale (Boisset et Bayle), chargés du recrutement des armées, aux républicains de la Drôme et des Bouches-du-Rhône. Du 8 avril 1793. *Montélimar, Mistral, s. d.* (1793) in-f° placard. (G.)

« La patrie est plus que jamais en péril. Levez-vous, armez-vous tous pour elle; elle est environnée d'ennemis; il faut les déjouer. »

1781. Département des Hautes-Alpes, extrait du registre des délibérations des administrateurs du département des Hautes-Alpes. Séance publique. Du 9 avril 1793, signé: Chabert, président, Blanc secrétaire. *Gap, chez J. Allier, imp. du département des Hautes-Alpes*, 1793, in-8°, 2 p. (R.)

Suppression des confréries de pénitents.

1782. Mesures de sûreté générale. Extrait du registre des arrêtés du directoire du département de la Drôme, séance du 11 avril 1793, in-4°, 24 p. (B. C.)

1783. Extrait du registre des arrêtés du directoire du département de la Drôme. Mesure de sûreté générale. Du 11 avril 1793. *Valence, Aurel*, placard grand in-f° de 3 feuilles et à 4 col.

« Il sera levé dans le département en vu du contingent, deux compagnies de volontaires (178 hommes) destinés à se porter vers la ville de Paris ou dans les départements du Nord menacés de l'invasion des ennemis. »

1784. Du dimanche 14 avril, avant midi, 1793, etc... *S. l. n. d., Grenoble, Cuchet*, in-4°, 4 p. non chiff. (I.)

Nomination d'un juré spécial de jugement, composé de 26 citoyens, sur une accusation de faux. Suit cette liste.

1785. Extrait du registre des délibérations du conseil du district de Valence du 15 avril 1793. *Valence, Viret*, in-f° placard à 2 col. (G.)

Nouvelle levée de deux compagnies de volontaires dans ce département.

1786. Extrait du procès-verbal du directoire du département de l'Isère. Du 16 avril 1793. A *Grenoble, chez J. M. Cuchet, imp. du départ. de l'Isère*, in-4°, 4 p. (G.)

Arrêté relatif au passage des convois militaires pour l'armée des Alpes et à la garde que les citoyens doivent faire pour leur sûreté.

1787. Adresse des administrateurs du conseil du département de l'Isère en surveillance permanente, à leurs frères des campagnes (17 avril 1793). *Grenoble, J.-M. Cuchet*, in-4°, 7 p. (G.)

Relative à la hausse du prix des grains. Appel au désintéressement, etc. Commence ainsi : Citoyens cultivateurs, « Ne vous honoriez-vous plus d'être les pères nourriciers des citoyens des villes ? L'égoïsme, cet apanage des âmes froides, aurait-il glacé les vôtres ?...

1788. Gap, le 17 avril 1793, l'an second de la R. F. Les administrateurs du département des Hautes-Alpes aux maires et officiers municipaux de la commune d'... circulaire signée : BLANC, secrétaire, CHABERT, président, THOMÉ, vice-président, MAIGRET, BONNARDEL, ARGENTI, RICHARD, LACHAU, CHAMPSAUR, BONNOT fils, MEALLE, ROUX, MOYNIER-DU-BOURG. *S. l. n. d.* (*Gap, Allier, 1792*) in-8° 2 p. (R.)

Sur le déboisement des forêts.

1789. Au nom de la République Françoise. District de Saint-Marcellin. Vente de biens nationaux. (18 avril 1793.) A *Saint-Marcellin, de l'imp. de A. Beaumont*, in-f°. placard sur 2 col. (I.)

Immeubles provenant du chapitre de chanoinesses de Malte, à Saint-Antoine, situés à Roybon domaine des Loives; domaine de Frety).

1790. Grenoble 20 avril. Citoyen-Président (de la convention nationale)... Lettre signée BOURGEOIS, commissaire ordonnateur, chargé de la police des recrues pour l'armée des Alpes. *Bulletin de la Convention nationale*, du 30 avril 1793.

Il informe le président «qu'il a éprouvé des obstacles pour l'incorporation des recrues de nouvelle levée. Il a découvert que les ennemis de la chose publique étaient parvenus à persuader aux défenseurs qu'on les vendait... »

1791. Département de l'Isère. District de Grenoble. Immeubles à louer à Grenoble et à Voiron.

Le 20 avril (1793). *A Grenoble, chez J.-M. Cuchet, imp.*, in-f°, placard sur 2 col (I.)

Immeubles à louer à Grenoble : Moulins, près l'hôpital de la Charité. A Voiron les immeubles du sieur Voissan fils, émigré.

1792. Département de l'Isère. District de Grenoble. Denrées à vendre et domaines nationaux ou des émigrés à louer. Le 20 avril 1793. *A Grenoble, chez J.-M. Cuchet*, in-f° placard sur 2 col. (I.)

Vin à vendre à St-Ferjus, provenant de l'émigré Lacoste.
La feuille des muriers des citoyens Leclet à Eybens, Baratier à Seyssinet, et Vaujany à Montbonnot...

1793. Arrêté des représentants du peuple Français près les départements de la Drôme et des Bouches-du-Rhône. (M. BAYLE et BOISSET.) Fait à Marseille, le 21 avril 1793, l'an 2 de la R. F. A *Marseille*, 1793, in-8°.

Sur les plaintes faites dans le département de la Drôme comme dans celui des Bouches-du-Rhône sur les excès de tout genre qui se sont commis et se commettent journellement, arrêtent que l'armée de 6,000 h. sera divisée en trois corps. Un se portera sur Avignon, l'autre dans le district de la Louvèze et le 3e occupera le district de Tarascon.

1794. Arrêté des représentans du peuple Français, délégués près les départemens de la Drôme et des Bouches-du-Rhône. (BAYLE et BOISSET,) A Marseille, le 23 avril 1793, l'an 2 de la R. F. *Marseille*, in-8°. (G.)

« Les tribunaux criminels des départements des Bouches-du-

Rhône et de la Drôme, entreront sur le moment en activité pour juger ceux qui sont ou seront prévenus d'avoir pris part à des révoltes ou émeutes contre-révolutionnaires, » etc.

1795. Département de la Drôme. Comité de salut public. Valence le 23 avril 1793, l'an 2 de la R. F. *S. l. n. d.*, in-4°, 2 p. (G.)

Lettre circulaire de ce comité ; signée de tous ses membres, aux départements, pour leur apprendre sa formation, et leur demander communication de ce qu'ils pourraient découvrir de *contraire à la République.*

1796. Le citoyen J.-B. Pison, ecclésiastique, pour manifester ses sentiments politiques, et ôter, s'il le peut, tout prétexte d'erreur à son sujet, publie la lettre suivante par lui adressée au citoyen maire. Signée : Pison, prêtre. Grenoble, 26 avril 1793. Au citoyen Barral, maire à Grenoble. *S. l. n. n.*, in-4°, 2 p. n. chiff. (G.)

L'abbé Pison, prêtre septuagénaire, adresse au maire sa profession de foi civile.

1797. Arrêté des commissaires de la convention nationale, concernant la sûreté publique. (Du 26 avril 1793.) *A Grenoble, J.-M. Cuchet, imp. du dép. de l'Isère*, in-4°, 4 p. (G.)

Arrêté comprenant XV articles.

Art. 1er. Le directoire du département de l'Isère fera mettre en état d'arrestation toutes les personnes suspectées d'incivisme par leurs propos, leurs écrits, leurs correspondances et leurs actions, etc. Signé : Amar et Merlino.

1798. Liste des personnes notoirement suspectes, suivie de celle des personnes désignées pour la réclusion. Arrêtées le 26 avril 1793 par les représentants du peuple commissaire dans les départements de l'Ain et de l'Isère (MERLINO et AMAR). *S. l. n. n. n. d. Grenoble, Cuchet*, in-4° 7 p. (G.)

Listes pour la ville de Grenoble et le département de l'Isère. Elles comprennent : liste des personnes notoirement suspectes (142 noms) ; liste des personnes simplement suspectes (64 noms) ; liste des personnes pour la réclusion (9 noms).

1799. Extrait du procès-verbal du directoire du département de l'Isère. Du 27 avril 1793. A *Grenoble, chez J.-M. Cuchet, imp. du dép. de l'Isère. S. d.*, in-4° (G.)

Arrêté qui ordonne que les personnes notoirement suspectes seront renfermées dans les bâtiments du ci-devant couvent Ste-Marie d'en Haut, et celles désignées pour être recluses, seront renfermées dans les bâtiments du séminaire de Grenoble.

1800. Arrêté des commissaires de la convention nationale concernant la sûreté publique (du 27 avril 1793.) A *Grenoble, chez J.-M. Cuchet, imp. du département de l'Isère*, in-4°, 4 p. (G.)

Les personnes ci-dessous dénommées, toutes maitresses d'écoles seront mises en état d'arrestation :
Les sœurs Guimet, la Maurice, le nommé Poudret et sa sœur, la Borel, la Gavet, la Giraud, les Meyffre, les Termier, la Chaulet et la Gravier, les sœurs Bouvier, la Faite.

1801. Extrait du procès-verbal de la société des

amis de la liberté de la ville de Gap, présidence de Brun, séance du 28 avril 1793, l'an 2e de la R. F. tenue dans l'église Saint-Arnoux. A *Gap, de l'imp. de J. Allier*, in-8°, 11 p. (G.)

Discours de Reinoard sur le recensement des grains, Nel, cultivateur fixe l'attention de la société sur l'infidélité des poids et mesures dont se servent les marchands de cette ville. Discours de Dugay, adjudant-major du 5e bataillon de la Gironde. Discours prononcé par le citoyen Lepré, lieutenant de la 7e compagnie du 8e bataillon de la Gironde à la séance du 28 avril. (fait ses adieux aux habitants de Gap.)

1802. Proclamation du conseil général de la commune de Grenoble. A *Grenoble, chez J.-M. Cuchet, imp. de la municipalité. S. d.* (28 avril 1793), in-4°, 4 p.

Relative à un décret de la convention nationale qui accorde à la commune de Grenoble, pour être employé en subsistances, un million à prendre sur les contributions de 1792.

1803. Extrait du registre des arrêtés du directoire du département de la Drôme du 30 avril 1793. *Valence, P. Aurel*, in-f° placard sur 3 col. (G.)

Certificats de résidence.

1804. Département de l'Isère. District de Grenoble. Travaux publics, 1er mai 1793. A *Grenoble, chez J.-M. Cuchet, imp. du département de l'Isère*, in-f° placard sur 2 col. (M.)

Adjudications passées dans l'église des ci-devant augustins de Voiron pour les travaux à exécuter à la route de Voiron à Chirens.

1805. Arrêté des représentans du peuple Français délégués près les départements de la Drôme et des Bouches-du-Rhône (BOISSET, M. BAYLE.) Fait à Montélimar le 2 mai 1793, l'an second de la R. F. A *Montélimar, chez F. Mistral, imp. du département de la Drôme* 1793, in-f° placard sur 3 col. (C.)

— Arrêté qui ordonne que le tribunal populaire, créé par les sections de Marseille, est et demeure cassé, et que les membres qui le composent, deviennent personnellement responsable de tout acte ultérieur au présent arrêté, etc.

1806. Extrait des registres des délibérations du conseil général du département des Hautes-Alpes, en surveillance permanente, du 3 mai 1793. *A Gap de l'imp. du département*, in-4°, 4 p. (A. A.)

Discours du président M. CHABERT, à la suite duquel il a été arrêté qu'il sera formé un comité sous le nom de salut public composé de six membres, sa surveillance s'étendra sur tout ce qui peut troubler la tranquillité du département, et intéresser la sûreté générale.

1807. Au nom de la République Française, vente de biens nationaux (3 mai 1793.) *A Saint-Marcellin de l'imp. de A. Beaumont*, in-f° placard sur 2 col (I.)

Immeubles provenant du chapitre Saint-Antoine, situés dans le bourg de Saint-Antoine.

1808. Extrait des mercuriales des marchés du département des Hautes-Alpes, de l'arrêté du conseil administratif et le tableau présentant le maximum du prix des grains sur chaque marché ainsi que le décroit, suivant le décret du 4 mai (1793) Signé : Chabert, président, Blanc, secrétaire. *A Gap, de l'imp. du département*, in-8°, 14 p. (R.)

1809. Extrait des registres du conseil général de la commune de Grenoble, en permanence, du 4 mai 1793. A *Grenoble, chez J.-M. Cuchet, imp. de la municipalité*, in-4°, 4 p. (G.)

Discours de Barthelon, procureur de la commune. Dénoncé comme ayant perdu la confiance de la commune il donne sa démission.

1810. Arrêté des représentans du peuple Français délégués par les départements de la Drôme et des Bouches-du-Rhône. (Bayle, Boisset) Fait à Montélimar le 6 mai 1793, l'an 2 de la R. F. *Montélimar, chez F. Mistral, imp. du département de la Drôme 1793*, in-f° placard sur 3 col, (C.)

Arrêté qui ordonne que le soi-disant conseil des trois corps administratifs réunis est et demeure cassé, et que défenses expresses sont faites aux administrateurs de département du district et de municipalité de Marseille, de ne plus à l'avenir s'assembler pour délibérer.

1811. Au nom de la République Française. District de Saint-Marcellin. Vente de biens nationaux. (8 mai 1793.) A *Saint-Marcellin, de l'imp. d'Antoine Beaumont, imp. du district*, in-f°, placard sur 2 col. (I.)

Immeubles provenant du chapitre de Saint-Antoine : domaine appelé de l'ABBAYE, situé à Marnans. Immeubles du prieuré de Marnans.

1812. Au nom de la République Française. District de Saint-Marcellin. Vente de biens nationaux, (du 10 mai 1793.) A *Saint Marcellin de l'imp. d'Antoine Beaumont*, in-f° placard sur 2 col. (I.)

Immeubles provenant de la cure de Saint-Marcellin, du chapitre de Saint-Antoine, et de la comman[illegible]rie de Saint-Paul.

1813. Extrait du procès-verbal du département de l'Isère, en surveillance permanente. Du 11 mai 1793, l'an second de la République Française. *Grenoble, J.-M. Cuchet. S. d.*, (1793) in-4°, 4 p. (G.)

Concernant le prix des grains et le maximum.

1814. Décrets de la convention nationale, des 11 et 18 mai 1793, l'an second de la République Française. 1° Relatif à la formation des huit bataillons du département de l'Isère et à la prise de la ville de Thouars, et qui décerne les honneurs du Panthéon au général DAMPIERRE ; 2° Portant que le général

Kellermann n'a pas cessé de mériter la confiance de la République. (Enreg. à Grenoble les 30mai et 4 juin 1793.) *A Grenoble, chez J.-M. Cuchet, imprimeur du département de l'Isère*, in-4°, 4 p. (M.)

Autre édition, *imp. E. Métoyer, imp du dép. du Doubs*, 2 f. in-4°, (T.)

« Sur les 21.000 h. faisant partie de la levée des 30.000, décrétée le 24 fév. rassemblés actuellement à Grenoble, il sera organisé 8 bataillons qui marcheront sur les départements révoltés aussitôt que l'organisation desd'ts bataillons sera faite. »

1815. Proclamation des représentants du peuple Français, délégués dans les département de la Drôme et des Bouches-du-Rhône (Bayle, Boisset). Fait à Montélimar le 14 mai 1793, l'an 2 de la R. F. *A Montélimar, chez F. Mistral, imp. du dép. de la Drôme 1793*. Affiche. (C.)

Proclamation relative à l'arrivée des Bourbons à Marseille, à leurs agissements et aux menées de la contre-Révolution.

« L'ombre de la royauté se promène en silence dans vos cités; elle erre autour de vous, tous les crimes la suivent ; ce sont les aristocrates qui dirigent la marche de ce cortège infernal, et vous les souffrez ! Ce sont les aristocrates qui vous parlent de lois tandis qu'ils les enfreignent ; et vous les écoutez !... Ce sont les aristocrates qui priment aujourd'hui dans vos sections, qui en expulsent les vrais patriotes et vous restez immobiles ! Vous applaudissez même, à leurs indirectes clameurs... »

1816. Arrêté des représentans du peuple Français, délégués par la convention nationale dans les départements de l'Ain et de l'Isère (Merlino et

AMAR). Le 14 mai 1793. *Grenoble, J.-M. Cuchet*, in-4°, 3 p. (G.)

Cet arrêté rendu sur la demande de Claude LAGRÉE, commandant d'artillerie, a pour but de le faire rayer de la liste des suspects où il avait été inscrit sur une dénonciation.

1817. Arrêté du conseil du département de l'Isère en surveillance permanente. Extrait du procès-verbal du 15 mai 1793. *Grenoble, Cuchet, imp. S. d.* (1793), in-4°, 4 p. (G.)

Publication d'une méthode pour faire du pain avec un mélange de froment et de pommes de terre.

« Les 35 livres de pain ne coûtent que 5 livres 5 sous ce qui revient précisément à 3 sous la livre. »

1818. Au nom de la République Françoise. District de St-Marcellin. Vente de biens nationaux. Du 15 mai 1793. *A St-Marcellin, de l'imp, d'A. Beaumont*, in-f° placard sur 2 col. (I.)

Immeubles provenant de l'abbaye de St-Antoine, situés à Bessins.

1819. Au nom de la République Françoise. District de St-Marcellin. Vente de biens nationaux. (17 mai 1793.) *A St-Marcellin, de l'imp, d'A. Beaumont*, in-f° placard sur 2 col. (I.)

Immeubles dépendant de l'ordre de St-Antoine : Domaines du REY, DUCLOS, DES GONOTS.

1820. Adresse des administrateurs composant le directoire du département de l'Isère à ses concitoyens. Extrait du procès-verbal du 18 mai 1793, l'an second de la R. F. *A Grenoble, chez J.-M. Cuchet*, in 4°, 3 p. (I.)

Quelques-unes des personnes arrêtées, par ordre des représentants du peuple, avaient été insultées et maltraitées, les administrateurs recommandent de respecter les personnes et les propriétés.

1821. Au nom de la République Française. District de St-Marcellin. Vente de biens nationaux. Du 18 mai 1793. *A St-Marcellln, de l'imp. d'A. Beaumont*, in-f° placard sur 2 col. (I.)

Biens provenant de l'ordre de St-Antoine. Maison à Beaufort, domaine de *Beauregard*.

1822. Décret de la convention nationale, du 21 fév. 1793, l'an 2 de la R. F., relatif à l'organisation de l'armée et aux pensions de retraite et traitement de tout militaire, de quelque grade qu'il soit. Suivi d'une lettre de Dubois-Crancé à l'armée et de l'arrêté des représentants du peuple à l'armée des Alpes (DUBOIS CRANCÉ, ALBITE, NIOCHE, GAUTHIER). Du 20 mai 1793, l'an 2 de la R. F. Imprimé par leur ordre. *A Grenoble, de l'imp. d'Allier*, in-8°, 30 p. (G.)

1823. Borel, représentant du peuple, député à la convention nationale par le département des Hautes-

Alpes, à ses commetants, à Paris le 21 mai 1793. *(Paris) de l'imp. de Dufart*, in-8°, 8 p. (A.)

Il fait justice des accusasions portées contre lui. On l'accusait d'être traite et d'avoir été gagné.

1824. Extrait des registres des délibérations du directoire du département des Hautes-Alpes. Signé: CHABERT, président, BLANC, etc. Du 21 mai 1793. A *Gap, de l'imp. du département*, in-8°, 4 p. (R.)

Sur la conservation des forêts.

1825. Au nom de la République Française. District de Saint-Marcellin. Vente de biens nationaux. Du 21 mai 1793. *A Saint-Marcellin, de l'imp. de A. Beaumont,* in-f° placard sur 2 col. (I.)

Biens provenant de l'abbaye de Saint-Antoine, situés à Saint-Just, domaines de CHAPAISE, de MONTMARTEL, etc.

1826. Grenoble le 22 mai 1793, l'an 2e de la R. Le procureur syndic du district de Grenoble (HILAIRE), à lamunicipalité de... (*S. l. n. d.*, in-4°, 2 f. n. chif. (G.)

Au sujet de l'organisation de l'agence des secours publics, qui a pour objet la destruction de la mendicité.

1827. Arrêté du directoire du département des

Hautes-Alpes, 23 mai 1793, *Gap, imp. J. Allier*, 1793, in-4°, 7 p. (A.)

Commission nommée pour le recensement de bêtes de somme et de trait.

1828. Aux citoyens représentants de la nation Française. Citoyens, A *Grenoble, de l'imp. de J. Allier*, in-4°, 4 p. (C.)

Adresse du citoyen Brunet, originaire d'Espagne, relative à son incarcération à Ste-Marie d'en haut de Grenoble. Signée : Le capitaine de la 14e division de la gendarmerie nationale du département de l'Isère. Brunet. De Sainte-Marie d'en haut le 23 mai 1793.

1829. Au nom de la République Française, district de Saint-Marcellin. Vente des biens nationaux. Du 23 mai 1793. A *Saint-Marcellin, de l'imp. de A. Beaumont*, in-f° placard sur 2 col, (I.)

Biens provenant de l'ordre de Saint-Antoine : Domaine de la *Beaume*, de la *petite* et de la *grande Grange*, de *Goutefrey*.

1830. Extrait du procès-verbal des séances du département de la Drôme en permanence. Du 24 mai 1793. *Valence, Aurel*, in-f° placard sur 2 col. (G.)

Prohibition de la vente du numéraire.

1831. A la convention nationale. Les conseils généraux du département des Hautes-Alpes, du district et de la commune de Gap, en permanence réunis, (CHABERT, CÉAS, présidents, MARCHON fils maire), etc. A *Gap chez J. Allier, imprimeur du département des Hautes-Alpes. S. d.*, (mai) *1793*. in-8°, 4 p. (R.)

Ils émettent le vœu que l'anarchie cesse et que les bons citoyens s'unissent sans distinction de parti. Cette adresse a été rédigée par Sunderson BERARD.

1832. Listes et états nominatifs des personnes notoirement et simplement suspectes. Dans les districts de Saint-Marcellin, la Tour-du-Pin et Vienne ; lesquelles listes ont été arrêtées par les citoyens AMAR et MERLINO, députés de la convention nationale dans les départements de l'Ain et de l'Isère les 1er, 6 et 9 mars 1793, l'an second de la R. F. A *Grenoble, chez J.-M. Cuchet, imp. du dép. de l'Isère*, in-4°, 19 p. (I.)

A la p. 18 arrêté du directoire du département de l'Isère, du 28 mai 1793, au sujet de l'impression des listes ci-dessus mentionnées.

1833. Grenoble, le 28 mai 1793, l'an II de la République. — Circulaire signée par les administrateurs du directoire du département de l'Isère : PLANTA, DUC, BRENIER-MONTMORAND, et DELHORS *S. l. n. n.*, in-4°, 2 p.

Sur le service des postes, l'insubordination des postillons et la protection à donner aux maîtres de postes.

1834. Valence, ce 28 mai 1793, l'an deuxième de la R. F. — Les autorités constituées civiles, judiciaires, militaires, et les citoyens libres de la ville de Valence, aux représentans du peuple français, réunis en convention nationale. *Valence, J. J. Viret, s. d.*, in-4°, 4 p. (G.)

« Consolidez la Révolution, travaillez sans relâche à la constitution que les dominateurs ne veulent pas...

1835. République une et indivisible. Liberté, Egalité. Charles Simon Orcellet et Benoît Michel Decomberousse, membres du directoire du département de l'Isère, députés par le conseil général d'administration dudit département auprès des autorités constituées séantes à Lyon, aux citoyens de cette cité. (31 mai 1793) A *Lyon, de l'imp. d'Aimé Vatar de la Roche, impr. du département de Rhône et Loire. 1793*, in-f° placard sur 2 col. (C.)

Proclamation relative à leur mission à Lyon.

1836. Arrêté du conseil général du département

de l'Isère en surveillance permanente. Extrait du procès-verbal du 31 mai 1793, l'an second de la R. F. A *Grenoble, chez J.-M. Cuchet*, in-4°, 4 p. (G.)

Arrêté destiné à rappeler et à presser l'exécution des mesures relatives au recensement des grains, farines, etc. existant chez les citoyens.

1837. Les bataillons de Lyon aux bataillons de l'armée des Alpes. *S. l. n. d*, (Lyon, 31 mai 1793), in-8°, 8 p. (G.)

« Citoyens-soldats, nos braves frères d'armes ! entendez la voix de vos frères de Lyon. On veut que vous tourniez contre eux les armes qui ne vous ont été confiées que pour combattre les despotes et leurs satellites... Arrêtez, braves guerriers ! on vous trompe... Votre victoire serait un crime. Venez au milieu de nous, vous verrez des hommes libres et qui méritent de l'être. »

Adresse signée : Montviol, vice-président de la section de Porte-Broc.

1838. Concitoyens. Lettre des quatre membres composant le comité de salut public, aux municipalités. *S. l. n. d.* (mai 1793), in-4°, 3 p. (G.)

1839 Rapport fait au conseil général de la commune provisoire de Lyon, par l'un des commissaires de section député à Paris pour rendre compte des événements qui ont eu lieu les 29 et 30 mai. Imprimé par ordre de l'assemblée des délégués du peuple français de la section du département des

Hautes-Alpes. *Gap, J. Allier. S. d.*, in-4°, 56 p. A.)

1840. Bulletin de nos arméee campées près de Lyon 1793. A *Vienne, de l'imp. de J. Labbe*, in-8°, 4 p. (V. V.)

1841. Lettre de BOISSET, représentant du peuple, adres ée au citoyen SÈVRE, marchand limonadier à Montélimar. *S. l. n. d.* (mai 1793,) in-4°, 7 p. (V.)

1842. Réflexions sur le 31 mai, adressées à tous les amis de la liberté. Signées : DOPPET, chef d'escadron de la légion des Allobroges. A *Grenoble, de l'imp. de J. Allier. S. d.* (mai 1793) In-8°, 7 p. (G.)

« Serrons-nous autour de la Convention nationale ; maintenant épurée, elle dresse à grands pas l'edifice de notre liberté. »

1843. Discours prononcé dans l'Assemblée permanente des corps administratifs, par un commissaire de la quatrième section de la ville de Grenoble. A *Grenoble, chez J.-M. Cuchet, imp. du dép. de l'Isère, S. d.*, (juin 1793) in-8°, 11 p. (G.)

« La Convention nationale a violé la souveraineté du peuple en revêtissant plusieurs de ses membres de pouvoirs illimités ; elle doit donc les retirer ; on doit donc lui demander qu'elle les retire... »

1844. République Française une et indivisible, Liberté, égalité ou la mort. Adresse de la société populaire et républicaine de Valence chef-lieu du département de la Drôme, à la Convention nationale. Signée : François Forest cadet, président ; Tourette et Livoin, secrét. *S. l. n. d.*, (juin 1793) in-4°, 4 p. (C.)

Les républicains de Valence réunis, demandent « que vous décrétiez inéligibles et inadmissibles pendant dix ans à toute fonction publique, à tout grade militaire, les suspects, les parents des ennemis reconnus de la patrie, le prompt jugement de tous les conspirateurs et notamment de Custine, Brissot, Barberoux, Guadet, Gensonné, Buzot, Petion, Vergniaud, Languinais, Duperret et consorts, la plus prompte formation du corps de trente mille hommes de cavalerie formé des chevaux de luxe et décrété depuis longtemps, etc. »

1845. Au nom de la R. F.. District de St-Marcellin. Vente de biens nationaux. Du 1er juin 1793. *A Saint-Marcellin, de l'imp. d'A. Beaumont*, in-f° placard sur 2 col. (I.)

Immeubles provenant de l'Ordre de St-Antoine, situés sur la commune de St-Antoine. (Domaines de la Magdelaine, de la *Grande Grange* et le domaine de *Michon à Dionay*.

1846. Saint-Marcellin, 4 juin 1793, l'an 2 de la R. Citoyens... Circulaire signée : le proc. syndic du district ROBIN-BOISCLOS. *S. l. n. d.*, in-4°, 2 f. (I.)

Relative aux subsistances.

1847. Liberté, égalité. Par ordre des représentants du peuple envoyés par le Convention à l'armée des Alpes. (ALBITTE et DUBOIS-CRANCÉ). Avis aux citoyens. A *Grenoble, de l'imp. de* J. *Allier*, in-f° placard sur 3 col. (G.)

Contient deux lettres : l'une de JULIEN, député du département de la Drôme, l'autre de sa femme. Des 1er et 3 juin 1793, sur les évènements de Paris.

1848. Règlement de police pour la maison de sequestration établie au ci-devant couvent de Ste-Marie d'en Haut. Extrait du procès-verbal du conseil général du département de l'Isère.. Du 5 juin

1793, l'an second de la R. F. (Signé : PLANTA, président). *A Grenoble, chez J.-M. Cuchet, imp. du dép. de l'Isère*, in-4°, 8 p. (G.)

Règlement des plus curieux. Titre I : *Consigne militaire.* (XI articles.) Titre II : *Consigne qui regarde uniquement le geôlier* (XVIII articles).

1849. Copie de la lettre écrite par deux députés du département de l'Isère (SERVONAT et BAUDRAND) à la Convention nationale, aux administrateurs du même département. Paris, le 5 juin 1793. *Grenoble, chez J.-M. Cuchet*, in-4°, 6 p. (G.)

Autre édition, in-f° placard sur 3 col.

« J'apprends que des personnes officieuses ont échappé, en assez grand nombre, depuis le 31 mai, à la surveillance des barrières pour porter, dans tous les départements des nouvelles alarmantes sur la situation de leurs députés à la Convention nationale. Il est de mon devoir d'atténuer des bruits qu'un zèle indiscret a pu exagérer... etc.

Pièce très importante pour l'histoire du Dauphiné.

1850. Extrait du procès-verbal des séances du conseil du département de la Drôme, en permanence. Du 5 juin 1793. *Valence*, J.-J. *Viret*, in-f°, placard sur 2 col. (G.)

Exécution des lois sur les émigrés.

1851. Au nom de la République Française. District de St-Marcellin. Vente de biens nationaux. Du

5 juin 1793. *A St-Marcellin, de l'imp. d'Antoine Beaumont*, in-f° placard sur 2 col. (I.)

Biens provenant de la maison de N.-Dame de Grâce à Tullins.

1852. Grenoble le 7 juin 1793, l'an 2e de la R. F. Le procureur syndic du district de Grenoble (HILAIRE) à la municipalité de... *S. l. n. d.*, in-4°, 2 p. n. chif. (G.)

Circulaire par laquelle il demande le tableau des grains et farines qui ont dû être vérifiés dans chaque commune.

1853. Egalité, liberté. Lettres datées de Paris, faisant suite à celles des 1er et 3 juin, imprimées par ordre des représentants du peuple. A Paris ce 7 juin l'an second de la République Française. *Grenoble, J.-M. Cuchet. S. d.*, in-4°, 10 p. (G.)

Certifié conforme : DUBOIS-CRANCÉ, ALBITTE, récit des journées du 31 mai etc. « D'abord *votre Grenoble qui délire me fait rire*, et ses assemblées primaires *convoquées à mauvais dessein*, vont se trouver toutes prêtes à recevoir et à sanctionner la constitution, de manière que ce même Grenoble va se couvrir de gloire en étant la première ville à donner à la France le signal de la concorde, comme elle a été la première à donner celui de la liberté... »

Les 4 lettres contenues dans cette brochure sont de Jullien, de la Drôme et de sa femme.

1854. Extrait du procès-verbal des séances du conseil du département de la Drôme, en permanence. Du 7 juin 1793. *Valence, Aurel*, in-f° placard sur 2 col. (G.)

Renferme un article inséré dans le *Républicain* ou journal des hommes libres, sur la journée du 31 mai et une adresse des Parisiens à leurs frères des départements.

1855. Compte-rendu à la convention nationale, par Moyse BAYLE et BOISSET représentans du peuple Français envoyés dans le département de la Drôme et des Bouches-du-Rhône pour le recrutement des trois cent mille hommes. Imprimé par ordre de la convention nationale (8 juin 1793.) Les malédictions des aristocrates font le triomphe des patriotes. *Paris, imp. nationale*, in-8°, *s. d.* 86 p. (G.)

Intéressant pour l'histoire de la Drôme.

1856. Procès-verbal de l'assemblée des autorités constituées, présidents, secrétaires et commissaires des sections de Grenoble, tenue dans la salle des séances du conseil du département de l'Isère le 8 juin 1793. A *Grenoble, chez J.-M. Cuchet, imp. du département de l'Isère. S. d. (1793)* in-4°, 4 p. (G.)

Serment de fidélité à la convention nationale. Arrêté par lequel toutes les communes sont invitées à se réunir en assemblées primaires par cantons le 16 du présent mois et à prêter le serment.

1857. Département de l'Isère. District de Grenoble, baux à loyer. Du 8 juin 1793. A *Grenoble, chez Cuchet imp.* in-f°, placard (I.)

A louer à Grenoble, des sieurs Dupuy-Saint-Vincent, émigré,

une boutique place de la liberté près la ci-devant église du Verbe incarné. Vin à vendre à Corenc provenant de Besson d'Arviller, émigré.

1858. Précis des événements arrivés à Lyon le 29 mai 1793 pour servir de première réponse à la dénonciation portée par les sections de cette ville contre les citoyens GAUTHIER et NIOCHE, représentants du peuple Français, envoyés près l'armée des Alpes. A Grenoble, quartier général de l'armée des Alpes (le 9 juin 1793) *Grenoble, chez J.-M. Cuchet, s. d.*, (1793) in-4°, 16 p. (G.)

1859. Société des amis de la liberté et de l'égalité séante aux ci-devant pénitents à la Côte Saint-André. Procès-verbal du 9 juin 1793. *Grenoble, chez J.-M. Cuchet. S. d.,* in-4°, 4 p. (G.)

Salomon de BOISSIEUX, président ouvre la séance, QUINCIEUX monte à la tribune, propose d'éteindre toute haine, toute dissention, et de se réunir avec plus d'intimité. BOULLU d'EYDOCHE demande que la statue de la liberté soit placée dans la salle de réunion, de suite quatre commissaires se transportent à la maison commune, on apporte la statue, le président prononce un discours et REY, de BALBIN « improvise des vers que lui inspire son enthousiasme. »

1860. Saint-Marcellin, le 9 juin 1793 l'an II de la R. F. Citoyen... Circulaire signée : ROBIN BOISCLOS, proc. syndic. *S. l. n. n.*, in-4°, 2 f. n. chif. (I.)

Relative aux subsistances.

1861 Les Nantois à tous les départemens de la

République. A Nantes, le 6 mai 1793 (avec cette épigraphe) : *Græcia concidit libertate immoderata* et *licentia concionum (Cic. Pro Flacco)* (suit) : Extrait du procés-verbal du conseil de département de l'Isère séant à Grenoble. Séance du 10 juin 1793 (qui ordonne la réimpression de cette adresse au nombre de 200 exempl. en in-8°.) *A Grenoble, de l'imp. d'Allier. S. d.* 1793, in-8°, 16 p. (G.)

« Ne nous laissons point emporter au torrent des factions, opposons une digue puissante aux coupables efforts des scélérats et des ambitieux..., à ce prix le calme et le bonheur reviendront parmi nous.

1862. Grenoble le 10 juin 1793, l'an 2 de la R. F. Le procureur syndic du district de Grenoble (Hilaire). Aux municipalités du district... *s. l.*, in-4°, 4 p. (G.)

Lettre circulaire relative à la Révolution du 31 mai 1793 et à la convocation des assemblées primaires.

1863. Lettre des sous-officiers et canonniers du quatrième régiment d'artillerie, aux représentants du peuple envoyés près l'armée des Alpes. Grenoble, le 10 juin, l'an 2 de la R. F.

« Ce n'est pas sans horreur et sans indignation que tous les militaires ont entendu hier à l'assemblée populaire de cette ville, calomnier ses représentants et insulter au pouvoir dont ils sont investis, et cela par deux ou trois contre-révolutionnaires. La loi, la loi, citoyens contre ces traitres, vous nous l'avez promise contre les coupables... Nous sommes sûrs de vous et nous vous jurons une entière confiance... »

V. 1re partie de la *Réponse de Dubois-Crancé aux inculpations de ses collègues Couthon et Maignet*, p. 96.

1864. Egalité (bonnet phrygien), liberté. Proclamation. Les représentants du peuple envoyés par la convention nationale à l'armée des Alpes, à leurs concitoyens. (A la fin): A Grenoble, le 10 juin 1793. Signée : DUBOIS-CRANCÉ, ALBITE et GAUTHIER. *A Grenoble, chez J.-M. Cuchet, imp. S. d.* (1793), in-8°, 8 p. (M.)

Autre édition in-f° placard sur 2 col.

« Les esclaves des despotes ont essayé vainement de nous en« vahir... Les aristocrates savent bien que la cocarde blanche est « un signe d'horreur, et qui n'est pas méconnaissable ; mais, de « même que les pirates, ils arborent le pavillon de la nation qu'ils « attaquent, et c'est au nom sacré de la République, c'est le dra« peau tricolore à la main, qu'ils font la contre-révolution. Repous« sons avec horreur quiconque nous parlera d'autre chose que « d'être unis, de nous presser autour de l'arbre saint de notre « liberté. Jurons de former, plus que jamais, un faisceau indestruc« tible autour de la Convention nationale... Vive la République ! »

1865. Les citoyens de la ville de Grenoble réunis en assemblées populaires les 10 et 11 juin, à la Convention nationale. *Grenoble de l'imp. de J. Allier, S. d.*, (1793), in-8°, 7 p. (G).

Les citoyens de la ville de Grenoble restent inviolablement unis à la Convention nationale. « Citoyens, nous sommes ces hommes qui, au milieu des bayonnettes osèrent braver le tyran et faire entendre les premiers accents de la liberté... Nous n'avons pas changé. Malheur à qui voudra nous asservir !... Nous vous demanderons fièrement l'exécution du mandat que vous avez reçu du peuple français, la *Constitution*.

A la p. 4. (Adresse) Aux administrateurs du département de l'Isère. — Les citoyens de la ville de Grenoble vous demandent avec instance de suspendre l'effet de votre arrêté du 8 du mois courant (qui était relatif à la convocation des assemblées primaires.

1866. Un mot aux Français du département de l'Isère. A *Lyon, de l'imp. d'Aimé Vatar-Delaroche*, 1793, in-12, 21 p. (G.)

« Citoyens du département de l'Isère, écoutez un instant un frère, un ami de la liberté, de l'égalité, de la République une et indivisible...

La représentation nationale vient d'être violée par une petite section du peuple. Souffrirez-vous un tel excès d'audace ?... Citoyens, ouvrez les yeux, méditez des vérités que les intrigants vous voilent, vous dénaturent... »

1867. A la Convention nationale. Les conseils généraux du district et de la commune, le tribunal et la société républicaine de la liberté et de l'égalité de la ville de Serres, département des Hautes-Alpes réunis, citoyens représentants... Du 10 juin 1793. A *Gap, de l'imp. de J. Allier, l'an second de la République Française*, in-4°, 4 p. (A. A.)

Cette adresse se termine ainsi : « Citoyens, si vous voulez que nous vous croyons réunis, opérez aussi notre tranquillité et notre bonheur, en otant du milieu de nous le monument du despotisme de vos délégués. Rendez-nous nos magistrats, ils eurent, ils ont encore notre confiance, et vos députes qui l'obtinrent de leurs commettants, l'ont peut-être conservée moins inaltérable. »

1868. Arrêté du conseil général du département de l'Isère en surveillance permanente. Extrait du procès-verbal du 11 juin 1793, l'an second de la R. A *A Grenoble, chez J.-M. Cuchet*, gr. in-4°, 3 p. + 4 tabl. in-f° (I.)

Relatif à la fixation du *maximum*.

1869. Les administrateurs du département de l'Isère, et du district de Grenoble, le conseil général de la commune les tribunaux judiciaires et autres autorités constituées séants dans la même ville, à leurs concitoyens. Du 12 juin 1793. *A Grenoble, chez J.-M. Cuchet, imp. du départ. de l'Isère*, in-4°, 16 p. (G.)

Autre édition, *Lyon, Vatard*, in-8° ; 16 p. (T.)

Pièce très importante pour l'histoire de la Révolution à Grenoble.

« Les autorités constituées de cette ville ont, par un arrêté du 8 de ce mois, invité les communes du département à se réunir en assemblées primaires, pour nommer des députés. La malveillance et l'aristocratie, cachées sous le masque du patriotisme cherchent à empoisonner cette mesure; elles l'ont présentée comme le signal de la guerre civile... »

1870. Les citoyens de Rennes réunis en assemblées primaires, à la Convention nationale. Rennes, le 6 juin 1793. Extrait du procès-verbal des autorités constituées de la ville de Gap. Du 14 juin 1793, Signé : CHABERT, président. A *Gap, chez J. Allier, imp. du dép. des Hautes-Alpes*. 1793, in-4°, 4 p. (A. A.)

Les autorités de Gap arrêtent que l'adresse dont il s'agit serait réimprimée au nombre de 400 exempl. Cet écrit « contenant des principes épurés et des développements intéressants, propres à éclairer le peuple sur ses droits et ses devoirs, ainsi que sur ses vrais amis. »

1871. Procès-verbal de l'assemblée des autorités constituées de la vtlle de Gap. Députés des districts et des communes d'Embrun. Briançon et Serres, 14 juin 1793. *Gap, Allier*, in-4· 11 p.

1872. Extrait du procès-verbal du conseil général permanent du département de l'Isère, auquel se sont réunies les autorités constituées de la ville de Grenoble. Du 15 juin 1793, l'an II de la R. F. Compte-rendu à nos comettants. -- Paris, le 7 juin, l'an 2 de R. F. A *Grenoble, chez J.-M. Cuchet, imp. du dép. de l'Isère*, in-f° placard sur 3 col. (G.)

Récit des journées des 30 et 31 mai 1793. Après lecture de cette pièce, l'assemblée a arrêté qu'elle serait imprimée et envoyée par des courriers extraordinaires dans toutes les sections et communes du département.

1873. Au nom de la République française. District de Saint-Marcellin. Vente des biens nationaux. -- Du 17 juin 1793. A *Saint-Marcellin. de l'imp. dAntoine Beaumont*, in-f° placard sur 2 col. (I.)

Biens provenant de l'ordre de Saint-Antoine, uni à Malte, situés au Pont-en-Royans.

1874. Extrait du procès-verbal des séances du

conseil du département de la Drôme. Du 18 juin 1793. *Valence*, *Aurel*, in-f° placard sur 2 col. (G.)

Adresse aux habitants du département, par laquelle les administrateurs leur demandent d'émettre leur vœu sur les événements de Paris des 31 mai, 1 et 2 juin.

1875. Extrait du registre des délibérations de l'assemblée générale des citoyens des sections de la commune de Valence, chef-lieu du département de la Drôme. Du 20 juin 1793, l'an 2 de la R. F., à 3 h. de l'après-midi. A *Valence, chez P. Aurel, imp. des sections de la commune*, in-f° placard (C.)

— « Les citoyens de Valence jurent à la face du ciel qu'ils veulent la liberté, l'égalité, la République F., que les personnes et les propriétés soient respectées et l'anarchie terrassée. Ils reconnaissent que la convention a cessé d'être libre depuis le 31 mai 1793. Ils vouent à l'exécration publique les auteurs et complices des attentats commis contre la représentation nationale. » etc.

1876. Extrait du procès-verbal des séances du conseil du département de la Drôme en permanence. Du 20 juin 1793. *Valence, P. Aurel, imp.*, in-4°, 8 p. avec un tableau (G.)

Relatif aux tableaux des mercuriales des différents marchés du département, à fournir par les directoires de districts.

1877. Tableau renfermant les bases de la fixation du *maximum* du prix des grains dans l'étendue du département de la Drôme. Relevé des mercuriales. (20 juin 1793), in-4°, (B. C.)

1878. Tableau de la fixation du *maximum* du prix des grains en conformité du décret du 4 mai, relatif aux subsistances, conformément à l'article XXV, d'après les tableaux des mercuriales envoyés par les districts, et du décroit de chaque mois, par un dixième, un vingtième, un trentième, un quarantième, suivant l'article XXVI. Signé : les administrateurs et procureur général syndic du département des Hautes Alpes : CHABERT, président, THOMÉ, BONARDEL, ARGENTI, RICHARD, MEIGRET, MORGAN, ROUX, MORAND, LOMBARD, MOYNIER, procureur général syndic, BLANC. secrétaire. A *Gap, de l'imp. du dép. S. d.* (juin 1793) in-f° placard (C.)

1879. Grenoble, le 20 juin 1793, l'an II de la République française. Les membres du comité de salut public du département de l'Isère aux citoyens de la République. Adresse signée : DUMOLARD, président, DURAND, FONTAINE, BELLUARD, BARTHELON, BONIN, Abel FORNANT, secrétaire. *S. l. n. d.* In-4°, 2 p. n. chiff. (G.)

« Les circonstances deviennent graves ; voici le moment où tous les vrais citoyens doivent se réunir et s'opposer aux trames scélérates, ourdies dans les ténèbres par les fauteurs de l'anarchie, il faut donc la plus active correspondance pour déjouer les projets des ennemis... »

1880. Tableau de l'ordre dans lequel la commission des délégués immédiats de la section du peuple français dans le département de l'Isère, sera formée et renouvelée, *S. l. n. n. n. d.* (*Grenoble, Cuchet,* juin 1793.) in-4°, 3 p. encadrées (M.)

Suit une liste de cent noms.

1881. A la convention nationale les délégués immédiats du peuple Français de la section du département des Hautes-Alpes réunis à Gap. Signé : BLANC, GONTARD, PELLEGRIN, secrétaire. A *Gap, chez J. Allier, imp. du département des Hautes-Alpes* 1793, in-8°, 3 p. (R.)

Mise en demeure à la convention de maintenir l'ordre ou de se er.

1882. Les députés représentants du peuple par le département des Hautes-Alpes (SERRE, CAZENEUVE, BARETY, BOREL, BONTOUX fils) à la convention nationale à leurs commettants. Lyon 20 juin 1793, *S. l. n. d.* (*Gap, Allier* 21 juin 1793), in 8°, 13 p. (R.)

Récit très intéressant du 31 mai des journées précédentes et suivantes, les blamant très vivement.

1883. Copie de la lettre écrite par le citoyen SERRE, député du département des Hautes-Alpes à la convention nationale, signée et approuvée par les citoyens **Cazeneuve**, **Borel** et **Barety**, aussi députés du même département, à leurs comettants. Copie de la lettre du citoyen **Bontoux** fils aux administrateurs du département des Hautes-Alpes, du 20 juin 1793. Extrait du procès-verbal de l'assemblée des délégués immédiats de la section du peuple François, dans le département de l'Isère du 21 juin 1793. *A Grenoble, chez J.-M. Cuchet imp. du département de l'Isère*, in-4°, 16 p. (G.)

Serre raconte dans sa lettre les journées des 27, 28, 29, 30, 31 mai et 1er juin 1793, à Paris. Elle avait été adressée au citoyen Bontoux fils à Lyon qui la fit parvenir aux administrateurs du département des Hautes Alpes.

1884. Extrait des délibérations du conseil du département des Hautes-Alpes en séance publique, du 21 juin 1793 l'an 2 de la R. F. Arrêté des administrateurs du département des H. A. (relatif à la publication et à l'impression d'une lettre du citoyen **Serre**, député à la convention nationale et d'un compte-rendu à nos commettants par le citoyen **Genevois**, aussi député à la convention nationale sur les événements de Paris. (Révolution du 31 mai 1793. Arrestation des Girondins.) Lettre du citoyen **Serre**, député à la conv. nationale du 3 juin aux administrateurs du dép. des H. A. (suit cette lettre relative à la Révolution du 31 mai 1793. Arrestation de 35 membres de la convention nationale.) Compte-rendu à nos commettans. François... etc. Paris le

7 juin, l'an 2e de la R. F. etc. *A Gap, chez J. Allier, imp. du département des Hautes-Alpes*, 1793, in-f° placard sur 3 col. (C.)

1885. Extrait des délibérations du conseil du département des Hautes-Alpes en séance publique du 21 juin 1793. Signé : CHABERT, président, BLANC, secrét. (il est suivi d'une lettre du représentant SERRE et d'un compte-rendu à leurs commettants par des députés dont un seul, Louis-Benoit GENEVOIS, député de l'Isère, a signé.) *Gap chez J. Allier, imp. du département des Hautes-Alpes*, 1793. in-8°, 8 p. (R.)

Sur les journées de mai et juin.

1886. Extrait du procès-verbal du conseil du département de l'Isère auquel se sont réunis le directoire du district et la municipalité de Grenoble. (suit) Extrait du procès-verbal du conseil général du département de l'Isère, en surveillance permanente. Du 22 juin 1793. *A Grenoble, chez J.-M. Cuchet, imp. du départ. de Isère*, in-4°, 7 p. (G.)

Par lequel les citoyens Chevrier, administrateur du département, et Hilaire, procureur syndic du district de Grenoble se rendront dans le département pour faire les réquisitions nécessaires à l'approvisionnement des marchés.

1887. Proclamation des représentants du peuple envoyés près l'armée des Alpes, aux citoyens du département de l'Isère. A Grenoble, 22 juin 1793. Signée : DUBOIS-CRANCÉ et ALBITTE. *Grenoble, imp. Allier. S. d.*, in-4°, 4 p. (G.)

« Un cri d'alarme a été porté au sein de vos paisibles habitations. On vous a montré la liberté en danger... Nous jurerons de ne reconnaître que la convention nationale et ses décrets... »

1888. Procès-verbal de ce qui s'est passé dans la journée du 23 juin 1793, l'an second de la République Française, à Grenoble, département de l'Isère. Egalité, Liberté. Les généraux, officiers, sous-officiers, soldats, etc., etc. à la convention nationale. A *Grenoble, de l'imprimerie de J. Allier.*, in-8°, 7 p. (G.)

Autre édition in-f° placard. (G.)

Les représentants du peuple à l'armée des Alpes, GAUTHIER, ALBITTE et DUBOIS CRANCÉ « voyant s'approcher l'instant de l'ouverture de la campagne contre le despote Sarde » firent assembler toutes les troupes de la garnison de Grenoble, sur la place de la Liberté le 23 juin. DUBOIS CRANCÉ, d'une estrade placée au pied de l'arbre de la liberté, fit un discours et proposa de jurer fidélité à l'égalité, à la liberté, à la République, puis on chanta l'hymne de la liberté, enfin le citoyen DULIN a lu une adresse qui fut envoyé à la convention nationale, le reste de la journée se passa « dans les effusions de la fraternité. »

P. 5. Adresse des généraux officiers, sous-officiers, soldats etc., etc. de la portion de l'armée des Alpes, actuellement en garnison à Grenoble, à la convention nationale. (Jurent fidélité à la République etc.) Cette adresse était couverte de plus de trente mille signatures.

1889. Discours relatif aux événements des 31 mai,

1er et 2 juin derniers, prononcé par le citoyen Revol, député de la société républicaine de Romans, dans l'assemblée de 42 sociétés populaires... de la Drôme, du Gard, des Bouches-du-Rhône et de l'Ardèche réunies à Valence... le 24 juin 1793. Imprimé d'après le vœu unanime de l'assemblée. *Valence, Aurel*, in-4° 8 p. Catal. de la Bibl. Nat. T. X. n° 3056.

1890. Aux sans culottes des campagnes par un citoyen de la Drôme (Claude-François de Payan) seconde édition. Bons sans-culottes, au nom du salut de la patrie, lisez cet écrit. 24 juin l'an 2 de la République (24 juin 1793) *s. l.* in-8°, 16 p. (G.)

Autre édition, *Grenoble, imp. de J. Allier*. in-8°, 8 p. (G.)

Relatif aux événements arrivés à Paris à la fin du mois de mai et au commencement du mois de juin 1793. Cet écrit tend à rallier les esprits à la convention nationale et à ses travaux.

1891. Egalité, liberté. Les représentants du peuple envoyés près l'armée des Alpes. A *Grenoble de l'imp. de J. Allier*, (24 juin 1793) in-f° placard sur 3 col. (C.)

Arrêté qui ordonne que les lois des 30 avril et 16 mai 1793 seront imprimées et affichées pour servir de règle de conduite aux corps administratifs, aux généraux, à tous chefs de corps et citoyens armés.

1892. Opinion prononcée par Antoine Français

le 25 juin, l'an second de la République Française, dans l'assemblée des délégués du département de l'Isère. Imprimée et adressée à toutes les communes par ordre de cette assemblée. *Grenoble J.-M. Cuchet*, in-4°. 24 p. (G.)

Autre édition. A *Toulouse, de l'imp. de J.-G. Besian*, in-8°, 28 p.

Pièce importante sur les journées des 31 mai et 2 juin 1793.

1893. Egalité, liberté. Copie de quatre lettres adressées de Paris par le citoyen Camille TEYSSÈRES (sic) au citoyen DUMOLARD, administrateur du département, dont trois ont été trouvées à l'ouverture des scellés mis sur ses papiers ; et la dernière, sans signature, a été ouverte par les représentants du peuple, lors de l'examen qu'ils ont fait des lettres arrivées à Grenoble le 25 juin. A *Grenoble, chez* J.-M. *Cuchet, imp.*, in-f° placard sur 3 col. (G.)

Il conseille de se soumettre à la Convention.

1894. Adresse d'un citoyen du Montblanc à ses concitoyens de tous les départements. A la fin : par un citoyen de Modane. Grenoble, le 25 juin 1793. *Grenoble, imp. Allier. S. d.*, in-8°, 7 p. (G.)

« Voyez dans la Convention nationale le bouclier de la liberté, réunissons-nous à elle par la voie de nos représentants... et sachons plutôt mourir que nous rendre parjures... faisons respecter la Convention, la France est sauvée. »

1895. Egalité, liberté. Les représentants du peuple envoyés près l'armée des Alpes. (DUBOIS-CRANCÉ, ALBITTE et GAUTHIER), dénonçant le fédéralisme des administrations de départements. Et ARRÊTÉ desdits représentants contre plusieurs administrateurs du département de l'Isère. Grenoble, 26 juin 1793. A *Grenoble, de l'imp. de J. Allier. S. d.* (1793). in-8°, 10 p.

Autre édition in f° placard sur 4 col (A. A.)

Au sujet de l'arrestation des citoyens Orcelet, Royer de Loche. et de la suspension des citoyens Puis, Royer, Delhors, Dumolard, Béranger et Almeras.

1896. Procès verbal de l'assemblée de 42 sociétés populaires de la Drôme, du Gard, de l'Ardèche, et des Bouches-du-Rhône, tenue à Valence, les 24, 25 et 26 juin 1793. *Valence, Aurel. S. d.*, in-4°. (Catalogue de la Bibl. Nationale T. X, n° 3057.)

1897. Les députés des 42 sociétés républicaines des départements de la Drôme, du Gard, de l'Ardèche et des Bouches-du-Rhône, réunis en assemblée générale à Valence, (26 juin 1793). A toutes les sociétés républicaines. *Valence, P. Aurel. S. d.*, in-4°, 4 p. (G.)

« Notre salut est dans la convention, toutes les espérances de la Révolution seraient perdues si nous ne l'environnions de nos forces et de notre confiance... Unité, fraternité avec tous les hommes libres, haine à toutes les factions, et la patrie est sauvée. »

1898. Procès-verbal des séances de l'assemblée générale des délégués immédiats de la section du peuple français dans le département de l'Isère. (Du 20 au 26 juin 1793). *Grenoble*, J.-M. *Cuchet*, *S. d.* in-4°, 62 p. (G.)

Très intéressant pour l'histoire du département de l'Isère et en particulier de Grenoble.

Dans la séance du 23 juin 1793, il fut rédigé un projet de réglement dans lequel on remarque qu'il sera formé 3 comités :

Un comité de salut public composé de	8 membres.	
Id. de correspondance —	6	—
Id. de rapport —	4	—

1899. Arrêté des administrateurs du département des Hautes-Alpes. Séance publique. Du 27 juin 1793. A la Roche, le 20 juin 1793, l'an deuxième de la République. Citoyens administrateurs... Signé : CHAIX, maire ; BONTOUX, juge de paix, etc. *A Gap, chez J. Allier, imp. du dép. des Hautes-Alpes*, 1793, in-4°, 4 p. (A. A.)

Arrêté par lequel l'adresse du canton de la Roche sera imprimée et envoyée à toutes les communes du département ; suit cette adresse qui vote des remerciements à leurs administrateurs.

1900. Egalité, liberté. Proclamation des représentants du peuple, envoyés près l'armée des Alpes à leurs concitoyens. Grenoble, le 28 juin 1793. *A Grenoble, de l'imp. de J. Allier*, in-f° placard (C.)

Relative aux arrestations du citoyen PECOLLET, président du

district de la campagne de Lyon et du citoyen Antoine MATHERON, administrateur du district de la même ville, pour crime de fédéralisme ; à leur emprisonnement à Grenoble Signée : DUBOIS-CRANCÉ, ALBITTE et GAUTHIER.

1901. Fète civique et militaire du 29 juin 1793 sur la place de la Fédération à l'occasion de la remise par les députés Marseillais d'une couronne de chêne à la garde nationale de Lyon pour sa belle conduite dans la journée du 29 mai. Relation détaillée publiée par Gustave VERICEL. *Lyon, Waltener, et Cie* 1887, in-8°, 22 p. (M.)

A la p. 18. Discours d'un député de l'Isère qui s'écrie : « Braves Lyonnais ! ! Vous avez terrassé le monstre de l'anarchie, mais ce monstre lève encore près de vous une tête menaçante et ravage le département de l'Isère... »

Les députés de l'Isère étaient ROYER DE LOCHE et ORCELLET.

1902. Arrèté du conseil du département de l'Isère. Extrait du procès-verbal du 29 juin 1793, l'an second de la République Française. *Grenoble, chez J.-M. Cuchet, imp. du dép. de l'Isère S. d.*, in-4°, 4 p. (G.)

Arrèté au sujet de la coalition tentée par quelques administrateurs du département. ORCELLET et ROYER DELOCHE administrateurs seront arrètés et traduits au tribunal Revolutionnaire établi à Paris.

Les citoyens PUIS, vice- président du département de l'Isère, ROYER et DELHORS, membres du directoire, DUMOLARD et BÉRANGER, administrateurs et ALMÉRAS, procureur général syndic sont suspendus de leurs fonctions, ainsi que DUPORT, secrétaire général du département.

1903. Discours prononcé à l'assemblée des délégués immédiats du peuple François, de la section des Hautes-Alpes, séante à Gap le 30 juin 1793, l'an 2e de la République Françoise. Citoyens... par de Colombier. *Imprimé à Gap, chez J. Allier, imp. du département des Hautes-Alpes*, in-8°, 8 p. (A.)

« ... Vous devez aujourd'hui abattre la ligue toujours renaissante de l'anarchie. Vous devez rendre aux lois leur vigueur, à votre représentation sa dignité et vous le ferez sans doute... »

1904. Liberté, égalité. Avis aux sans culottes. Bauvais, commandant le corps de dragons, légers montagnards, qui se forme à Montélimar, à ses concitoyens. Camarades..... *S. l. n. d.*, (juin 1793) in-f° placard, (G.)

« Les ennemis de la patrie sont rentrés dans le néant, ils n'osent presque plus lever leurs têtes remplies de crimes, ils se cachent... il faut une armée de Jacobins pour finir de les assommer... arrivez donc sans culottes... nous vous attendons, point de muscadins: des républicains, voilà ceux qui sauveront la République... »

1905. Abel-Joseph-Marie Fornand aux administrateurs des districts et des communes. *A Grenoble, chez J.-M. Cuchet, imp. du département de l'Isère*, in-f° placard (C.)

Proclamation signée Abel Fornand, relative à la révolution de Paris des 31 mai 1 et 2 juin 1793, à ses conséquences et aux événements qui l'ont suivie.

1906. Les citoyens de Lyon, aux citoyens du département de l'Isère et des sections de Grenoble. *S. n. d'imp.*, (juin 1793) in-f° placard (C.)

« Citoyens! la liberté ou la mort. Renouvelons à la face de l'univers ce serment terrible : Périssent tous les tyrans et les anarchistes ; périssent tous les ennemis de l'égalité, de la République une et indivisible, de l'ordre et des lois. »

1907. Sébastien Guille, notaire de Rochefort-de-Queyrière, district de Briançon au comité de salut public de la convention nationale et à ses concitoyens. *Embrun, Moyse S. d.*, (juin 1793) in-4°, 16 p. (A. A.)

Avait été destitué comme fédéraliste, il raconte sa vie politique.

1908. Discours prononcé par le citoyen Moulinet, à l'assemblée primaire de la section de Saint-Nicolas-de-Romans. *S. d.* (fin juin 1793). *A Valence chez P. Aurel imp. du dép. de la Drôme*, in-4°, 7 p. (G.)

Sur les journées des 31 mai, 1 et 2 juin. Demande à émettre un vœu sur la situation de la convention et de la République et de rédiger une adresse à la convention, pour lui représenter que la patrie en danger ne permet plus de division. « offrons dans notre adresse nos secours et nos forces, pour aller, s'il le faut, protéger ses délibérations. »

1909. Proclamation. Citoyens..... (à Grenoble le

1er juillet 1793. Signée : JULLIEN, secrétaire.) *A Grenoble, chez J.-M. Cuchet, imp. de la municipalité* (1793) petit in-f° placard. (G.)

Au sujet de la réélection du bureau municipal et du conseil général de la commune fixée au 2 juillet 1793.

1910. Lettre écrite par le citoyen Camille TEISSEIRE, officier municipal de Grenoble, aux citoyens maire, officiers municipaux, et à tous les citoyens, à Grenoble. Lyon, le 1er juillet 1793, l'an 2e de la R. F. Citoyens... A *Grenoble, chez J.-M. Cuchet, imp. de la commune*, in-f° placard.

Il nous apprend qu'il est détenu à Pierre Cise, et déclare à ses concitoyens qu'il les chérit tendrement, il croit ne courir aucun risque, mais dit-il « dussé-je boire la ciguë, je refuserois, comme Socrate, de me soustraire à la mort, aux dépens de la tranquillité de ma patrie. »

1911. Extrait du procès-verbal des séances de l'assemblée des délégués immédiats du peuple Français de la section du département des Hautes-Alpes, séance du lundi 1er juillet 1793, l'an second de la République Française. Signé : BLANC, président, PELET, secrétaire. *A Gap, chez J. Allier, imp. du département des Hautes-Alpes 1793*, in-8°, 9 p. (R.)

Adresse aux habitants de Gap, contre l'anarchie et le désordre.

1912. Lettre de PLANTA, président du département de l'Isère aux représentants du peuple Français près l'armée des Alpes. Grenoble 1er juillet 1793. *Grenoble, chez Cuchet, imp.*, in-f° placard sur 2 col. (G.)

Lettre adressée aux habitants de Fontaine en réponse à des calomnies lancées contre lui.

1913. Au nom de la République Françoise. District de Saint-Marcellin. Vente de biens nationaux. Du 1er juillet 1793. *A Saint-Marcellin de l'imp. d'Antoine Beaumont*, in-f° placard sur 2 col. (I.)

Biens provenant de l'ordre de Saint-Antoine : Domaines de l'*hôpital* et des *Germonds* situés à Saint-Jean-le-Fromental.

1914. Avis aux citoyens du département de l'Isère. (Du 2 juillet 1793). A *Grenoble, chez J.-M. Cuchet, imp. du dép. de l'Isère*, in-4°, 14 p. plus une tabl. (G.)

Autre édition, in-f° placard sur 3 col. (en deux feuilles (G.)

Réfutation des bruits calomnieux répandus sur les administrateurs du département qui devaient, disait-on, faire assassiner les patriotes de Grenoble le 29 juin 1793, jour de la fête de Saint-Pierre.

1915. Egalité, liberté. ALBITTE, représentant du peuple envoyé près l'armée des Alpes, aux braves soldats et gardes nationaux en réquisition, commandés par le général CARTEAUX. Frères et amis... Du 2 juillet 1793. *A Valence, chez Pierre Aurel, imp. du dép. de la Drôme*, 1793, in-f° placard sur 3 col. (C.)

Proclamation en faveur de la R. F. U. I. D et triomphante, et contre les agissements de la contre-révolution et de la royauté fomentant la guerre civile.

« Que veulent-ils donc ces hommes qui deshonorent un nom dont se seraient honoré tous les Français! Que veulent ces satellites, des conspirateurs et des traitres, la *liberté*, ils égorgent ses défenseurs; l'*égalité*, ils sont les esclaves de ses plus cruels ennemis; des *lois*, ils les violent toutes; la *paix*, ils proclament la guerre civile, la *destruction de l'anarchie*, ils ne reconnaissent plus ni patrie ni convention; la *république une* et *indivisible*, ils la déchirent; une *constitution libre enfin*, ils l'effacent avec du sang — non, non, ce n'est pas là leur but, c'est un roi qu'il leur faut, ce sont des nobles, ce sont des maitres, ce sont enfin tous les abus, tous les maux de l'ancien régime qu'ils veulent reproduire. »

« Allons, soldats patriotes, il est temps d'arrêter des fous, ou d'exterminer des brigands » etc.

1916. Mesures de sûreté générale. Extrait du procès-verbal des séances du conseil du département de la Drôme en permanence, auquel étoient réunis les députés des sept districts du ressort. Du 2 juillet 1793. *Valence, P. Aurel*, in-f° placard sur 3 col. (G.)

« Les commissaires ROMIEU, DALY, AYMÉ et CHARLON se transporteront dans les départements des Bouches-du-Rhône, Rhône et Loire à l'effet de porter des paroles de paix et de conciliation »

1917. Les administrateurs du département de

l'Isère, à la Convention nationale et à tous les Français. A *Grenoble chez J.-M. Cuchet, imp. du dép. S. d.* (2 juillet 1793) pet. in-f° placard (C.)

« Nous ne voulons que la République une et indivisible, nous jurons une guerre éternelle à l'*aristocratie*, à l'*anarchie* et au *fédéralisme*.

1918. Egalité, liberté. Les représentants du peuple envoyés près l'armée des Alpes. *A Grenoble, chez J, Allier. S. d.* (1793), in-4°.

Ordonnance du 2 juillet 1793, datée de Grenoble, concernant les chevaux et mulets provenus d'émigrés et ceux de luxe pour être envoyés au quartier général de l'armée des Alpes.

1919. Adresse des citoyens HALLOT, député de la Gironde, et FONVIELLE, député des Bouches-du-Rhône, à leurs frères du département de la Drôme. *S. l. n. d,* (3 juillet 1793) in-8°, 14 p. (G.)

« L'appareil militaire que de perfides proconsuls déploient sur votre territoire, a sans doute comprimé le vœu libre de votre administration... Citoyens de la Drôme, entendez le cri de vos frères fatigués de l'oppression avilissante que la montagne exerce depuis trop longtemps sur la France entière... Profitez de notre courage et des sages avis que vous donnent de vrais républicains. »

1920. Proclamation des représentants du peuple, envoyés près l'armée des Alpes. A leurs concitoyens. Grenoble, 3 juillet 1793. Signée : DUBOIS-CRANCÉ.

GAUTHIER. ALBITTE. *Grenoble, imp. Allier. S. d.*, in f° placard sur 4 col. (G.)

Relative à la constitution promulguée par la convention nationale dont ils font l'éloge ; aux massacres du 2 septembre dont ils font connaitre les vrais auteurs, etc.

1921. Extrait du procès-verbal des séances du conseil du département de la Drôme, en permanence, auquel étaient réunis les députés des sept districts de son ressort. Du 3 juillet 1793. *Valence, P. Aurel, imp. du département de la Drôme*, In-f° placard sur 3 col. (G.)

Les députés du département de la Gironde et des Bouches-du-Rhône, Hallot et Fonvielle, demandent que le département de la Drôme adhère aux mesures prises par ces deux départements pour sauver la chose publique. Développement des motifs qui ont déterminé les six commissaires du département de la Drôme à voter pour la négative sur la proposition d'adhésion aux arrêtés du département de la Gironde.

1922. Pièces relatives aux mesures à prendre pour empêcher la jonction de la colonne marseillaise avec les Lyonnais. Adhésion du comité de sûreté générale d'Avignon à l'arrêté tendant à conciliation du département de la Drôme. Les 1er, 2 et 3 juillet 1793, in-8°, (B. C.)

1923. Adresse du citoyen BOURGUIGNON-DUMOLLARD, à ses concitoyens (3 juillet 1793). *A Grenoble, chez J.-M. Cuchet, imp.*, in-8°, 11 p. (G.)

Défense de Bourguignon-Dumolard contre les accusations portées contre lui par les représentants du peuple DUBOIS-CRANCÉ, ALBITTE, GAUTHIER, etc.

1924. Au nom de la République Françoise. District de St-Marcellin. Vente de biens nationaux. (3 juillet 1793) A *St Marcellin, de l'imp. d'A. Beaumont*, in-f° placard sur 2 col. (I.)

Biens provenant de l'école de Charité de Roybon.

1925. Aux soldats citoyens de toutes les armées de la Republique. Les délégués du peuple François de la section du département des Hautes-Alpes réunis à Gap. Adresse signée : BLANC, vice-président (le 5 juillet 1793). A *Gap, de l'imp. de J. Allier* 1793, l'an second de la République Française, in-8°, 3 p. (R.)

Protestation contre l'anarchie et l'arrestation des Girondins.

1926. Grenoble, le 5 juillet 1793. Les administrateurs du département de l'Isère, aux autorités constituées et citoyens de la ville de Lyon A *Grenoble, chez J.-M. Cuchet, imp. du département. S. d.*, in-4° 3 p. (G.)

« En vain tous les tyrans de l'Europe étoient armés contre nous... tous les projets destructeurs de notre liberté, ont échoué devant la Convention nationale... Vous éloignerez les maux qui vous menacent, vous frapperez, dans leur base, les espérances criminelles des ennemis de la patrie. »

Suit une adresse des mêmes administrateurs à la convention

nationale et à tous les Français, commençant par ces mots: «Nous ne voulons que la République une et indivisible.. Nous jurons une guerre éternelle à l'aristocratie, à l'anarchie et au fédéralisme. »

1927. Le ministre de la justice (GOHIER) au peuple François. A Paris le 6 juillet 1793, l'an 2e de la R. A *Valence chez P. Aurel, imp. du dép. de la Drôme,* in-4°, 10 p. (G.)

Adresse patriotique. « Vos ennemis sont à vos portes, vos ennemis sont au milieu de vous; voyez-les se serrer, lorsque vous vous divisez. —Ajournez vos querelles, purgez la terre de la liberté, des brigands qui l'infestent, affermissez la République sur des bases inébranlables, et sauvez la patrie. »

1928. Lettre du citoyen COUTURIER, accusateur public du département de l'Isère, et l'un des jurés au tribunal révolutionnaire, au comité de sûreté générale de la ville de Lyon. Du 6 juillet 1793. *S. l. n. d.*, (juillet 1793) in-8°, 8 p. (G.)

Il raconte son arrestation à Lyon, fait l'éloge des clubs : Il a vu à Lyon «un Vial, de Noyarey, un Drevon, un Didier ci-devant avocat, un Gontard, tous reconnus du département de l'Isère pour de très mauvais sujets. Personnages flétris, que si la ville de Lyon n'était pas en révolte, elle ne souffrirait dans son sein des gens suspects, des étrangers sans passeports, etc. »

1929. Au nom de la République Française, District de St-Marcellin. Vente de biens nationaux. Du 6 juillet 1793. A *St-Marcellin, de l'imp. d'Antoine Beaumont,* in-f° placard sur 2 col. (I.)

Biens provenant de Tullins dépendant de la chapelle de Châteauneuf, de la cure de de Cras, du prieuré de Chate.

1930. Arrêté du conseil général du département de l'Isère, en surveillance permanente. Extrait du procès-verbal du 6 juillet 1793. *A Grenoble, chez J.-M. Cuchet, imp. du dép. de l'Isère*, in-4°, 6 p. (G.)

Relatif aux personnes comprises sur la liste des notoirement suspects et qui ne se sont pas rendues dans les maisons nationales désignées pour les renfermer.

1931. Prônes civiques prononcés par le citoyen Courtois, curé de Montélimar, l'un le 9 juin et l'autre le 7 juillet 1793, l'an second de la République Française. (S. *l.n. d.*), in-4°. (Bibl. Nationale L B. 41. N· 733.)

1932. Arrêté des représentants du peuple près l'armée des Alpes. Du 19 messidor l'an 2e (7 juillet 1793). *Grenoble, chez Cuchet, imp.* in-4·, 7 p. (G.)

Mise en liberté de plusieurs détenus.

1933. Discours prononcé par P. A. Bertrand, administrateur du département des Hautes-Alpes en présence des corps constitués réunis de la ville de Gap, où se sont trouvés les députés des Bouches-du-Rhône et du Gard. 7 juillet 1793. *Gap, J. Allier*, in-8· 7 p. (A.)

1934. Extrait du procès-verbal de la séance du conseil général du département de l'Isère. Du 8 juillet 1793. Auquel s'est réunie la commission des délégués immédiats de la section du peuple Français dans le même département. *Grenoble, J.-M. Cuchet*, in-4°, 4 p. (G.)

Nomination de deux députés : DUC et SYLVESTRE, qui seront envoyés en mission auprès de l'armée marseillaise ; et de deux autres : ROUX et POIGNENT qui seront envoyés auprès des administrateurs de Lyon, etc., pour tâcher de ramener la concorde.

1935. Au nom de la République Française. District de St-Marcellin. Vente de biens nationaux 8 juillet 1793. *A St-Marcellin, de l'imp. d'A. Beaumont*, in-f° placard sur 2 col. (I.)

Biens provenant de l'ordre de St-Antoine, situés à Montagne.

1936. Arrêté du conseil général du département de l'Isère, concernant la promulgation de la constitution Française et la convocation des assemblées primaires. Du 9 juillet 1793. Les représentants du peuple, envoyés près l'armée des Alpes; aux citoyens des départements qui existent depuis l'Ain jusqu'au Var. Proclamation signée : DUBOIS-CRANCÉ et GAUTHIER. (Suit l'acte constitutionnel, précédé de la déclaration des droits de l'homme.) *A Grenoble, chez J.-M. Cuchet, imp. du dép. de l'Isère*, in-4°, 36 p. (G.)

1937. Le procureur général syndic provisoire (Abel FORNAND). Aux administrateurs des communes. A Grenoble, le 10 juillet 1793, l'an 2 de la R. *S. l. n. n.*, in-4°, 2 p. n. chif. (G.)

Adresse aux citoyens. « Enfin, la voilà cette constitution que les vœux de la France reclamoient depuis quatre ans, et que les sages de tout l'univers attendent avec un saint empressement. En vain les tyrans coalisés ont armé tous leurs esclaves pour détruire son berceau... Le département a fixé le jour des assemblées primaires au 21, pour donner à la République le spectacle d'une acceptation spontanée de toutes les communes. »

1938. Egalité, fraternité. Les représentants du peuple envoyés près l'armée des Alpes. Aux administrateurs de Lyon. Citoyens. — Fait à Grenoble, le 11 juillet 1793, 2e de la R. F. Adresse signée: DUBOIS-CRANCÉ, GAUTHIER. *A Grenoble, de l'imp. d'Allier*, in-f° placard. (C.)

Pièce relative à la constitution promulguée par la convention nationale, à la Révolution de Lyon et à leur mission « dont le but est de rétablir dans Lyon le règne de la loi ou de périr devant ses murs. »

1939. Les administrateurs du directoire du district de Vienne, aux citoyens habitants de Vienne. Du 12 juillet 1793, l'an 2 de la R. F. Signé. PIOCT, vice-président ; de COMBEROUSSE, BERTRAND et BERTRAY, administrateurs ; CHOLLIER, procureur syndic ; TESTE DU BAILLIER, secrétaire. *A Vienne, de l'imp. de Joseph Labbe,* in-f° placard. (V. V.)

Au sujet de l'arrêté du directoire du département, du 8 juin dernier, qui a ordonné l'établissement provisoire de deux écoles primaires, l'une pour les garçons et l'autre pour les filles, et de leur installation qui aura lieu lundi à 8 h. du matin dans l'église de Saint-Maurice. « Pères et mères de famille, cette cérémonie doit être un jour de fête pour la commune de Vienne : rendez-vous y donc, nous vous en conjurons au nom de la Patrie ; amenez-y vos enfants qui doivent recueillir avec la République les avantages de cette salutaire institution... »

1940. Extrait des registres des arrêtés du conseil général permanent du département de la Drôme auquel sont adjoints des députés de chaque administration du district du ressort. (Du 13 juillet 1793). A *Valence, chez P. Aurel, imp. du dép. de la Drôme*, in-f° placard. (C.)

Arrêté qui déclare que le cit. Alexandre ROMIEU, vice-procureur général syndic du département n'a cessé jusqu'à ce jour de mériter l'estime et la confiance de ses collègues. En réponse à l'article inséré dans le journal intitulé : *les Hommes libres ou le Républicain* n° 244, du 3 courant, daté de Montélimar du 24 juin dernier, dans lequel le citoyen Romieu est peint sous les couleurs les plus fausses et les plus odieuses et dans lequel son civisme est cruellement attaqué. »

1941. Discours prononcé par Abel PIOCT, vice-président du district de Vienne, à l'assemblée tenue le 15 juillet 1793, pour l'installation des instituteurs et institutrices des écoles primaires. A *Vienne, de l'imp. de J. Labbe, imp. de l'administration et du tribunal du district*. In-8°, 6 p. (V.V.)

1942. Copie de la lettre écrite par la citoyenne J. (JULLIEN), au citoyen... A Valence. Paris, 16 juillet 1793. *S. l. n. d.*, in-4°, 4 p. (G.)

« Citoyen, Marat, l'implacable ennemi du tyran comme l'intrépide ami du peuple vient de tomber sous le fer d'un lâche assassin. Le monstre femelle pour disculper notre sexe n'est à mes yeux que l'instrument passif de la rage effrénée des Brissotins. Elle a plongé son poignard homicide dans le sein du *Marat-Fantastique* que cette secte impie avoit représenté aux départemens comme un dictateur et un homme de sang ..»

1943. Extrait des registres des délibérations du conseil du district de Montélimar. Séance du 16 juillet 1793, l'an second de la R. *A Montélimar, chez Fr. Mistral, imp. du district*, in-f° placard (C.)

Arrêté qui enjoint au citoyen Romieu, vice-procureur général syndic, « de se rétracter de la déclaration des principes liberticides par lui faite et signée dans l'assemblée générale des sections de Valence. Du 21 juin dernier, à Montélimar en conseil du district, l'an et jour susdits. »

1944. Adresse des autorités constituées et du peuple de Montélimar, aux autorités constituées et au peuple de Lyon. Montélimar, 16 juillet 1793. *Montélimar, F. Mistral. S. d.,* in-4°, 3 p. (V.)

« Citoyens, vous retenez dans les fers Sautayra et d'Herbès de Latour ; vous avez violé le droit des gens et blessé les lois sacrées de l'hospitalité; vous avez substitué l'autorité particulière à l'autorité générale. Vous avez oublié que la commune de Lyon n'a pas plus de droit que celle du plus petit village. »

« Nous vous conjurons de redevenir nos frères, d'éviter la guerre civile.. Nous vous conjurons d'épargner des flots de sang qui en sont la suite... Rendez-nous nos députés et vivons en frères. Signée : Salamon, maire, président des autorités constituées de Montélimar. »

1945. Procès verbal des commissaires pacificateurs, envoyés par les départements et gardes nationales de la Drôme, de l'Isère et de l'Ardèche, auprès des armées du Gard et des Bouches-du-Rhône, en suite des délibérations des 8, 11 et 12 juillet 1793. Du 18 juillet 1793. *Montélimar, chez Fr. Mistral, imp. du dép. de la Drôme*, in-4°, 14 p. (G.)

Autre édition. A *Montélimar, chez Mistral*, in-f° placard sur 4 col. et en deux pièces (G.)

Affaire du 12 juillet 1793 au Pont St-Esprit, qui était depuis 3 jours au pouvoir de 1200 gardes nationaux du dép. du Gard, et de la reddition de la ville d'Avignon au général Doppet.

1946. Hippolyte Bertrand, capitaine au bataillon n° 2 des volontaires des Hautes-Alpes, à ses concitoyens 18 juillet 1793. *Réimp. à Gap 1793*, in-8°, 8 p. (A.)

Apologie des événements du 31 mai.

1947. Egalité, liberté. Arrêté des représentants du peuple envoyés près l'armée des Alpes, sur les décrets de la convention nationale du 12 juillet 1793, concernant la conspiration de la ville de Lyon. Fait à Grenoble le 19 juillet 1793. *A Grenoble, de l'imp. de J. Allier*, in-4°, 4 p. (C.)

1948. Extrait du procès-verbal du conseil du département de l'Isère du 19 juillet 1793. A *Greno-*

ble, chez J.-M. Cuchet imp. du département de l'Isère, in-4°, 8 p. (G.)

Autre édition. *Grenoble, Cuchet*, in-f° placard sur 4 col.

Suit un arrêté contenant la liste des personnes dont l'élargissement est arrêté dans les districts de Grenoble, Vienne, Saint-Marcellin, la Tour-du-Pin et les noms des personnes retirées du tableau des simplement suspects dans les mêmes districts.

1949. Décrets de la convention nationale du 12 juillet 1793, l'an second de la République et arrêté des représentants du peuple, envoyés près l'armée des Alpes. Du 20 juillet 1793, l'an 2 de la Rép. relatifs à la conspiration qui a éclaté dans la ville de Lyon. (suit) l'arrêté des représentants du peuple, envoyés près l'armée des Alpes, sur les décrets de la convention nationale du 12 juillet 1793, concernant la conspiration de la ville de Lyon. Fait à Grenoble le 19 juillet 1793. Signé : DUBOIS-CRANCÉ, GAUTHIER, et NIOCHE. *A Grenoble, de l'imp. de J. Allier*, in-4°, 12 p. (G.)

1950. Arrêtés du conseil du département de l'Isère (du 20 juillet 1793 l'an 2 de la R. F.) A *Grenoble, chez J.-M. Cuchet, imp. du département de l'Isère*, petit in-f° placard sur 2 col.

Le général CARTEAUX demande, le 18 juillet 1793, de faire partir sur le champ pour le Pont-Saint-Esprit, la plus grande partie des gardes nationales dont on pourrait disposer, mais les représentants NIOCHE, et GAUTHIER, décident que cette réquisition est contraire aux mesures qu'ils allaient prendre relativement à la ville de Lyon.

1951. Arrêté du conseil du département de l'Isère. Extrait du procès-verbal du 22 juillet 1793. *Grenoble, J.-M. Cuchet*, in-4°, 3 p. (G.)

Ordonne que les armes soient retirées aux fonctionnaires et autres gardes nationaux dispensés ou incapables du service de la garde mobilisée.

1952. Extrait du procès-verbal des séances du conseil du département de la Drôme. Du 22 juillet 1793. *Valence, Aurel*, in-f° placard sur 2 col. (G.)

Secours à accorder aux familles des soldats citoyens au service de la République.

1953. Département de l'Isère. District de Grenoble. Avis aux citoyens. Du 24 juillet 1793. A *Grenoble, chez J.-M. Cuchet, imp. du département de l'Isère*, in-f° placard (I.)

Il sera procédé ce jour à la vente des boiseries qui sont dans l'Eglise, chœur, sacristie et bibliothèque des ci-devant Augustins de Grenoble, de la grille du devant du chœur... objets estimés 1150 livres.

1954. Egalité, liberté. Arrêté des représentants du peuple envoyés près l'armée des Alpes, et spécialement chargés par décret, de la convention nationale des 12 et 14 de ce mois de rétablir l'ordre dans la ville de Lyon et y faire exécuter les lois, portant réquisition à 13.200 gardes nationales de se réunir à la force armée. Du 25 juillet 1793 l'an second de la R. F. Fait à Grenoble le 25 juillet 1793. A *Grenoble, de l'imp. d'Allier*, in-f° placard sur 3 col. (C.)

Dans cette affiche il est question de Virieu ex-émigré, commandant à Lyon la contre-révolution avec Précy.

1955. Observations sur un arrêté daté de Grenoble le 25 juillet 1793, l'an 2 de la R. F. Signées : DUBOIS-CRANCÉ et GAUTHIER, in-4°, 7 p.

1956. Les commissaires du pouvoir exécutif envoyés dans les départements des Hautes et Basses-Alpes et Alpes-Maritimes à leurs concitoyens de ces mêmes départements. Carpentras, chef-lieu du district de l'Ouvèze, département de la Drôme, le 25 juillet 1793, in 8°, (B. C.)

1957. Arrêté du conseil général du département de l'Isère. Extrait du procès-verbal du 26 juillet 1793. A *Grenoble chez J.-M. Cuchet imp. du département de l'Isère. S. d.*, in-4°, 12 p. (G.)

Concernant la réquisition des représentants du peuple près l'armée des Alpes du 25 juillet.

1958. Extrait du procès-verbal de la séance tenue

le 26 juillet 1793 par le conseil du département de l'Isère auquel se sont réunis le directoire du district et le conseil général de la commune de Grenoble. *Grenoble, J.-M. Cuchet imp. du département de l'Isère*, in-4°, 6 p. (G.)

Suit un arrêté qui suspend provisoirement la loi du 4 mai 1793 relative aux subsistances et qui donne avis aux marchands de grains ou grenetiers qu'ils peuvent apporter leurs grains au marché de Grenoble pour y être vendus aux prix convenus par la commune.

1959. Liberté, égalité. Discours prononcé par le citoyen RICHAUD fils, juge de paix de la ville de Gap le 28 juillet 1793, devant les citoyens de l'une des assemblées primaires et dont cette assemblée a ordonné l'insertion au procès-verbal, l'impression et la distribution aux citoyens. A *Gap, chez J. Allier imp. de la municipalité*, 1793, in-8°, 7 p., papier gris (H. A.)

« Quelle est belle, quelle est sublime cette constitution, ou le législateur, ami des hommes, nous répète : *qu'il ne faut pas faire à un autre ce que nous ne voudrions pas qu'il nous fût fait à nous même !...* « Vivent les droits de l'homme, vive la constitution, vive la République une et indivisible ! »

1960. Proclamation au nom du peuple Français, l'an 2 de la République Française (Grenoble, 31 juillet 1793.) *A Grenoble, chez J.-M. Cuchet, imp. du département de l'Isère*, in-4°, 4 p.

Proclamation relative au recouvrement des contributions directes dans les divers départements de la République...

1961. Adresse du citoyen POUSSIELGUE, à ses concitoyens. *S. l. n. d.*, (juillet 1793), in-4° 3 p. (G).

Compris sur une liste de proscription, il fait le tableau de sa conduite depuis le commencement de la Révolution. « Cette famille, aussi désolée qu'irréprochable, demande à grands cris justice, et n'a pu encore l'obtenir, depuis un mois et demi que la mère a été traînée à Sainte-Marie, les deux fils proscrits, et le père marqué du sceau d'une odieuse suspicion ».

1962. Gap, le 1er août 1793, l'an second de la République française. Les administrateurs du département des Hautes-Alpes ; aux maires et officiers municipaux de la commune de... Circulaire signée : CHABERT, THOMÉ, BONNARDEL, ARGENTI, LACHAU, MOYNIER-DUBOURG. *S. l. n. n.*, in-4°, 2 p. (A. A.)

Répartition des secours à donner à ceux qui ont essuyé des pertes par l'intempérie des saisons, incendies, etc. etc.

1963. Extrait du registre des délibérations du conseil de district de Montélimar, du 3 août 1793. *Montélimar*, *Mistral*, in-f° placard sur 3 col. (G.)

Arrestation et mise en liberté du député de la Drôme, SAUTAYRA.

1964. Du dimanche 4 août 1793... — Liste des vingt-six citoyens qui doivent former dans le département de l'Isère le juré spécial de jugement sur les faux. *S. l. n. d.*, in-4°, 3 p. (I.)

1965. Grenoble, le 4 août 1793, l'an 2e de la R. F.

Le procureur syndic du district de Grenoble (HILAIRE) à la municipalité de... *S. l. n. d.*, in-4°, 2 p. non chiff.

Demande l'état de la population des communes.

1966. Adresse des amis de la société de la liberté et de l'égalité, séante à Grenoble, aux citoyens soldats et aux soldats citoyens de la République. *A Grenoble, de l'imp. de J. Allier, s. d.* (août 1793) in-4°, 6 p. (G.)

« Nouveaux défenseurs de la patrie, marchez avec cette intrépidité dont vos aînés vous ont donné l'exemple, et bientôt il ne restera des tyrans que le nom. »

1967. Gap, le 6 août 1793, l'an 2e de la R. F. Les administrateurs du département des Hautes-Alpes ; à toutes les municipalités du département. Citoyens... Pièce signée : CHABERT, président, THOMÉ, LACHAU, BONTOUX fils, MOYNIER DU BOURG, procureur général syndic. *S. l. n. n.*, in-8°, 2 p. (A. A.)

La proclamation solennelle de l'acceptation de l'acte constitutionnel aura lieu le 10 de ce mois, et sera suivie d'une fête civique. « Le décret du 17 juillet, art. VI, vous prescrit, citoyens municipaux, de détruire, par le feu, les restes empoisonnés du régime féodal, qui peuvent exister dans vos communes. Nous vous rappelons ce devoir, vous vous empresserez sans doute de le remplir, et l'air pur que doivent désormais respirer les hommes libres ne sera plus infecté de l'odeur pestilentielle des parchemins et titres féodaux.»

1968. Extrait du procès-verbal du conseil du département de l'Isère, du 8 août 1793. A *Grenoble, chez J. M. Cuchet, imp. du dép. de l'Isère*, in-4°, 4 p. (I.)

« Tous sursis accordés aux personnes portées sur la liste des personnes notoirement suspectes, arrêtées par ordre des représentants du peuple AMAR et MERLINO, sont levés dès ce moment. »

1969. Proclamation du conseil général du département de l'Isère, du 9 août 1793, l'an II de la R. F. Citoyens... Signée : PLANTA, président. A *Grenoble, de l'impr. de J. Allier*, in-f° placard sur 2 col. (G.)

Programme de la fête du 10 août. — « La marche sera ouverte par les sociétés populaires du département de l'Isère, représentées par leurs députés ; elles porteront une bannière sur laquelle sera peint l'œil de la surveillance pénétrant un épais nuage ; le second groupe sera formé du conseil général du département, chacun de ses membres aura dans la main un bouquet formé d'épis de blé et différents fruits ; les députés des directoires des quatre districts, unis entre eux par un cordon tricolore, porteront, sur un brancard, une arche, elle sera ouverte et renfermera les droits de l'homme et l'acte constitutionnel. »

« Sur la place de la Liberté, autour de l'autel de la Réunion, des groupes de citoyens viendront déposer leur offrande au pied de la statue de la liberté. »

« Le président du département offrira ensuite la coupe d'union aux députés des districts ; ils se donneront le baiser fraternel, et jureront ensemble le pacte d'une alliance indissoluble. A quelque distance de l'arbre de la liberté, s'élèvera un bûcher où seront consumés les attributs de la royauté, tous les titres de la féodalité, le drapeau rouge, la bannière départementale, etc... Le peuple entier, sur les ruines de la tyrannie, prêtera serment de maintenir la liberté, l'égalité, l'unité, l'indivisibilité de la République, et de mourir en la défendant... »

1970. Procès-verbal de la fête républicaine qui a eu lieu à Grenoble le 10 août 1793, l'an second de la République, en suite de l'arrêté du conseil du département de l'Isère du 2 du présent mois et de sa proclamation du 9 du même mois. *Grenoble, chez J.-M. Cuchet, imp. du départ. de l'Isère, s. d.*, n-4°, 7 p. (G.)

La fête eut lieu place de la liberté, autour de l'autel de la Réunion sur lequel était élevée la statue de la Liberté « auprès de l'autel de la Réunion s'élevoit un bûcher dans lequel étoient confondus les titres odieux de la féodalité et les restes impurs de la tyrannie, le drapeau rouge, la bannière départementale, etc., etc.

«Le maire de Grenoble et le président du département l'ont allumé et une flamme de purification a bientôt fait disparaître le mélange de barbarie, de despotisme, d'ignorance et de crédulité, alors le peuple entier a prêté le serment de maintenir la liberté. »

Suit (p. 5) la liste des commissaires des districts et des députés des cantons des départements (157 noms).

1971. Relation de la fête civique, célébrée à Grenoble le 10 août 1793, l'an deuxième de la République Française, suivie de réflexions importantes sur les sociétés populaires, les cultivateurs des campagnes et les aristocrates A *Grenoble, de l'imp. de J. Allier*, in-8°, 8 p. (G.)

« Les Grenoblois, dont l'esprit public est monté plus que jamais à la hauteur de la Révolution, les braves Grenoblois ont célébré cette fête avec toute la pompe et la dignité dont ils étaient capables. »

« Au centre de la place de la Liberté, l'on a construit un vaste théâtre, au milieu, était placé l'autel de la patrie sur lequel s'élevait majestueusement la déesse de la Liberté. Sur un piédestal en marbre, et sur cet autel, des réchauds montés sur des trépieds, et de petits enfants, la couronne sur la tête, vêtus de blanc, avec la ceinture tricolore, voltigeaient autour de la déesse, pour jeter de l'encens dans ces réchauds. Enfin une grotte appuyée sur l'arbre de la Liberté, présentait la fontaine de la régénération... A trois heures après-midi, tous les citoyens se sont rendus, sans armes, sur la terrasse et dans le jardin de la commune. La marche, précédée par une musique brillante, s'est ouverte par les Sociétés populaires du département de l'Isère. Le président de la Société de Grenoble portait une bannière sur laquelle était peint l'œil de la Surveillance pénétrant un épais nuage. Le cortège s'est rendu sur la place de la Liberté. Le président du département vint à la fontaine de la Régénération, il offrit la coupe de l'union aux députés du district ; tous burent à la même coupe ; ils se donnèrent le baiser fraternel, et jurèrent ensemble le pacte d'une alliance indissoluble. A quelque distance de l'arbre de la liberté s'élevait un bûcher où l'on a fait consumer les attributs de la royauté, tous les titres de la féodalité, le drapeau rouge et la bannière départementale. Le peuple entier, sur les ruines de la tyrannie, a prêté serment de maintenir la liberté, l'égalité, l'unité et l'indivisibilité de la République... Illumination générale, repas frugal, etc. « c'est ainsi que les Grenoblois, sur le sol de la liberté, ont terminé ce jour mémorable. »

P. 7 Discours prononcé par le citoyen Dulin, adjudant major de la place ; p. 8, Serment prêté le 10 août sur l'autel de la patrie, à Grenoble, par les volontaires du 4e bataillon du Mont-Blanc, prononcé par le citoyen Bernier, capitaine au 4e bataillon du Mont-Blanc.

1972. Couplets chantés à Grenoble à la fête du 10 août, sur l'air de l'hymne Marseillois (par Combérousse). *Grenoble, Cuchet, s. d.* (1793), in-8°, 3 p. (T.)

Six couplets: A la liberté — A l'unité de la République — A la fraternité — A l'égalité -- A l'incendie des titres et signes anti-républicains — A la beauté.

1973. Discours du citoyen Courtois, curé de Montélimar, à ses paroissiens pour leur annoncer la fête nationale du 10 août. *S. l. n. d.* 1793, in-4° pièce. (Bibl. nationale. 4 B. 41. N° 780)

1974. Extrait des registres du conseil du département de la Drôme en permanence. Du 11 août 1793. A *Valence, de l'imp. de J.-J. Viret*, in-f°, placard sur 3 col. (G.)

Sur les subsistances et la fixation du *maximum* du prix des grains dans toute les communes du ressort.

1975. Arrêté des représentants du peuple près l'armée des Alpes, portant que la commune de la Guillotière est distraite du département de Rhône et Loire pour être réunie au district de Vienne. Du 12 août 1793, l'an de la R. F. II et I. *Montluel, imp. de l'armée*, in-f° placard.

1976. Liste des personnes suspectes dans divers cantons du Triéves dénoncées à la surveillance de leurs municipalités. 15 août 1793, l'an second de la R. *A Grenoble, chez J.-M. Cuchet, imp. du département de l'Isère*, in-f° placard. (C.)

1977. Proclamation faite par le citoyen Curnier,

l'un des commissaires réunis des départements de la Drôme et des Bouches-du-Rhône, pour l'organisation définitive des ci-devant Etats d'Avignon et du comtat Venaissin. Avignon, le 16 août 1793, in 4°, (B. C,)

1978. Extrait des registres des délibérations du directoire du district de Vienne. Du 17 août 1793, l'an 2e de la R. F. — Les représentants du peuple envoyés près l'armée des Alpes (DUBOIS CRANCÉ et GAUTHIER). Aux citoyens de Lyon. *A Vienne, de l'imp. de Joseph Labbe,* in-f° placard (C.)

Relatif à la Révolution de Lyon, à ses chefs, au siège de Lyon par KELLERMANN, et à son attaque prochaine si les citoyens ne font pas leur soumission.

1979. Valence, le 18 août 1793, l'an 2 de la R. F. Liberté, égalité ou la mort. (Lettre circulaire de la société populaire et républicaine de Valence.) Signée François FOREST cadet, président, Du 18 août 1793, in-4°, 2 p. (G.)

« Ce monstre du fédéralisme lève encore sa tête altière dans les grandes cités ; il respire partout où l'aristocratie audacieuse compte encore des prosélytes. Républicains, il faut porter un dernier coup... Veuillez bien nous députer un ou plusieurs membres de votre société.»

1980. République Française U. I. Arrêté des sections de la commune de Valence. Du 18 août 1793, l'an 2 de la R. F., à 3 h. de l'après-midi. *A Valence, de l'imp. de Pierre Aurel*, in-f° placard (C.)

« Arrêté qui rapporte et rétracte les arrêtés et déclarations des 20 et 21 juin dernier et ordonne qu'ils seront annihilés et brûlés à l'instant au milieu de la ville, ce qui a été exécuté aux cris répétés de vive la convention nationale, la constitution, la liberté et l'égalité, l'unité et l'indivisibilité de la Rép. et respects aux personnes et aux propriétés. »

1981. Les membres composant la société populaire et républicaine de Valence, à leurs frères de la compagnie des grenadiers du troisième bataillon de la Drôme, au camp des redoutes près Moustiers, département du Montblanc. Valence, le 18 août 1793, l'an second de la République Française une et indivisible, liberté, égalité ou la mort. Lettre signée: François FOREST, président ; TOURETTE et LIVOIN, secrétaires. *S. l. n. d.*, in-4°, 6 p. (V.)

1982. Grenoble, le 19 août 1793, l'an 2 de la R. F. Le procureur syndic du district de Grenoble (HILAIRE) aux municipalités. *S. l. n. d.*, in-4° 2 p. n. chif. (G.)

Lettre circulaire. Adresse des exempl. de l'arrêté du département de ce jour, relatif à la réquisition de tous les citoyens depuis l'âge de 16 jusqu'à 35. « Les ennemis du dehors sont à nos portes, ils menacent nos personnes et nos propriétés... C'est le moment de nous lever en masse pour résister à l'oppression qui nous menace... »

1983. Extrait du procès-verbal du département

de l'Isère. Du 19 août 1793. *A Grenoble, chez J.-M. Cuchet, imp. du département de l'Isère*, in-4°, 4 p. (G.)

Arrêté important pris sur les nouvelles alarmantes arrivées de Savoie qui annonçaient l'invasion de la Maurienne et de la Tarentaise.

1984. Arrêté du conseil du département de l'Isère. Extrait du procès-verbal du 20 août 1793, l'an second de la République Française. A *Grenoble, chez J.-M. Cuchet, imp. du dép.*, in-4° 4 p. (M.)

Sur la réquisition, afin « d'arrêter les progrés de l'invasion des satellites du despote Sarde ».

1985. Extrait du procès-verbal des séances du conseil du département de la Drôme en permanence. (21 août 1793.) A *Valence, chez Pierre Aurel, imp. du dép. de la Drôme*, placard in-f° sur 2 col. (G.)

Par suite des dangers qui menacent les départements de l'Isère et celui du Montblanc « dont le dernier est sur le point d'être envahi par les satellites du tyran de Turin »; les 10,000 hommes des gardes nationales du département se tiendront prêts à partir au premier ordre.

1986. Description de la fête funèbre, en l'honneur des victimes de la tyrannie immolées près de la caverne du monstre des Tuileries, célébrée à Grenoble le 24 août, l'an 1er de l'égalité à 9 heures du soir, 1793, in-8°, 4 p.

Réimprimée dans la *Revue du Dauphiné*, T. V p. 18 et suiv.

1987. Département de l'Isère. District de Grenoble. Appartements nationaux à louer à la Croix de septembre prochain. (Du 24 août 1793). A *Grenoble, chez J.-M. Cuchet, imp.*, in-f° placard.

Appartements des émigrés VACHON, BARRAL cadet, VENTEROL, du chanoine GALHARDON.

1988. Extrait du procès-verbal du conseil du département de l'Isère. Du 25 août 1793, l'an second de la Rép. *A Grenoble, J.-M. Cuchet, imp.* in-4°, 4 p. (I.)

Arrêté par lequel tous propriétaires et cultivateurs sont requis de fournir par chaque charrue de quatre bêtes, 2 quintaux de blé.

1989. Grenoble, le 26 août 1793, l'an 2 de la R. F. Le procureur syndic du district de Grenoble (HILAIRE), à la municipalité de... *S. l. n. d.*, in-4°, 2 f. (M.)

Circulaire au sujet du nombre d'hommes à extraire de la réquisition générale pour marcher sur la frontière. Ce nombre venait d'être diminué.

1990. Arrêté du conseil du département de l'Isère. Extrait du procès-verbal du 26 août 1793. *Grenoble, Cuchet S. d.*, in-4°, 11 p. (G.)

Reproduit l'arrêté des représentants du peuple près l'armée

des Alpes aux administrateurs du département de l'Isère, du 25 août 1793, relatif à la levée desgardes nationales, suivi de l'arrêté du conseil du dép. qui ordonne une levée de 3.200 hommes dans le département de l'Isère.

1991. Liste des émigrés du district de Saint-Marcellin. 29 août 1793, *Grenoble, Cuchet*, in-f°, 12 f· tirée à 800 exemplaires.

1992. Arrêté du conseil du département de l'Isère. Extrait du procès-verbal du 1er septembre 1793. *A Grenoble chez J.-M. Cuchet imp. du département de l'Isère,* in-4°, 8 p. (G.)

Arrêté relatif à la levée en masse dans le département de l'Isère, pour la défensede lapatrie, sousles ordresde KELLERMANN, suivi d'une adresse du procureur général syndic provisoire Abel FORNAND...«Si contre toute espérance, nos troupes étoient forcées de se replier jusque sur le territoire de l'Isère, et que le tocsin vous appelle, que le son ne vous épouvante point, ce sera le son de mort de vos ennemis...»

1993. Liberté, égalité ou la mort. Adresse de la société populaire de Valence, département de la Drôme, à la convention nationale (1er septembre 1793.) Signée: François FOREST cadet, président, TOURRETTE, LASSERRE et URTIN. *Valence P. Aurel* (1793) in-4°, 4 p. (G.)

Certificats de civisme.

1994. Au nom de la République Française. District de Saint-Marcellin, vente de biens nationaux à la folle enchère de Louis TOURNIER, affineur d'acier, habitant à Renage. Du 2 septembre 1793. *A Saint-Marcellin, de l'imp. d'A. Beaumont*, in-8° placard sur 2 col. (I.)

Biens situés à Roybon, domaine de la *Blache*.

1995. Adresse du conseil général du département aux municipalités. *A Grenoble, chez J.-M. Cuchet, imp. du département de l'Isère, S. d.* (septembre 1793) in-f° placard (C.)

« Citoyens, la tyrannie n'est plus, ainsi plus de despotes, plus de nobles, plus de seigneurs dans vos campagnes, que les vestiges de leur orgueil disparaissent avec eux, que toutes les traces de la féodalité, les armoiries qui dégradèrent si longtemps la race humaine, soient totalement effacées; engagez tous ceux dont la demeure est encore flétrie par ces signes deshonorants pour leurs frères, à les détruire; veillez à ce que cette opération ne soit accompagnée d'aucun trouble; que les propriétés soient respectées... »

1996. Vive la République une et indivisible. Extrait du registre des délibérations du directoire du district de Gap. (3 septembre 1793) *Gap, Allier* 1793, in-4°, 3 p. (V.)

Nomination des commissaires pour faire l'estimation et division des biens des émigrés.

1997. Extrait du procès-verbal des séances du conseil du département de la Drôme en permanence séance publique du 3 septembre 1793, l'an 2e de la R. F. En présence du citoyen BOISSET, représentant du peuple délégué par la convention nationale pour l'exécution des décrets des 16 et 23 août dernier *Valence, de l'imp. de J.-J. Viret, imp, du dép. de la Drôme*, in-f° placard sur 2 col. (C.)

Arrêté rendu ensuite de réquisitions faites dans les communes de Saou, Grane et Chabrillan, district de Crest.

1998. Rapport des citoyens Jean-Baptiste LASSERRE et Clément CHABERT, envoyés des assemblées primaires de la ville de Valence et du canton du Bourg, district de Valence, département de la Drôme, pour porter à la convention nationale le vœu sur l'acceptation de l'acte constitutionnel. Du 3 septembre 1793. *Valence, Viret*, in-4°, 8 p. (G.)

1999. Règlement de la société des amis de la constitution, de mil sept cent quatre-vingt-treize, établie à Grenoble, affiliée à celle de Paris. *A Grenoble de l'imp. de J. Allier* 1793, in-8°, 14 p. (G.)

Règlement en 44 articles. La société patriotique ou des amis de la constitution sera désormais appelée comme ci-dessus. L'objet de la société est : 1° Le maintien de la paix et de l'égalité, 2° de s'occuper à propager le patriotisme, etc... Article 4. Description du nouveau sceau qui portera pour type une femme représentant la liberté, foulant à ses pieds les attributs de la royauté, appuyée d'une main sur un faisceau, tenant de l'autre une lance surmontée du bonnet et soutenant de la même main un bouclier sur lequel est peint l'œil de la surveillance, avec ces mots : *je veille.* Délibéré le 4 septembre 1793. Signé : COUTURIER, président, VALLET, RIVIER, secrétaire.

2000. Grenoble, le 5 septembre 1793 l'an 2 de la R. F. Le procureur général syndic provisoire (Abel FORNAND) aux citoyens administrateurs des communes. *S. l. n. d.*, in-4°, 2 f. n. chif. (G.)

Lettre relative à la fixation du contingent, en suite de l'entrée des Piémontais sur les terres de la République.

2001. Arrêté des administrateurs du département des Hautes-Alpes. 5 septembre 1793. *Gap, Allier* 1793, in-f° affiche (A.)

Sur la levée et les réquisitions.

2002. Saint-Marcellin le 6 septembre 1793 l'an II de la R. F. Les administrateurs du directoire et procureur syndic du district de Saint-Marcellin aux officiers municipaux de.., *S. l. n. d.*, in-4°, 2 f. n. chif. (I.)

Circulaire signée : BROSSAT, vice-président, JUVENET, MOYNIAT, ROBIN-BOISCLOS, procureur-syndic, par laquelle ils préviennent qu'on ne devra laisser qu'une seule cloche dans chaque paroisse et que toutes les autres seront mises à la disposition du conseil exécutif qui sera tenu de les faire parvenir aux fonderies les plus voisines dans le délai d'un mois, pour y être fondues en canons.

2003. Extrait du procès-verbal des séances du conseil du département de la Drôme en permanence. Séance publique du 6 septembre 1793, l'an 2 de la R. F., en présence du citoyen BOISSET, représentant du peuple, délégué par la convention nationale, dans le département de la Drôme et autres. A *Valence, chez P. Aurel, imp. dép. de la Drôme*, in-f° placard sur 3 col. (G.)

Sur les subsistances. Suit un arrêté du conseil général du dép. de la Drôme du 8 sept. 1793, concernant le mode de réquisition des citoyens français contre les ennemis de la République. — « Toutes les armes de calibre devront être déposées à la maison commune; les citoyens Armand et Bernard sont chargés de faire fabriquer les bannières nécessaires aux bataillons qui doivent être organisés dans chaque district. »

2004. Procès-verbal de l'assemblée de soixante et onze sociétés populaires des départements de l'Isère, des Bouches-du-Rhône, de Paris, de la Drôme, de Vaucluse, du Gard, de l'Ardèche, de la Nièvre et des Basses-Alpes; tenue à Valence, chef-lieu du département de la Drôme, les 7, 8 et 9 septembre 1793, l'an 2 de la République une et indivisible. *S. l. n. n.* in-4°, 20 p. (M.)

Réunion provoquée par la soc. pop. de Valence pour soutenir les sociétés populaires — elle demande que « le département de la Drôme qui a sauvé le Midi de la République soit décrété par la convention nationale comme ayant bien mérité de la patrie; il a été arrêté que les bustes de PELLETIER SAINT-FARGEAU, de MARAT et du général DAMPIERRE seront placés dans le lieu des séances de la société de Valence à côté de la statue de BRUTUS. Cet opuscule se termine par la description de la décoration de la salle.

2005. Au nom de la République Française, district de Saint-Marcellin. Vente de biens nationaux aux folles enchères de François Bret, négociant à

Renage et Pierre Ginet fils, cultivateur à Saint-Siméon-de-Bressieux. (Du 9 septembre 1793) *A Saint-Marcellin, de l'imp. d'Antoine Beaumont.* in-f° placard sur 2 col. (I.)

Maison et domaine appelés de Beauregard situés à Beaufort.

2006. Délibération du conseil général de la commune de Grenoble du 10 septembre 1793, l'an second de la R. F. *Grenoble, de l'imp. de J. Allier, imp. de la municipalité*, in-f° placard (C.)

Règlement relatif aux détenus de Sainte-Marie d'en Haut et de l'Oratoire.

2007. Egalité, liberté. — Les représentants du peuple envoyés près l'armée des Alpes. (Gauthier et Dubois-Crancé) Au quartier général de la Pape, le 11 septembre 1793). Arrêté du conseil du département de l'Isère, du 22 septembre suivant. *Grenoble, Cuchet. s. d.*, in-4°, 6 p. (C.)

Arrêté relatif au moyen d'assurer la subsistance de l'armée des Alpes.

2008. Au nom de la République Française. Vente de biens nationaux, aux folles enchères d'Antoine Berruyer, journalier à Saint-Antoine, Pierre Navette, aubergiste, habitant à Rives, Joseph Micha, cultivateur à Saint-Paul-d'Izeaux et Claude Raphael, négociant à Rives. Du 16 septembre 1793.

A *Saint Marcellin, de l'imp. de A Beaumont, imp. du district.* in-f° placard sur 2 col. (I.)

Biens situés à Saint-Antoine, domaines appelés DUCLOS et de CHAPAISE.

2009. Tableau du comité de surveillance de la commune de Montélimar établi en exécution de la loi du 17 septembre de l'an second de la République Française, une et indivisible. *S. l. n. d.* (1793) in-4°, 2 p. (V.)

2010. Discours prononcé dans la société populaire de Grignan le 17 septembre 1793, l'an second de la R. F. (par le frère DUCROS), dont l'impression a été unanimement délibérée aux frais de cette société. *Montélimar, Fr. Mistral, imp. du dép. de la Drôme*, in-12, 7 p. (bibl. de M. Devès, de Grignan).

« Citoyens, dit-il, réveillons-nous de cet état d'assoupissement où nous nous trouvons plongés malgré nous, par les faux rapports, etc... ce sont les ennemis déclarés des droits de l'homme, les partisans de l'esclavage, les bons valets de la cour, les riches calotins réfractaires, les sots, les méchants, les égoïstes, etc... »

2011. Liste des deux cents citoyens qui doivent former le juré de jugement dans le département de l'Isère pendant le trimestre d'octobre et novembre décembre de l'année 1793. (Du 18 septembre) A *Grenoble, chez J.-M. Cuchet*, in-4°, 14 p. (I.)

2012. Extrait du procès-verbal des séances du conseil du département de la Drôme. 18 septembre 1793. A *Valence, chez P. Aurel, imp. du dép. de la Drôme.* in-f° placard (C.)

Arrêté relatif aux réquisitions des grains « à l'effet de pourvoir à la subsistance des généreux défenseurs de la patrie ».

2013. Extrait des registres de la commune du Buis, département de la Drôme, du 20 sept. 1793. *Carpentras, Proyet.* in-4°, 3 p.

Destruction des titres féodaux.

2014. Grenoble, le 20 septembre 1793, l'an 2e de la République. Le procureur syndic du district de Grenoble (HILAIRE) au citoyen juge de paix. *S. l. n. n.*, in-4° 2 p. n. chiff. (M.)

Les juges de paix et les greffiers recevront les lois relatives à leurs fonctions et les arrêtés de l'administration contre un reçu.

2015. Proclamation du conseil exécutif provisoire contenant la liste des citoyens présumés émigrés. *Grenoble, Cuchet.* (20 septembre 1793). 4 p. in-f° (100 exempl.)

2016. Arrêté des représentants du peuple près l'armée des Alpes (DUBOIS-CRANCÉ et GAUTHIER). Du 14 septembre 1793. Suivi de celui du directoire du département de l'Isère pour son exécution, en date du 21 septembre 1793. *Grenoble, Cuchet, imp. s. d.* in-4°, 6 p. (G.)

Affaire de Lyon. — Secours aux réfugiés lyonnais.

2017. Liste des vingt-six citoyens qui doivent former dans le département de l'Isère le juré spécial de jugement sur le faux (du 21 sept. 1793). A *Grenoble, chez J.-M. Cuchet*, in-4°, 3 p. (I.)

2018. Arrêté du conseil du départ. de l'Isère. Extrait du procès-verbal du 21 septembre 1793, l'an II de la République. A *Grenoble, chez Allier, imp.*, in-4°, 6 p. (G.)

« Les maisons nationales devront être converties en casernes, « suivant l'article 2 du décret du 23 août ; le directoire du district « de Grenoble suspendra, dès ce jour, la vente des maisons na- « tionales situées à Grenoble, qui sont propres à servir de ca- « sernes. »

22 SEPTEMBRE 1793

L'AN II DE LA RÉPUBLIQUE FRANÇAISE

2019. Calendrier pour l'an II de la République Française commençant le 22 septembre 1793 et finissant le 21 septembre 1794. *A Grenoble, chez Vve Giroud et fils, libraire place aux Herbes*, in-f° placard, texte encadré (C.)

Calendrier en deux tableaux contenant chacun un semestre; on y trouve l'étymologie des noms des mois, le départ et l'arrivée des courriers à Grenoble.

2020. Nouveau calendrier pour la IIe année républicaine, rédigé d'après le décret de la convention avec les mois et jours correspondants de l'ancien calendrier. *S. l. n. n.* placard en deux tableaux encadrés.

Contient le départ et l'arrivée des courriers à Grenoble.

2021. Calendrier ou décadaire Français pour l'an II de la République commençant le 22 septembre 1793 et finissant le 21 septembre 1794, nouvelle édition entièrement corrigée et rectifiée avec les dénominations annexées à chaque jour de l'année. *A Grenoble, chez Vve Giroud et fils, libraire place aux Herbes. An 2e de la R. U. I.* in-24, 8 p. + 8 f. n. chif. (G.)

Ce calendrier contient l'ère républicaine et l'ère vulgaire.

2022. Calendrier des vrais sans culottes, décrété par la convention nationale pour la IIe année républicaine avec les mois et les jours correspondants de l'ancien calendrier, les nouveaux noms adoptés pour chaque jour, les arrivée et départ des courriers et les foires établies à Grenoble. *Grenoble, chez P. Lemaire, colporteur.* in-24, 10 p. et 7 f. n. chif. (G.)

2023. Nouveau calendrier pour la IIe année de la République Française, une et indivisible et démocratique, rédigé d'aprés le décret de la convention avec les mois et jours correspondants de l'ancien calendrier. *Grenoble, de l'imp. de J.-M. Cuchet, place de la Constitution*, in-12, 23 p., texte encadré (G.)

2024. Décadaire Français pour l'an 11e de la République commençant le 22 septembre 1793 et finissant le 21 septembre 1794, dernière édition, entièrement, et de nouveau corrigée et rectifiée, tant sous les rapports des comités, que sur le dernier décret de la convention nationale du 4 frimaire, avec plusieurs annexes à chaque jour de l'année. *Grenoble chez Vve Giroud et fils, libraire, place aux Herbes et chez P. Maire colporteur*. An 2e de la R. U. I., in-12, 24 p. (C.)

Cet almanach contient l'ère républicaine et l'ère vulgaire.

2025. Le plus précieux des almanachs contenant des moyens sûrs pour se garantir des faux assignats. A Paris, chez Patris Zoppi et se trouve *A Lyon, chez Maire et Mars, à Grenoble, chez J L. A. Giroud, imp. libraire, place aux Herbes S. d.* (1793) in-12, 1 calendrier plus 76 p.

2026. Arrêté du conseil du département de l'Isère. Extrait du procès-verbal du 23 septembre 1793. *Grenoble, de l'imp. d'Alex. Giroud. S. d.*, in-4°, 3 p. (G.)

Répartition par district de 405 hommes qui forment le contingent de l'Isère dans la levée de 30.000 cavaliers ordonnée le 27 juin.

2027. Mémoire instructif pour le pensionnat de l'Institut dans la ville de Vienne, département de l'Isère, en septembre 1793, l'an 2e de la R. (rédigé par BENOIT-MAGNARD, prêtre) A *Vienne, imp. de J. Labbe*, in-8°, 16 p. (G.)

2028. Grenoble, le 25 septembre 1793, l'an 2e de la R. F, Circulaire adressée par les administrateurs du directoire du département de l'Isère aux administrateurs du district de Saint-Marcellin. Sig. autog. de Duc et de Lemaitre. *S. l. n. n.*, in-4°, 1 f. (I.)

Ils leur adressent des billets de confiance émis par différentes communes: Saint-Marcellin, Tullins, Roybon, Chatte, Rives, Pont-en-Royans, Saint-Jean-en-Royans.

Les archives de l'Isère conservent dans le dossier L. n° 670 des billets de confiance de cinq sols des communes de Rives, Pont-en-Royans, Chatte et Roybon.

2029. Mémoire pour le citoyen J. B. FERRARI, résidant au Pont-de-Beauvoisin... contre le citoyen RIVOIRE, greffier de la municipalité de cette même commune, aux citoyens composant la société républicaine de Grenoble, sous le nom des amis de la liberté et de l'égalité. (25 septembre 1793.) A *Grenoble, de l'imp. d'Allier*. (1793) in 8°, 10 p. (M.)

Le citoyen Ferrari demande à la société populaire de Grenoble qu'elle veuille bien adresser une pétition à SIMON et DUBOIS-CRANCÉ, représentants du peuple sur l'incivisme de Rivoire.

2030. Extrait du procès-verbal du conseil du département de l'Isère du 25 septembre 1793, l'an second de la République Française. *Grenoble, J.-M. Cuchet*, in-4°, 4 p. (G.)

Arrêté qui prescrit l'impression de 12.000 acquits à caution conformes au modèle décrété par la convention, etc...

2031. Extrait du procès-verbal des séances du conseil du département de la Drôme en permanence. Séance du 26 et du 29 septembre 1793 A *Valence, chez la Vve Aurel, imp. du département.* in-f° placard sur 2 col. (G.)

Discours du citoyen ALBITTE, représentant du peuple « sur la nécessité de porter des forces considérables vers Toulon à l'effet d'en expulser les satellites des despotes d'Angleterre et d'Espagne. » Séance du 29 septembre. Le prix de tous les grains versés en vertu de réquisitions dans les magasins des subsistances militaires, est fixé à 14 livres le quintal de blé...

2032. Liberté, égalité, fraternité. Grenoble, le 8 vendémiaire an 2 de la R. F. U. I. et D. (29 septembre 1793). L'agent national du district de Grenoble. (HILAIRE) aux fonctionnaires publics du ressort. *S. l. n. d.*, in-4°, 3 p. (G.)

Adresse diverses lois, qui seront lues « devant le peuple assemblé le jour de décadi qui suivra la réception du présent envoi. »

2033. Arrêté des représentants du peuple envoyés près l'armée des Alpes, portant établissement d'ateliers pour la confection des effets militaires dans les communes de Grenoble, Montluel, Nantua, Neuville, Vienne, et Villefranche. Fait au quartier général de la Pape le 31 septembre 1793, l'an 2 de la R. F. U. et I. A *Montluel, de l'imp. de l'armée*, 1793, in-f°.

2034. Extrait du procès-verbal du conseil du département de l'Isère. Du 1er oct. 1793. A *Grenoble, chez J.-M. Cuchet, imp. du dép. de l'Isère*. in-4°, 4 p. (M.)

Formation du comité de surveillance.

2035. Au nom de la République Française. District de St-Marcellin. Vente de biens nationaux. 2 oct. 1793. A *St-Marcellin, de l'imp. d'A. Beaumont*, in-f°, placard sur 2 col. (I.)

Biens dépendant de l'ordre de St-Antoine, situés à Balan.

2036. Extrait du procès-verbal du conseil du département de l'Isère. Du 3 oct. 1793. l'an second de la R. F. U, et I. A *Grenoble, chez J.-M. Cuchet, imp. du dép. de l'Isère*, in-4°, 3 p. (G.)

Arrêté relatif au recensement des grains, farines, etc...

2037. DORFEUILLE, commissaire des représentans

du peuple, aux citoyens fanatisés. Adresse que tous les ministres du culte sont priés de lire à leurs paroissiens, avec les commentaires que leur zèle et leurs lumières ne manqueront pas de leur fournir.

Extrait du procès-verbal du directoire du dép. de l'Isère. Du 3 oct. 1793. A *Grenoble, chez J.-M. Cuchet, imp. du dép.*, in-f° placard sur 3 col. sur papier gris très grossier.

« Ecrit propre à éteindre le fanatisme et à rallier à la patrie des Français égarés ».

2038. Le représentant du peuple BOISSET, délégué dans le département de la Drôme et autres environnants. Aux citoyens composant les comités de surveillance établis dans les communes du département de la Drôme, en exécution des lois des 21 mars et 17 septembre 1793. Valence 3 octobre 1793, l'an second de la R. *S. l. n. d.*, in-4°, 2 p. (V.)

2039. Les administrateurs du dép. des Hautes-Alpes aux maire et officiers municipaux. 4 octobre 1793. *S. l. n. d.*, in-4° 2 p (A.)

Ils ordonnent l'exécution de la loi pour la suppression des cloches.

2040. Arrêté du directoire du département de l'Isère. Extrait du procès-verbal du 14e jour du 2e mois, de l'an 2 de la République Française une et indivisible. (5 oct. 1793) *Grenoble, Alexandre Giroud, cadet.* 3 p. in-4°.

Ordre de verser dans les greniers d'abondance tous les grains provenant des biens d'émigrés.

2041. Département de l'Isère. District de Grenoble. Adjudications. Du 5 oct. 1793. A *Grenoble, chez J.-M. Cuchet.* In-f° placard. (I.)

Ventes à Voreppe de la récolte des vins des frères Drevon, réputés émigrés, d'une charbonnière dans la forêt nationale de Charminel à Pommier, et à Grenoble, du mobilier de l'établissement du Verbe incarné.

2042. Arrêté du dép. des Hautes-Alpes. 6 octobre 1793. *Gap, J. Allier.* In-4°, 3 p. (A.)

Contre les suspects.

2043. Les administrateurs du département des Hautes-Alpes, aux maire et officiers municipaux. *S. l. n. d.*, (1793). In-4°, 2 p. (A.)

Contre les suspects.

2044. Arrêté du représentant du peuple Boisset, délégué par la convention dans le département de la Drôme, de l'Ardèche et autres environnants. Du 7 octobre 1793, l'an 2 de la R. F. U. et I. A *Montélimar, chez F. Mistral, imp. du dép. de la Drôme,* 1793. In-f° placard. (G.)

« Tous les corps constitués, districts et municipalités feront cultiver les biens des citoyens qui vont combattre les satellites des despotes, aux frais et dépens des riches, propriétaires, commerçants ou autres qui, par leurs astucieux calculs, leur froide insouciance assassinent chaque jour la liberté. »

2045. Arrêté du conseil du département de l'Isère. Extrait du procès-verbal du 7 oct. 1793. *Grenoble, J.-M. Cuchet.* In-4°, 3 p. (G.)

Tous les gardes nationaux ou réquisitionnaires du département qui ont abandonné leur poste doivent le rejoindre dans les 24 heures.

2046. Extrait du procès verbal du conseil du département de l'Isère. Du 10 oct. 1793, l'an deuxième de la R. F. A *Grenoble, chez J.-M. Cuchet.* In-4°. 8 p. (A. I.)

Après avoir entendu le rapport du citoyen GIROUD, le conseil arrête que les fourneaux, forges, martinets et forets de la ci-devant Chartreuse de St-Hugon sont mis en réquisition pour la fabrication des fers nécessaires au service de la République.

2047. Extrait du procès verbal du conseil du département de l'Isère, du 21e jour du premier mois de l'an 2e (12 oct. 1793) A *Grenoble, chez J. Allier.* In-4· 3 p. (G.)

Arrêté qui ordonne à tous les marchands d'objets soumis à la taxe de fournir à la municipalité, avant six jours, l'état de toutes les marchandises qu'ils ont.

2048. Compte-rendu à la Convention nationale

de la mission des représentants du peuple à l'armée des Alpes. Dubois-Crancé et Gauthier ; depuis le 3 mai jusqu'au 12 octobre 1793, in-8°.

Curieux à consulter pour l'histoire du Dauphiné.

2049 Département de l'Isère. District de Grenoble. Canton de Lans. Municipalité d'Autrans. Arrêté le 7e jour de la troisième décade du premier mois de l'an second de la R. F. (13 oct. 1793) Signé : Hilaire. proc. syndic. A *Grenoble, chez J.-M. Cuchet, imp.*, pct. in-f° placard (I.)

Vente de 27 pièces de bois sapin provenant de la forêt de l'émigré Beyle

2050. Proclamation du conseil général de la commune de Grenoble, à ses concitoyens. Du 15 octobre 1793, l'an II de la R. F. A *Grenoble, de l'imp. de J. Allier, imp. de la Municipalité*, in-f° placard. (M.)

Fixation provisoire du prix des grains.

2051. Les citoyens composant la société populaire de Grenoble. Aux représentants du peuple à la Convention nationale, 15 octobre 1793. *Grenoble, imp. d'Allier*, in-8° 4 p.

2052. Liberté, égalité. De par les administrateurs

du directoire du district de St-Marcellin. (Du 16 octobre 1793.) A *St-Marcellin, de l'imp. d'Antoine Beaumont, imp. du district. S. d.*, in f° placard (tiré à 110 exempl.)

Avis relatif à la construction d'un pont en bois sur la rivière de Thodure, canton de Viriville, dont l'adjudication sera passée le 2 nov. (1793).

2053. Département de l'Isère, district de Grenoble. Bail au rabais. Du 16 octobre 1793. *Grenoble, chez J.-M. Cuchet*, in-f°, placard (I.)

Bail au rabais d'une fenêtre à un des cabinets de l'ex-chambre des comptes; fourniture de 78 cachets pour les juges de paix des cantons du district. Ces cachets porteront l'emblème de la République avec la légende : *République Françoise*, etc.

2054. Extrait du procès-verbal du directoire du département de l'Isère. Du 26e jour du premier mois de l'an 2 de la R. U. et I. (17 octobre 1793.) A *Grenoble, chez J.-M., Cuchet*, in-4° 4 p. (A. I.)

Le fourneau du citoyen Marcieux et les forêts qui servaient ci-devant à fournir les charbons nécessaires pour la fusion, sont mis en réquisition pour l'utilité de la République.

2055. Extrait du registre des délibérations du district de Gap (17 octobre 1793.) *Gap, J. Allier, S. d.*, in-4°, 4 p. (A.)

Répartition entre les communes de la fourniture de farine pour l'armée des Alpes.

2056. Grenoble, le 26e jour du premier mois de l'an II de la R. F. U. et I. (17 octobre 1793.) Les administrateurs du département de l'Isère. (Duc, Chevrier, Ferrand, Burdet, Drevon, Jaillet, Suat, Trollier, Martin, Parant, Verger) aux communes et aux citoyens de ce département. *S. l. n. n.* In-4°, 4 p. n. chiff. (G.)

« Le citoyen Beauvais, représentant du peuple à Toulon, vient d'être traîné au supplice par les Anglais. Cet exécrable crime a provoqué la loi que vous trouverez-ci-jointe, hâtez-vous de l'envoyer dans les communes de votre ressort... tout Français doit faire le serment de venger la mort de Beauvais. »

2057. Gap, 27e jour du premier mois de l'an 2 de la République française (18 octobre 1793). Circulaire signée : Les administrateurs. *S. l. n. d.* In-4, 3 p. (A.)

Levée de chevaux pour l'armée.

2058. Arrêté du département de l'Isère. Extrait du procès-verbal du 28e jour du premier mois de l'an 2e de la République (19 octobre 1793). *Grenoble, J.-M. Cuchet.* In-4°, 2 p. (G.)

Cet arrêté proscrit l'*Almanach de Berne* dit *le Messager Boiteux* pour 1794, de toutes les communes de l'Isère. « Tout porteur ou propriétaire nanti de cet almanach sera dénoncé comme suspect et fermé jusqu'à la paix »

2059. Exécution des lois concernant les personnes

suspectes. Extrait du procès-verbal des séances du conseil du département de la Drôme en permanence. Séance du 29e jour du 1er mois de l'an 2 de la R. F. U. I. (20 octobre 1793) en présence du citoyen BEAUCHAMP, représentant du peuple, délégué par la convention nationale dans le département de la Drôme. *A Valence, chez la Vve Aurel, imp. du département*, in-f° placard sur 2 col. (G.)

Exécution des lois concernant les personnes suspectes. Sur la dénonciation du citoyen Imbard, brigadier de la gendarmerie nationale de Die, Chevandier, ci-devant administrateur du directoire du district de Die et Thevenon, greffier du tribunal criminel, destitués par le représentant Boisset, seront mis sur le champ en état d'arrestation.

2060. BEAUCHAMP, représentant du peuple, dans les départements de la Drôme, Hautes-Alpes et Basses-Alpes, aux administrations municipales et habitants de ces mêmes départements. Adresse signée : le représentant du peuple, J. BEAUCHAMP. *Gap, Allier*. In-4°, *S. d.* (1793) 3 p. (V.)

2061. Tableau du maximum ou plus haut prix des denrées et marchandises de première nécessité, arrêté par les administrateurs du district de la Tour-du-Pin et un commissaire de chaque canton, en exécution des décrets de la convention nationale des 27, 29 septembre, 4 et 5 octobre 1793. Fait à la Tour-du-Pin dans la maison nationale ayant appartenu à Gabrielle Musy, veuve Vallin, les 5, 6, 7. 8 et 9 de la 3e décade du 1er mois de l'an 2 de la R. *A Villefranche, de l'imp. de J. Roger, rue Confort*, affiche sur 3 col. en 2 pièces.

2062. Tableau du maximum du prix des denrées, comestibles et marchandises de première nécessité; arrêté par l'administration du district de Grenoble, en exécution des lois des 29 sept. 2, 4 et 5 oct. 1793. Signé : GIROUD et DESBLACHES. *A Grenoble, chez J.-M. Cuchet, imp. du département de l'Isère*, in-8°, 36 p. (G.)

Par ordre alphabétique.

2063. Tableau du maximum du prix des denrées comestibles et marchandises de première nécessité; arrêté par l'administration du district de Grenoble en exécution des lois des 29 septembre, 2, 4 et 5 octobre 1793. Dans les séances publiques qu'elle a tenues depuis le 9 octobre jusqu'au 18 du même mois... A Grenoble, le 29e jour du 1er mois de l'an 2 de la Rép. U. et I. (20 oct. 1793.) *A Grenoble, chez J.-M. Cuchet, imp. du départ. de Isère*, in-f° placard sur 3 feuilles (425 exempl.) (G.)

2064. Extrait des registres de la commune du Buis, département de la Drôme (du 20 oct. 1793.) A *Carpentras, de l'imp. de J. Alexis Proyet*, in-4°, 3 p. (G.)

Le conseil général de la commune du Buis, s'est rendu avec la garde nationale, sur la place de l'Egalité, où avait été dressé un bûcher, sur lequel ont été placés tous les titres féodaux rapportés à la maison commune. Suit un discours prononcé par un membre de la municipalité.

« Venez donc, citoyens, assister à la pompe funèbre de la féodalité, le feu qui va la détruire, purifiant nos cœurs, va nous donner une nouvelle existence, et en nous éclairant sur nos droit, et sur nos devoirs, nous former à la vertu... » Le bucher a été allumé, tous les titres ont été consumés, la joie a été inexprimable. »

2065. Département de l'Isère. District de Grenoble. Mobilier à vendre. Du 20 octobre (1793.) A *Grenoble, chez J.-M. Cuchet imp.*, in-f° placard oblong. (I.)

Il sera procédé, dans le ci-devant monastère de Montfleury à la vente du mobilier, et le 23 octobre à la vente de celui du ci-devant monastère de Prémol.

2066. Extrait du procès-verbal du conseil du département de l'Isère du 30e jour du 1er mois de l'an 11e de la République Française (21 octobre 1793.) *Grenoble, J.-M. Cuchet*, in-4°, 6 p. (C.)

Cet arrêté interdit l'exportation des grains hors du département de l'Isère.

2067. Arrêté du conseil du département de l'Isère. Extrait du procès-verbal du 30e jour du 1er mois de l'an second de la République Française (21 octobre 1793.) *Grenoble, J.-M. Cuchet. S. d.*, in-4°, 6 p. (C.)

Arrêté pour la réquisition de 15.000 paires de souliers pour la défense de la patrie.

2068. Arrêté du conseil général du département de l'Isère du 2e jour du 2e mois de l'an second de la R. F. (23 oct. 1793.) *Grenoble, J. Allier*, 3 p., in-4°.

Autre édit. In-f° placard (G.)

Réquisition aux directoires de district et aux communes de faire approvisionner les marchés, entre autres celui de Grenoble de 800 quintaux de blé par semaine etc.

2069. Arrêté du citoyen PETIT-JEAN, représentant du peuple. *Grenoble, J.-M. Cuchet. S. d.* (23 octobre 1793). In-4°, 3 p. (C.)

Levée des hommes de 18 à 25 ans dont les administrateurs de l'Isère avaient trouvé moyen de se libérer en partie.

2070. Compte-rendu à la société populaire de la ville de Romans (24 octobre 1793.) *A Romans de l'imp. de L. Martigniat*. In-4°, 4 p.

J.-B DOCHIER expose sa vie politique à propos d'une vexation, dont le zèle civique de trois citoyens de Clérieux l'avait rendu l'objet.

2071. Arrêté du citoyen PETIT-JEAN, représentant du peuple. A Grenoble le 4e jour du 2e mois de l'an 2e de la R. F. U. I. (25 octobre 1793.) *A Grenoble, chez J.-M. Cuchet, imp. du département de l'Isère*. In-4°, 4 p. (M.)

Il sera substitué aux sept comités de surveillance, un seul comité composé de 21 membres.

2072. Arrêté du directoire du département de l'Isère. Extrait du procès-verbal du 5e jour du 2e mois de l'an second (26 oct. 1793) *Grenoble, Allier*. In-4°, 2 p. (C.)

Ordre de publier dans les communes un décret de la convention qui fixe à huit par canton le minimum des chevaux en réquisition.

2073 Circulaire du procureur syndic du district de Grenoble du 6e jour du 2e mois de l'an 2e (27 oct. 1793). *S. l. n. n. n. d.* In-4°, 1 p. (C.)

Invite les citoyennes à mettre leur vieux linge en charpie.

2074. Arrêté du conseil du département de l'Isère extrait du procès-verbal du 6e jour du second mois de l'an 2e de la République (27 oct. 1793). *Grenoble, J.-M. Cuchet*. In-4°, 6 p. (G.)

« Tous les citoyens non mariés de 18 à 25 ans sont mis en réquisition, ils seront dirigés sur Grenoble et formés en compagnie. Les fonctionnaires publics, les ouvriers en fer et les imprimeurs des imprimeries nationales sont seuls exceptés. » Prescriptions relatives à l'habillement, l'armement, etc.

2075. Extrait du procès-verbal du conseil général du département de l'Isère du 8e jour du 2e mois de l'an 2 (28 octobre 1793) auquel se sont réunis des commissaires du directoire du district du conseil général de la commune de Grenoble et de la société populaire de la même ville. *Grenoble, J. Allier. S d.* 3 p. (G.)

Arrêté qui prescrit une fête funèbre en l'honneur du représentant Beauvais assassiné à Toulon...

2076. Strophes, sur l'air des Marseillais. Suivies de l'arrêté du conseil du département de l'Isère du 8e jour du 2e mois de l'an 2 (29 oct. 1793) *Grenoble, J.-M. Cuchet, imp. S. d. (1793)* in-8°, 4 p. n. chif. (G.)

Cinq strophes dont voici la première:

« Anglais, sanguinaire et barbare,
Tu voulais nous donner des fers ;
La vengeance qui se prépare,
Va faire frémir l'univers, (*bis.*)
Bientôt les odieux rivages
Seront couverts de nos soldats ;
Ils seront suivis du trépas,
De la terreur et des ravages.
Aux armes ! citoyens, punissons les forfaits ;
Marchons (*bis*) exterminons ces féroces Anglais, etc., etc.

Ces strophes, déposées sur le bureau par des membres de la société populaire de Grenoble ont été imprimées à 10.000 exemplaires.

2077. Loi décretée les 15, 18, 17 et 24 août 1793, qui ordonne la formation d'un grand livre pour inscrire et consolider la dette publique non viagère. Les administrateurs du département de l'Isère à leurs concitoyens, au sujet de l'emprunt forcé. (8e jour du second mois de l'an 2e de la R. F. U. et I.

(29 octobre 1793) *Grenoble de l'imp. d'Alexandre Giroud*, in-4°, 8 p. (I.)

2078. Arrêté de la commission pour la fête funèbre en l'honneur de Beauvais (30 octobre 1793) *A Grenoble, chez J.-M. Cuchet*, in-4°, 4 p. (G.)

Cette fête aura lieu le 2e decadi de brumaire dans le local des ci-devant jacobins.

« Sur le fronton de la porte principale on placera, en gros caractères, l'inscription suivante : *Il est doux de mourir pour la patrie:* au-dessus d'un sarcophage sera suspendue une couronne de chêne. A la fin de la cérémonie une cloche disposée à cet effet sonnera le tocsin, à ce signal le refrain sacré... *Aux armes citoyens* sera entonné, le canon grondera, les armes seront agitées, et tous les assistants, la main tendue vers le sarcophage, prêteront serment d'exterminer les assassins de Beauvais. »

2079. Paris, le 9e jour du sixième mois de l'an second de la République (30 octobre 1793). Copie de la lettre du ministre de la justice, Gohier, au procureur général syndic, à Grenoble. A *Grenoble, chez J. Allier, imp.* In-4°, 2 p. (G).

« Les comités de surveillance n'ont, dit-il, aucune juridiction sur les personnes détenues par ordre des representants du peuple. C'est à ceux-ci, que ces personnes doivent adresser leurs réclamations. »

2080. Département de l'Isère. District de Grenoble. — Grenoble. — A vendre. — (du 30 octobre 1793). A *Grenoble, chez J.-M. Cuchet*, in-f° placard (I.)

Vente de trois grandes voitures de voyage, déposées à la citadelle, provenant du ci-devant garde-meuble.

2081. Les représentants du peuple envoyés par la convention nationale près l'armée des Alpes à Villefranche et dans divers départements de la République. G. COUTHON, MAIGRET, Seb. DELPORTE, CHATEAUNEUF-RANDON, ALBITTE. Du 9e jour de la première décade du 2e mois de l'an 2 de la R. II. I (30 oct. 1793). *Ville-affranchie, A. Leroy.* In-f° placard sur 2 col. (C.)

Autre édition. A *Grenoble, chez J.-M. Cuchet, imp. du départ. de l'Isère.* In-4°, 7 p. (A. A.)

« Art. premier. — Il sera formé, dans le délai de quinzaine, dans chacun des départements de l'Ain, Rhône, Isère, Mont-Blanc, Drôme, etc., une armée révolutionnaire composée de mille hommes, quatre cents seront organisés en compagnies de batteurs, et employés à battre les grains jusqu'à ce que cette opération ait été consommée ; alors ils se réuniront à leurs autres frères d'armes, etc. etc... Cette armée sera composée de républicains bien prononcés ».

2082. Découverte utile au commerce et aux arts : Brevet d'invention accordé à Louis-François OLLIVIER, citoyen de Paris, pour la fabrication du *minium*. A *Grenoble, chez J.-M. Cuchet, imp. du dép. de l'Isère. S. d.* (octobre 1793). In-4°, 6 p.

2083 Le jugement dernier des rois, prophétie en un acte, en prose par P. Silvain MARÉCHAL, joué sur le théâtre de la République à Paris, au mois vendémiaire et jours suivans, l'an deuxième de la République française U. et I. TANDEM !..... A *Vienne. Réimprimé chez le citoyen J. Labbe, imp. du District. S. d.* (octobre 1793). In-8°, 17 p. (G.)

2084. Noms des citoyens et citoyennes qui ont fait des dons à la société populaire de Grenoble, pour le soutien de la guerre contre les Anglais... (A la p. 21) : Dons patriotiques faits aux jacobins entre les mains des officiers municipaux qui en ont remis les valeurs au citoyen Gardon, avec les feuilles d'enregistrement, au nombre de trois. *S. l. n. d.* (Grenoble, octobre 1793). In-8°, 14 p.

2085. Instructions de l'agent national provisoire du district de Grenoble, (HILAIRE) à ses concitoyens. A *Grenoble, chez J.-M. Cuchet, imp. du dép. de l'Isère. S. d.* (octobre 1793). In-f° placard à 2 col. séparées par des bonnets phrygiens. (C.)

Sur l'exécution de la loi du *maximum*.

« Hé! quel moment plus favorable ! le *maximum* est le même pour toute la République ; le ciel nous promet la récolte la plus précoce et la plus abondante. Le gouvernement révolutionnaire est dans la plus active énergie ; les factions sont déjouées, nos armées sont triomphantes partout... »

2086. Observations présentées par Bonnet, sur un arrêté du tribunal de Crest et sur le mémoire de Sisteron et ses associés concernant la loi sur les *maximum. S. l. n. d.,* (octobre 1793) in-4°, 4 p. (V.)

2087 Extrait des registres de la société républicaine du Buis, district de Nyons, département de la Drôme. Séance du 8 septembre (au 2 nov. 1793) A *Carpentras, de l'imp. de* J. *A. Proyet,* in-4° 11 p. (G.)

Contient : Adresse de la société populaire de la ville du Buis à la convention nationale. Discours du citoyen BRUGUIÈRE sur la déclaration des droits et l'acte constitutionnel. Discours du citoyen LEBLANC sur la constitution. 2 novembre : Discours du même citoyen sur une chanson apportée par le citoyen Bruguière. Hymne patriotique en trois strophes dont voici la première :

Allons enfants de la patrie
Marchez, marchons tous au combat ;
Détruisons cette tyrannie
Qui veut s'établir dans l'Etat ; *(bis)*
Et que le Républicanisme,
Rangé sous le drapeau des Lois,
Abatte les amis des rois,
Qui prêchent le fédéralisme.
Allons, Républicains,
Les armes à la main :
Vengeons *(bis)* la Liberté,
L'aimable Egalité.

2088. L'amour de la patrie. Discours prononcé le tridi de la seconde décade de brumaire de l'an second de la République française une et indivisible (3 nov. 1793) à la séance générale de la société des amis de la liberté et de l'égalité établie à la Côte-St-André (par G. PERRETON). *Grenoble, chez Allier* (3 novembre 1793), in-12, 20 p.

2089. Les représentants du peuple envoyés par la convention nationale près l'armée des Alpes et dans divers départements de la République. (Arrêté suivi de celui du directoire du département de l'Isère pour son exécution en date du 14e jour du 2e mois de l'an II de la république française (4 nov. 1793). *Grenoble, Cuchet, s. d.* In-4°, 7 p. (G.)

Arrêté pour la formation d'une armée révolutionnaire dans chaque département.

2090. Arrêté du conseil du département de l'Isère. Extrait du procé-verbal du 14e jour du 2e mois de l'an 2 de la République française (4 nov. 1793). *Grenoble, Guchet, imp. S. d.*. In-4°, 3 p. (I.)

Réquisitions nécessaires pour l'approvisionnement des villes, bourgs et lieux de marché.

2091. Arrêté du directoire du département de l'Isère. Extrait du procès-verbal, du 14e jour du 2e mois de l'an 2 de la R. F. (4 nov. 1793). *Grenoble, Alex. Giroud cadet.* In-4°, 3 p. (I.)

Ordre de verser dans les greniers d'abondance tous les grains provenant des biens des émigrés.

2092. Extrait du procès-verbal du conseil du département de l'Isère, du 14e jour du 2e mois de l'an second de la R. F. U. I. (4 nov. 1793) A *Grenoble, chez J. Allier.* In-4° 4 p. (G.)

« Tous les propriétaires ayant des grains non battus, dans le département les feront battre de suite. »

2093. Les administrateurs du département de l'Isère à tous les citoyens propriétaires de ce département. Citoyens... A Grenoble, le 14e jour du second mois de l'an second de la R. F. U. I. (4 nov. 1793). A *Grenoble, de l'imp. de J. Allier, imp.* In-f° placard (C.)

Adresse relative à la vente et au prix des grains.

2094 Paré, ministre de l'intérieur aux laboureurs, fermiers et meuniers, à tous les propriétaires de grains et farines de la République. Paris, le 2e jour du 2e mois de l'an II (5 nov. 1793) *Grenoble, imp. A. Giroud cadet, s. d.* In-4°, 4 p. (G.)

« Appréciez dans toute son étendue l'équité de la convention nationale dans la fixation nouvelle du *maximum* des prix des grains ; fixation que la diminution de toutes les denrées va rendre encore plus avantageuse pour vous, etc. »

2095. Lettre de M. Daviau à tous les ecclésiastiques de son diocèse. St-Maurice-d'Agaune, 10 nov. 1793. *Ferrare, 1793.* In-8° (G.)

L'ancien archevêque de Vienne leur trace le tableau des peines et des fatigues qu'ils auront à supporter lorsqu'ils reprendront le cours de leurs travaux apostoliques.

2096. Rôle des membres ordinaires de la société

populaire de Grenoble renouvelée le 20 brumaire, deuxième année de la République une et indivisible. (10 novembre 1793) *S. l. n. n. n. d.* In-8°, 16 p. (G.)

Liste de 322 noms, en marge de laquelle se trouve la date des réceptions depuis janvier 1790 à nov. 1793. Voici les noms de quelques membres de cette société :

Couturier (Nicolas-Jacques), accusateur public ; Genissieu (Joseph) ; Réal (André) ; Arthaud (François), notaire ; Enfantin (Pierre), juge ; Marcel (Benjamin) ; Dumas (Victor), chirurgien ; Falcon (Jean-Charles) ; Silvi (Alexandre) aîné ; Colas (Valentin) ; Chanrion (Joseph), juge de paix ; Baroil (Etienne), négociant ; Dantard (Joseph), juge de paix ; Arvet (Claude) ; Charvet (François), commis à la poste ; Gardon (Antoine) ; Royer (Balthazard) ; Mazet (Benoit), cordonnier ; Capdevielle (Pierre), arquebusier ; Jomaron, chirurgien ; Marceau (Antoine) ; Breton (Pierre) aîné, apothicaire ; Gravier (Laurent), vinaigrier ; Chevalier (Jean-Marcel), commissaire ; Gros (Gabriel), secrétaire du district ; Jouvin (Noël), peigneur ; Blanc-Subé (Jean-Baptiste) ; Grange (Louis) ; Fantin (André-Balthazar) ; Berton (Louis) ; Helie (Jean-Baptiste) ; Fantin (Jean), homme de loi ; Charvet (Benoit), courrier ; Valet (Joseph-Gabriel), homme de loi ; Berger, organiste ; Chepy (Pierre) ; Gros (Joseph), ingénieur d'instruments ; Arnaud (Victor), cavalier volontaire ; Point (Hilarion), général de brigade ; Bersonnet (Guillaume), etc., etc.

2097. Adresse sur le devoir des mères républicaines, par le citoyen Lacroix, notaire à Bourgoin. Du 21 brumaire an 2, (11 novᵗ 1793). In-8°.

Nous ne connaissons le titre de cette brochure que d'après la lettre de remerciements écrite à l'auteur par les administrateurs du district de la Tour-du-Pin. (I.)

2098. Extrait du procès-verbal du conseil du département de l'Isère, du tridi 23 brumaire de l'an 2e de la R. F.. (13 nov. 1793) *Grenoble, J. Allier.* In-4°, 4 p. (C.)

Arrêté qui décide la formation d'un bataillon de mille républicains, parmi lesquels 400 doivent être propres à battre les grains.

2099. Règlement fait par les membres du comité de surveillance de chef-lieu du département, séant en la ville de Grenoble. Liberté, égalité, sévérité, justice, exécution des lois. Signé : Rivier, président, Pyot fils, secrétaire. Du 3e jour de la 3e decade du 2e mois an 2 (13 nov. 1793.) *Grenoble, Cuchet.* In-4°, 4 p.

2100. Liberté, Egalité. Procès verbal de l'assemblée du département des Hautes-Alpes, et autres départements environnants, tenue à Gap, les 20, 21, 22, 23 et 24 brumaire de l'an second de la R. F. U. I. (10, 11, 12, 13 et 14 nov. 1793.) A *Gap, chez J. Allier, imp.*, l'an 2 de la R. F. In-4°, 20 p. (H. A.)

Adresse de la société répub. de Mont-Lyon (Mont-Dauphin) aux autres sociétés du département des Hautes-Alpes et circonvoisins. Invitation à une fédération de toutes les sociétés populaires pour le dernier jour de la 2e décade du mois prochain (10 nov. 1793) sous les murs de Gap. Compte-rendu de l'assemblée: noms des députés des sociétés populaires. Beauchamp, représentant du peuple est nommé président, Fantin, d'Embrun, fait un discours sur les avantages des réunions des sociétés populaires; les ouvriers de l'imprimerie du département font hommage à l'assemblée d'une bannière tricolore, où sont gravés les droits de l'homme. Examen des dénonciations contre « les députés suspectés d'avoir trempé dans le fédéralisme. » Formule du serment. Rédaction d'une adresse à l'assemblée nationale pour l'inviter à rester à son poste. Banquet; après le banquet « les autorités constituées suivies de la garde nationale, précédées des sans-culottes portant des sacs de titres féodaux se joignent aux députés, on se jette sur les monuments odieux de notre antique esclavage, on se dispute l'honneur de les livrer aux flammes. »

21 brumaire. On arrête que tous les ans, à l'époque du 20 brumaire, il sera célébré une fête civique nommée fête de l'union, en mémoire de celle qui a eu lieu sous les murs de Gap. On exclut Faure-Lacombe, ex-député à l'assemblée législative inculpé d'avoir voté en faveur de Bertrand et de Lafayette etc. Discussion sur les gens suspects. On demandera à la convention l'égalité des cultes. Discours de Nicolas, ex-curé de Ribiers qui renonce à son métier de prêtre. 22 brumaire. Discours du jeune Blanc-Subé âgé de 13 ans. Rapport sur les subsistances, etc.

L'assemblée invite le représentant Beauchamp d'ordonner à l'administration du district de Briançon de se faire remettre tous les titres et privilèges Briançonnois qui se trouvent dans les communes du district pour être solennellement brûlés, et d'inviter tous les sans-culottes du département des Hautes-Alpes à dénoncer tous les titres féodaux des autres districts. 24 brumaire, la force révolutionnaire sera divisée en 4 compagnies de 50 hommes. Plusieurs membres s'empressent d'offrir des armes. La séance est fermée par un discours patriotique prononcé par un membre qui loue l'assemblée de ses travaux vraiment civiques, on brûle ensuite des gravures contenant la nomenclature des tyrans de la France, ainsi que plusieurs sacs de titres féodaux échappés aux premières recherches. L'assemblée se dissout.

2101. Délibération du conseil général de la commune de Grenoble du 24 brumaire, l'an II de la R. F. U. I. (14 nov. 1793) *A Grenoble, chez J. Allier, imp. de la municipalité.* In-f° placard sur 2 col.

Défenses à tout habitant de fermer sa boutique, tous autres jours que les décadis, à tout ministre de culte d'exercer publiquement son culte hors l'enceinte de son temple, que tous les signes extérieurs de tout culte seront détruits dans la huitaine.

2102. Extrait du procès-verbal du conseil général du département de l'Isère. Du 24 brumaire, an 2e (14 nov. 1793.) A *Grenoble chez Alex. Giroud, cadet.* In-4°, 4 p. (I.)

Les représentants Simon et Dumas viennent de requérir le département de l'Isère de fournir 12.000 quintaux de froment à l'armée des Alpes dans l'espace de deux mois.

2103. Extrait du procès-verbal du conseil général du département de l'Isère. Du 24 brumaire an 2 de la Rép. Fr. (14 nov. 1793) *Grenoble Alex. Giroud, cadet, place aux Herbes.* In-4°, 4 p. (G.)

Arrêté en six articles, qui ordonne de relever dans chaque district et de centraliser à Grenoble les états des réquisitions faites par les districts aux communes, par les communes aux particuliers...

2104. La société populaire de Saint-Denis à toutes les sociétés populaires de la République. Extrait du procès-verbal de la séance du 12e jour du 1er mois de la R. U. I. (3 octobre 1793). (Adresse signée : Lanneau). Suit la délib. de la soc. pop. de la ville et Bourg-lès-Valence. Du 24 brumaire an 2. (14 nov. 1793) Signée : Experton, président, Tourrette, Baltus, secrétaires. *S. l. n. d.* In-4°, 2 f n. chif. (G.)

Motion de lever une cavalerie aux frais des sociétés populaires. La société de Valence prend l'engagement de fournir deux hommes équipés et montés à ses frais pour la légion de cavalerie montagnarde.

2104. Au nom du peuple François. Les représentants du peuple envoyés dans la Commune-Affranchie, pour y assurer le bonheur du peuple avec le triomphe de la République, dans tous les départements environnants, et près de l'armée des Alpes. Arrêté à la Commune-Affranchie, le 24 brumaire l'an second de la R. F. U. et I. (14 nov. 1793) suivi de l'arrêté du directoire du dép. de l'Isère pour son exécution en date du 9 frimaire an 2. (29 nov. 1793) *Grenoble, Cuchet, imp. S. d.* (1793). In-4°, 4 p. (G.)

« Les citoyens infirmes, vieillards, indigents, etc. seront logés, nourris et vêtus aux dépens des riches de leurs cantons respectifs, les signes de la misère seront anéantis, la mendicité et l'oisiveté sont également proscrites, etc... »

2105. Extrait du procès-verbal du conseil général du département de l'Isère. Du 25 brumaire an 2. (15 nov. 1793). *Grenoble, Alexandre Giroud cadet.* In-4°, 4 p. (G.)

La municipalité de Grenoble vient de déclarer aux administrateurs du département qu'elle ne répond pas des désordres qui vont résulter du défaut d'approvisionnement des marchés. Le conseil prend un arrêté pour requérir 400 hommes, pour faire arriver par la force des grains aux marchés.

2106. Extrait du procès-verbal du conseil du département de l'Isère. Du 25 brumaire, l'an second de la R. F. (15 nov. 1793) *Grenoble, de l'imp. d'Alexandre Giroud cadet.* In 4°, 3 p. (M.)

Relatif aux fournitures de blé, foin et avoine pour l'approvisionnement des étapiers et des dépôts de mendicité.

2107. Extrait du procès-verbal du conseil du département de l'Isère. Du 25 brumaire an 2 de la R. F. (15 nov. 1793.) A *Grenoble chez J. Allier*. In-4°, 2 p. (G.)

Autre édition in-f° placard.

Arrêté qui casse et annulle toute délibération prise par les communes, dans lesquelles il y a des marchés, contenant des taxes ou fixations, qui ne sont pas conformes aux articles 13 et 14 de la loi du 11 septembre dernier.

2108. Extrait du procès-verbal des séances du conseil du district de Nyons, en permanence. Séance publique du 25 brumaire, l'an second de la Rép. (15 nov. 1793,) à laquelle ont assisté les membres de la municipalité et du comité de surveillance de cette commune, ensuite de l'invitation qui leur en a été faite par le conseil du district. *A Montélimar chez F. Mistral imp. du département de la Drôme* 1793. In-4°, 8 p. (G.)

« Il sera formé une commission active pour veiller à l'approvisionnement des marchés. »

« Dès ce jour il est inhibé à tout boulanger de faire du *pain blanc*, du pain de fleur de farine, la première qualité du pain sera le *pain Rousset*. »

2109. Liberté, égalité. Au nom du peuple Français. Camille Rossi, général divisionnaire, à la convention nationale, 16 nov. 1793. *S. l. n. d.* In-4°, 8 p. (G.)

Documents relatifs à l'incarcération, à l'accusation et à l'acquittement de Camille Rossi, général de division, du 26 brumaire an 12.

Arrêté le 28 juin 1793, acquitté par un jury civil à Barcelonnette du crime de trahison. Traduit de nouveau à Grenoble, acquitté de nouveau, Rossi fut maintenu en prison en attendant la décision de la convention.

2110. Au nom du peuple Français. Arrêté du représentant du peuple dans les Hautes, Basses-Alpes et la Drôme. (J. Beauchamp.) *A Gap, chez J. Allier imp. du département des Hautes-Alpes 1793*, in-f° placard sur 3 col.

Relatif à un contingent de six chevaux au moins, demandé dans tous les cantons ayant une justice de paix particulière, pour le service de la République, ce contingent devait être rendu à Gap le 11 de ce mois, mais « des égoïstes, des malveillants ont caché leurs chevaux, il est temps de faire cesser de pareils abus. » Suit l'arrêté...

2111. Arrêtés du représentant du peuple Petit-Jean, et des autorités constituées de Vienne la Patriote, contenant la nomenclature des emprunts forcés, ensemble celle des dons volontaires. Du 27 brumaire dernier (18 nov. 1793). *Vienne, imp. de Joseph Labbe*. In-4°, 19 p. (G.)

Toutes les églises où se faisaient des cérémonies du culte, seront fermées. Les vases d'or, d'argent, les ornements et les cloches, déposés au district. Le métal des cloches sera employé à la faction des canons nécessaires à la République (13 nov. 1793) le 27 brumaire (17 avril 1793) dans la maison commune de Vienne, le conseil général assemblé, le citoyen Petit-Jean prononça un discours, par lequel il décida que les titres de féodalité non brûlés le seront le jour du decadi prochain.

P. 4. Proclamation de Petit-Jean par laquelle il ordonne que « les habillements d'arlequins ou ornements d'église (vieux style) seront brûlés », etc., etc.

P. 6. Relation de la fête en l'honneur de la Liberté. Du 3e decadi de brumaire.

Au champ de Mars, au milieu duquel « paraissait l'arbre de la féodalité, autour duquel un grand nombre de titres étaient amoncelés, restes impurs de ce fléau qui a dévoré pendant tant de siècles les fruits des pénibles travaux des Français, des bonnets-carrés, des tableaux, des crosses, tous ces hochets de la superstition et du despotisme, faisaient le couronnement du bûcher. Sur une montagne était élevée la statue de la Liberté, tenant à sa main droite la pique surmontée du bonnet, s'appuyant de la gauche sur un faisceau d'armes en foulant à ses pieds l'aristocratie. »

« Une tête de Minerve par laquelle découlait l'eau qui descendait de la montagne et tombait dans un bassin destiné à la recevoir. Sur un stylobate on lisait l'inscription suivante :

Source pure, heureuse et féconde,
Enfant de notre liberté,
Bientôt l'univers enchanté,
Viendra s'enivrer de ton onde.

« Le cortège est arrivé par la gauche au-devant de l'édifice de la liberté. Les deux sans-culottes placés sur le stylobate paroissoient défendre l'approche de la montagne à tous ceux qui n'auroient pas reçu le baptême de la raison à la fontaine régénératrice ; on a chanté divers hymnes à la Liberté..... de suite, l'eau qui descendait de la montagne, fut changée en vin, ce qui prouva au peuple que la source de la Liberté pouvoit opérer les mêmes miracles que le fanatisme et la superstition. Le représentant du peuple a ensuite prononcé un discours, il a fait sentir combien ces fêtes étoient différentes de celles instituées par le fanatisme pour tromper le peuple et se gorger de son sang, en rappelant ces vers de Voltaire si connus :

Les prêtres ne sont point ce qu'un vain peuple pense,
Notre crédulité fait toute leur science.

« Le vrai culte, a-t-il dit, est celui qu'on rend à la Liberté, à l'Egalité... le procureur de la commune (Armand Villard), le citoyen Bertrand, administrateur, et Peyssonneaux, garde magasin des subsistances militaires, ont aussi prononcé alternativement des discours où respiraient le vrai civisme, une morale épurée, et la plus saine philosophie. Ce dernier, après avoir abjuré pour la deuxième fois les fonctions du sacerdoce, auxquelles il avoit été lié, a remis entre les mains du représentant ses lettres de prêtrise, et à l'instant elles ont été livrées aux flammes. »

« Cette fête se termina par un banquet, des farandoles et un bal sous les halles et dans la salle du spectacle. »

Séance de l'octidi de la 3e décade du mois de brumaire, an II.

Petitjean apprend qu'il vient « se réunir à l'assemblée qui est chargée de déterminer une cotisation sur les riches égoïstes du district de Vienne.» Le citoyen Salomon, de Bossieu demande la parole. Il dit qu'il était propriétaire d'un calice et d'une patene qu'il avait prêtés au curé de Comelle, qu'il en fait don à la République.

Le citoyen Peyssonneaux a offert quatre écus de six livres.

Le citoyen Boissat, une bourse brodée en or contenant 50 jetons d'argent.

Le citoyen Bruyas fils aîné, architecte, a offert et remis deux médailles en argent, de l'académie d'architecture, qui lui ont été délivrées pour prix « portant l'empreinte du tyran Louis XV. »

Le citoyen Donnat aîné, fait don du prix de son cheval.

« L'assemblée s'est occupée de la cotisation sur les riches égoïstes de la ville de Vienne et du district. » Suit cet état.

2112. Adresse de la société républico-populaire de la ville et Bourg-lès-Valence, à tous les comités de surveillance de la République. Du 27 brumaire, an II (17 nov. 1793). *Valence, veuve Aurel. S. d.* In-4°, 7 p. (G.)

Relative aux mesures de sûreté générale. La Société invite,

au nom de la patrie, tous les comités de surveillance de faire arrêter tous les ennemis de la Liberté, ceux à qui il a été refusé des certificats de civisme, etc. etc.

2113. Arrêté du conseil général du département de l'Isère. Extrait du procès-verbal du 28 brumaire, an II (18 nov. 1793) *Grenoble, Alexandre Giroud.* In-4°, 3 p. (C.)

Relatif à la circulation des grains et farines appartenant à des particuliers.

2114. Règlement fait par les membres du comité de surveillance de chef-lieu de département séant en la ville de Grenoble... Du 9e jour de la 3e décade du 2e mois de l'an 2 (19 nov. 1793). A *Grenoble, chez J.-M. Cuchet, imp. du dép. de l'Isère.* In-4°, 4 p. (G.)

Règlement relatif aux dénonciations portées contre les citoyens et à la police intérieure des assemblées du comité.

2115. Grenoble, le 2 frimaire, an 2 de la République (22 nov. 1793). Le procureur-syndic du district de Grenoble (Hilaire) à la municipalité de... et au comité de surveillance de ladite commune. *S. l. n. d.* In-4°, 1 p. (G.)

Ordonnant de faire arrêter « les volontaires qui ont eu la lâcheté d'abandonner leurs drapeaux et la défense de la République pour venir chez leurs parents, ou errer çà et là. »

2116. Arrêté du conseil général du département

de l'Isère. Extrait du procès-verbal du 3 frimaire, l'an II de la R. F. U. et I. (23 nov. 1793) A *Grenoble, de l'imp. d'Alexandre Giroud cadet.* In-4°, 4 p. (I.)

Arrêté concernant les forêts servant à alimenter les fourneaux du citoyen Marcieux.

2117. Mémoire pour Charles-Joseph BERNARD, citoyen de Grenoble détenu. *S. l. n. d.* (23 nov. 1793) in-8°, 8 p. (G.)

Vient d'être enfermé comme suspect. Expose sa conduite depuis le 26 avril 1793. Suivent 4 pièces justificatives délivrées à Ch. Bernard, ex-commissaire du roi au tribunal du district de Grenoble.

2118. La société populaire de Grenoble aux citoyens de cette ville. « Amis et concitoyens... Du 4 frimaire, an II (24 nov. 1793). (Adresse signée COUTURIER, président ; TÉRON, secrétaire.) A *Grenoble, de l'imp. d'Alexandre Giroud cadet, place aux Herbes.* In-8°, 7 p. (G.)

Autre édition petit in-f° placard sur 3 col. (G.)

« La convention nationale a frappé du pied la terre de la liberté et 600,000 combattants en sont sortis pour la défendre... La République a besoin d'armes. Le département de l'Isère, l'un des plus riches en mines de fer, et aciers d'excellente qualité n'avoit point encore d'établissement de ce genre ; l'administration s'est occupée des moyens d'en former... Les forêts et les forges de la ci-devant Grande-Chartreuse ont été indiquées et seront accordées pour servir d'emplacement et de base à cette manufacture... N'hésitez pas. En consacrant quelques capitaux à l'établissement d'une manufacture d'armes, vous aurez bien mérité de la République entière, et de notre cité en particulier. N'hesitez pas... »

2119. Extrait du procès-verbal du conseil du département de l'Isère du quintidi. 25 brumaire de l'an second de la R. F. U. et I. (15 nov. 1793). A *Grenoble, de l'imp. de J. Allier, imp.* In-f° placard sur 2 col. (I.)

Les voitures et chevaux de tous ceux qui sont en usage de transporter les charbons aux fabriques sont mis, dès ce moment, à la disposition des propriétaires de forges.

2120. Arrêté du conseil général du département de l'Isère. Extrait du procès-verbal du 5 frimaire, l'an 2 de la R. F. U. et I. (25 nov. 1793) A *Grenoble, de l'imp. d'Alexandre Giroud cadet.* In-4°, 4 p. (I.)

Relatif aux mines, fourneaux et forges de fer du département et à l'exploitation des mines de charbons de terre.

2121. (Arrêté de l'administration du département de la Drôme. Du 5 frimaire, an 2 (25 nov. 1793) Fête pour l'inauguration de deux pierres provenant de la Bastille. *Valence, J.-J. Viret. S. d.* In-f° placard sur 2 col. (G.)

« Citoyens, le patriote PALLOY, dont les nombreux sacrifices pour la Révolution sont très connus, a fait passer à l'administration du département de la Drôme une pierre de la Bastille sur laquelle est gravée la table de la loi, il en a envoyé une autre à l'administration du district de Valence, sur laquelle est le plan de l'ancien colosse du despotisme, le fort de la Bastille, le département, les autorités constituées de Valence réunies, ont arrêté l'inauguration de ces deux pierres précieuses. »

2122. Arrêté du conseil du département de l'Isère. Extrait du procès-verbal du 6e jour du second mois de l'an 2e de la République (26 nov. 1793.) *Grenoble, J.-M. Cuchet* (1793). In-4°, 6 p.

« Tous les citoyens non mariés de 18 à 25 ans sont mis en réquisition, ils seront dirigés sur Grenoble, formés en compagnie etc.

2123. Dénonciation faite par la Société de la Tour-du-Pin, département de l'Isère, de l'instruction de Collot-d'Herbois etc.

Exterminez, grands dieux! de la terre où nous sommes,
Quiconque avec plaisir répand le sang des hommes.

Les citoyens, membre de la Société des Amis de la liberté et de l'égalité, de la commune de la Tour-du-Pin, chef-lieu de district, département de l'Isère, à la convention nationale, 6 frimaire, an 2, (26 novembre 1793). *S. l.* In-8°, 22 p.

« Nous vous demandons justice contre COLLOT-D'HERBOIS, FAUCHÉ et les membres de la commission temporaire par eux créée dans Commune-Affranchie, etc. »

2124. Liste des personnes notoirement suspectes détenues dans les maisons d'arrêt, domiciliées dans le district de Grenoble, à sequestrer jusqu'à la paix, avec inventaire de leur mobilier et domaines, et scellés sur leurs papiers, d'après l'arrêté des représentants du peuple près de l'armée des Alpes. Du 24 brumaire (14 nov. 1793) et celui du département, du 9 frimaire, (29 nov. 1793). *A Grenoble, chez J.-M. Cuchet, imp. du département de l'Isère.* In-4°, 7 p., (G.)

2125. Discours prononcé par le citoyen MARCEL, curé de Bernin, le jour de la fête funèbre célébrée en la mémoire du représentant du peuple, BEAUVAIS DE PRÉAUX, assassiné à Toulon, par les féroces Anglais, le 11 frimaire, (1er décembre 1793), en présence de tous les habitants du canton de Bernin, chef-lieu. *Grenoble, de l'imp. d'Allier.* In-8°, 6 p., (G).

2126. Arrêté du conseil général du département de l'Isère. Extrait du procès-verbal du 12 frimaire, an 2, (2 déc. 1793). *Grenoble, Alexandre Giroud.* In-4°, 3 p., (G.).

Cet arrêté ordonne le recensement général dans ce département, des foins, paille, pommes de terre, châtaignes et légumes.

2127. Au nom du peuple Français, égalité-liberté. Les représentants du peuple. (FOUCHÉ, DE NANTES ; ALBITTE ; LAPORTE) envoyés dans la Commune-Affranchie pour y assurer le bonheur du peuple avec le triomphe de la République, dans tous les départements environnants, et près l'armée des Alpes. Ce 22 nivôse, l'an 2 de la R. F. U et I (2 déc. 1793). *A Saint-Marcellin, de l'imp. d'Antoine Beaumont, imp. du district.* In-f°, placard sur 2 col. (I).

Concernant la déclaration des bois de marine, chanvres et goudrons.

2128. Extrait des registres du comité de salut public de la convention nationale, du 4 frimaire, l'an 2, de la R. U. I., (24 nov.) suit l'arrêté du conseil du dép. de l'Isère, pour son impression, Du 12 frimaire, an 2. (2 déc. 1793.) *A Grenoble, J.-M. Cuchet, imp. du département de l'Isère.* Petit in-f°, placard, (G.)

Dans tous les spectacles de la République, l'hymne de la liberté sera chanté régulièrement et chaque fois que le public le demandera.

2129. Liberté-Egalité. District de Saint-Marcellin. -- Vente de biens nationaux. Du 12 frimaire, an 2. (2 déc. 1793). *A Saint-Marcellin, de l'imp. d'Antoine Beaumont.* In-f°, placard sur 2 col. (I.)

Biens provenant de la commanderie de Vourey, de l'ordre de Malte, situés à Vourey, de la cure de Vourey et du chapitre des chanoinesses de Saint-Antoine.

2130. Grenoble, le 13 frimaire, l'an 2 de la R. U et I. (3 déc. 1793). Le procureur général syndic provisoire du département de l'Isère, (ABEL FORNAND) aux membres des communes et des sociétés populaires de ce département. *S. l.* In-8°, 2 f. n. chif. (G.)

« Les jours du despotisme sont passés et avec eux se sont anéantis ces pactes de famine, avec lesquels des infâmes ministres et leurs odieux suppôts, agiotaient la vie des hommes... Les tyrans donnaient des fers en ôtant le pain ; et nous, nous voulons consolider la liberté, en étendant sur toute la surface de la République l'abondance dont nous a favorisé la nature. Pénétrée de ce sentiment sublime, la Société populaire de Grenoble a formé dans son sein un comité de subsistance.... »

2131. Instruction pour tous les citoyens qui voudront exploiter eux-mêmes du salpêtre, envoyée dans toutes les municipalités par le comité de Salut Public de la convention nationale, conformément au décret du 14 frimaire de l'an 2e de la République (4 déc. 1793). Enregistrée à Grenoble, le 13 nivôse, l'an 2e de la République Française). *A Grenoble, chez J.-M. Cuchet, imp. du département de l'Isère. S. d.* (1793). In-4°, 8 p.

2132. Sureté publique. Valence, le 16 frimaire an 11 (6 déc. 1793). Le commissaire du gouvernement près les tribunaux criminels et spéciaux du département de la Drôme, à tous les magistrats de police, aux substituts... *S. l.* Circulaire signée : M. B. ODOUARD. In-4°, 4 p.

Circulaire à propos de l'incendie d'une ferme près de Sainte-

Croix et des crimes qui y furent commis le 21 vendémiaire précédent.

2133. Rapport des commissaires nommés par la Société Républicaine de Grenoble, sur l'ordre à établir dans les fêtes civiques qui se célèbreront à chaque décadi. Signé : COUTURIER, président; BLANC, TERON, secrétaire. Grenoble 15 frimaire an 2e (5 décembre 1793). *Grenoble, Allier. S. d.* In-4°, 3 p. (G.)

Autre édit. in-f°, placard.

Rapport qui demande que les fêtes nationales soient célébrées dans la ci-devant église de Notre-Dame, qu'on appellera dorénavant le *temple de la Raison et de la Vérité*, et sur le frontispice duquel on placera ces mots écrits en gros caractères: « A la Raison et à la vérité. Liberté, égalité, fraternité.

2134. Arrêté du conseil du département de l'Isère. -- Extrait du procès-verbal du 18 frimaire l'an second de la République Française. (8 déc. 1793) *Grenoble, J.-M. Cuchet*, (1793). In-4°, 3 p. (G.)

Dans les vingt-quatre heures les soldats qui seront rencontrés sans congé en bonne forme seront arrêtés et reconduits par la gendarmerie à leurs corps.

2135. Discours prononcé le décadi, 20 frimaire, l'an 2e de la République Française, une et indivisible, (10 déc. 1793) en présence des habitants de la ville de Grenoble, réunis dans le temple de la raison et de la vérité, par le citoyen COUTURIER, accusateur public du département de l'Isère, et membre de la Société populaire de Grenoble, suivi d'une (*sic*) hymne à la Raison. *A Grenoble, de l'imp. d'Alex. Giroud cadet. S. d.* In-8°, 16 p. (G.)

Discours sur le fanatisme « croyons que des vertus civiques, que des mœurs épurées par la raison, que l'amour sacré de la patrie peuvent remplacer avec avantage, chez les républicains, les ressorts usés d'une religion absurde et intolérante. »

Les vers à la *Raison* sont anonymes, ils forment 7 couplets de 8 vers, dont voici le premier :

Raison, fille de la lumière
Découvre-nous ce voile épais
Dont tous les tyrans de la terre
Ont, tour à tour, masqué tes traits
La liberté chez nous t'appelle ;
De tout temps elle fut ta sœur ;
Montre-toi, triomphe avec elle
Des ténèbres et de l'erreur.

2136. Discours prononcé le 20 frimaire (10 déc. 1793), et le soir à la Société populaire de Grenoble, par le citoyen Morio, capitaine du génie, membre de la dite Société, imprimé par ordre de la même société. *A Grenoble, de l'imp. de J. Allier.* In-8°, 8 p. (G.).

Discours sur l'esprit public.

2137. Lettre du citoyen Albitte, représentant du peuple à son collègue Dubois-Crancé, (du 21 frimaire an 2 (11 déc. 1793). *Commune-Affranchie, imp. Républ. S. d.* In-4°, 4 p. (G.)

Sur le compte rendu par ce dernier du départ d'ALBITTE, de Grenoble, pour marcher contre les Marseillais.

2138. MARCHON fils, maire de Gap, à ses concitoyens. Gap le 21 frimaire, 2e année de la R. F. U. I, (11 déc. 1793). *A Gap, chez J. Allier, imprimeur*, in-8°, 7 p. papier gris, (H. A.)

MARCHON vient d'être arrêté, il se disculpe des accusations portées contre lui, il raconte sa vie politique.

2139. Grenoble, le 22 frimaire, an 2 de la R. (12 déc. 1793). Le procureur syndic du district de Grenoble (HILAIRE) à la municipalité de... *S. l. n. n.* In-4°, 3 p., n. chif. (G.)

« Citoyens, croyez que vous ferez le bonheur de tous, en vous conformant de gré à l'exécution de la loi salutaire du *Maximum*.

2140. Au nom du peuple français. Egalité, Liberté. Le représentant du peuple près l'armée des Alpes, (PETIT-JEAN) étant en la commune de Grenoble... A Grenoble, le 22 frimaire, l'an 2e de la R. F. U. I. (12 déc. 1793). *A Grenoble, chez J. Allier*. In-4°, 3 p. n. chif. (G.)

Il destitue huit membres du comité de surveillance de la commune de Grenoble qui n'ont pas les talents, la capacité, ni la fermeté nécessaires à des républicains investis d'une autorité sur laquelle repose le salut de la République. Ils sont remplacés par les citoyens : FANTIN, déprêtrisé ; GARDON, aussi déprêtrisé ; PARADIS, ferblantier ; GROLIN fils, CAILLAT DU SAUZEY, ci-devant avoué ; POUDRÉ, boursier de la Société populaire ; Antoine ROMANET, menuisier ; COUPON, bâtier ; ROUX, ferblantier, et REYNAUD, aubergiste.

2141. Tableau du répartement entre les districts du département de l'Isère, de la contribution foncière pour l'année 1793, des frais et dépenses à la charge du département, et enfin des dépenses particulières à chaque district, jusqu'à concurrence des quatre cinquièmes. (Fait et arrêté par le conseil général du département de l'Isère, à Grenoble, ce 22 frimaire, l'an 2e de la R. (12 déc. 1793). *A Grenoble, de l'imp. d'Alex. Giroud, cadet, place aux Herbes. S. d.*, (1793). In-4°, 8 p. et 4 f. n. chif. (I.)

2142. Département de l'Isère, district de Grenoble. Bail au rabais du pain à fournir aux prisonniers et aux détenus des maisons de détention de Sainte-Marie-d'en-Haut et du séminaire. (Adjudication au 22 déc. 1793). Arrêté le 22 frimaire, an 2 de la R. F. U I (12 décembre 1793). Signé : BOISVERT, président ; HILAIRE, procureur-syndic ; IMBERT, secrétaire. *A Grenoble, chez J.-M. Cuchet, imprimeur*. In-f°, placard, (I.)

2143. Extrait du procès-verbal du conseil du département de l'Isère, du 24 frimaire, an deuxième de la R. F. U et I (14 déc. 1793) *A Grenoble, chez J. Allier*. In-4°, 3 p. (I.)

Arrêté qui défend la fabrication de la bière et invite les maires à faire semer de l'orge hivernal.

2144. Extrait du procès-verbal des séances du conseil du département de la Drôme, en permanence. Séance du 24 frimaire, l'an 2e de la R. F. U. I (14 déc. 1793). A *Valence, de l'imprimerie de la veuve Aurel.* In-f°, placard sur 2 col. (G.)

Tous les maîtres de postes aux chevaux du département, sont personnellement responsables des retards que pourraient éprouver les courriers, par leur faute ou par celle de leurs postillons.

2145. Grenoble, le 25 frimaire an 2e de la R. F. U et I (15 déc. 1793). Le procureur général syndic provisoire du département de l'Isère, (Abel Fornand), aux citoyens administrateurs des communes. *S. l. n. n. n. d. (Grenoble, chez J.-M. Cuchet, imp. du département).* In-4°, 2 p. n. chif.

« La commission temporaire qui est occupée à Commune-Affranchie, à détruire les restes de la rebellion funeste qui a failli à vous ravir votre liberté, nous mande que quinze individus se sont échappés des prisons de Lyon » (suivent) le signalement et les noms « des quinze scélérats. »

2146. Adresse de la Société républicaine de Saint-Marcellin, département de l'Isère, à la convention nationale. Du 25 frimaire, an 2e (15 déc. 1793). *Saint-Marcellin, Antoine Beaumont. S. d.* In-8°, 15 p.

2147. Grenoble le 25 frimaire, an 2e de la R. F. Le procureur syndic du district de Grenoble (Hilaire), aux municipalités, comités de surveillance, chefs de garde nationale et de gendarmerie du ressort. *S. l. n. d.* In-4°, 4 p., n. chif. (G.)

Au sujet de 15 rebelles évadés des prisons de Commune-Affranchie.

2148. Grenoble le 25 frimaire, an 2e de la R. F. (15 déc. 1793). Le procureur syndic du district de Grenoble, aux municipalités et comités de surveillance du ressort. *S. l. n. d.* In-4°. (G.)

« Vous avez été requis, citoyens, de fournir votre contingent de 5,600 paires de souliers, vous êtes en retard de remettre ce contingent au district. Je viens donc vous requérir de nouveau d'effectuer cette fourniture, sans plus de retard..... »

2149. Liste des deux cents citoyens qui doivent former le juré de jugement dans le département de l'Isère pendant le trimestre de Nivôse, Pluviôse et Ventôse de la deuxième année de la R. F. U et I. Du septidi 27 frimaire an 2e (17 déc. 1793) — A *Grenoble, de l'imprimerie d'Alexandre Giroud, place aux Herbes.* In-4°, 8 p. (G.)

2150. Grenoble ce 27 frimaire an 2e de la R. Le procureur syndic du district de Grenoble (Hilaire) à la municipalité de... *S. l. n. d.* In-4°, 2 p. (G.)

Adresse les placards renfermant la liste des biens des émigrés, situés dans l'étendue du district de la Tour-du-Pin.

2151. Grenoble le 28 frimaire, l'an 2e de la R. U I. (18 déc. 1793). Le procureur général syndic provisoire du département de l'Isère (Abel FORNAND) aux administrateurs des communes. *S. l. n. d.* In-4o, 2 p. G.)

« Je vous prie d'examiner scrupuleusement s'il existe encore des actes féodaux, ces titres avilissants, dans les mains des ci-devant seigneurs, ci-devant prieurs et de dénoncer les prévaricateurs à l'accusateur public. »

2152. Adjudication au bail au rabais de l'enlèvement des croix qui se trouvent sur le clocher de Saint-André, 19 décembre 1793. *Grenoble, J. Cuchet.* In-fo, placard en gros canon. (60 exempl.)

2153. Liberté, Egalité. -- Les membres de la commission temporaire, en ambulance, aux républicains des campagnes. Adresse signée : GIRAUD, L. PRIÈRE. -- Copie d'une lettre de la commune de Saint-Symphorien-d'Ozon, écrite aux citoyens Giraud et Prière, membres de la commission temporaire, du 23 frimaire. Du 29 frimaire, an 2e (19 déc. 1793). A *Vienne, de l'imprimerie de J. Labbe*, in-8o, 4 p. n. chif. (M.)

Cette adresse commence ainsi : « Il n'était dû qu'à un peuple régénéré, qu'à un peuple qui a brisé les chaînes de son esclavage de secouer aussi le joug du fanatisme et de la superstition... » La lettre écrite par les citoyens de Saint-Symphorien nous apprend que « les citoyennes se sont portées en foule dans le temple du mensonge, et ont arraché tous les signes de la superstition et du fanatisme, elles ont ensuite tout apporté à la maison commune, et ont distribué aux pauvres les débris de toutes ces idoles de l'erreur. »

2154. Grenoble, le 30 frimaire, l'an 2e de la R. U. I. (20 déc. 1793.) Le procureur syndic du département de l'Isère. (A. FORNAND) aux administrateurs des communes. *S. l. n. d.* In-4°, 1 f. (G.)

Donne le signalement de deux individus renfermés dans la maison de détention de l'oratoire, qui se sont échappés le 29 frimaire. Ce sont les nommés FALATIEU et DUBOUCHET.

2155. Grenoble, le 30 frimaire, an 2e de la R. F. (20 déc. 1793.) Le procureur général syndic provisoire du département de l'Isère aux officiers municipaux de... (Signature autog. d'Abel FORNAND.) *S. l. n. d.* In-4°, 1 f. (G.)

Il donne avis qu'il a été versé dans la caisse du receveur du district de Grenoble, une somme de 20,068 liv. 14 s. 3 den. pour être distribuée aux familles des militaires de toutes armes de ce district.

2156. Branle, sur l'air de la carmagnole. (Chanson en 13 couplets.) De *l'imprimerie d'Alexandre Giroud cadet, place aux Herbes, S. d.* (déc 1793). In-8°, 2 p. n. chif. (C.)

Chantons, célébrons la valeur (*bis*)
De nos sans-culottes vainqueurs; (*bis*)

Le siège de Toulon
N'a pas été bien long.
Dansons la carmagnole, vive le son, vive le son!
Dansons la carmagnole, vive le son du canon! etc.

2157. Impromptu. Chanson patriotique chantée à la Société populaire de Montélimar, le 30 frimaire, (30 déc. 1793,) par le citoyen BAUVAIS, commandant les dragons-légers, en garnison en cette ville, sur la prise de Toulon. *S. l. n. d.* In 8°, 3 p. n. chif. (G.)

(6 couplets.)

Chantons, amis, la liberté,
Et la victoire remportée
Par les bons patriotes ;
Toulon ne pouvait résister :
On va donc enfin le raser :
Vive les sans-culottes (*bis*)

Tous ces animaux couronnés ;
Qui voulaient mener par le nez,
Tous nos bons patriotes :
Leur projet est donc échoué ;
Ils seront tous guillotinés
Vive les sans-culottes. (*bis*) etc.

2158. Extrait des procès-verbaux des séances de la société populaire de la commune du Buis, district de Nyons, département de la Drôme; constatant les fêtes célébrées à l'occasion de la reprise de l'infâme ville de Toulon. (21 au 31 déc. 1793.) *Carpentras, Proyet.* In-4°, 13 p. (G.)

Détail de la fête qui a eu lieu le 11 nivose (31 déc. 1793.) Discours prononcé par frère LE BLANC, président.

2159. Le Comité de salut public aux départemens. Adresse signée : ROBESPIERRE, BILLAUD-VARENNE, CARNOT, etc. Suit l'arrêté du directoire du département de l'Isère du 1er nivose an 2 (21 déc. 1793.) Signé PLANTA. A *Grenoble, de l'imp. d'Alex. Giroud cadet, place aux Herbes.* In-4°, 7 p. (G.)

Adresse commençant ainsi : « Les législateurs ont refondu la statue de la loi, pour lui imprimer les formes révolutionnaires... » Contient les considérations qui ont dicté les articles V et VI de la 3e section du décret du 14 frimaire.

2160. Décrets de la convention nationale des 2e et 3e jours de nivose, an 2 de la Répub. Françoise, (22 et 23 déc. 1793.) 1° qui nomme le citoyen DUMAS, général en chef de l'armée des Alpes, 2° qui désigne les jours d'audition des pétitionnaires. A *Grenoble, chez J.-M. Cuchet imp. du département de l'Isère.* In-4°, 4 p.

2161. Grenoble, le 3 nivose l'an 2e de la R. F.

U. I. (23 déc. 1793.) Le procureur général syndic provisoire du département de l'Isère (Abel FORNAND.) aux administrateurs des communes, comités de surveillance et sociétés populaires, *S. l. n. n.* In-4°, 2 p. n. chif. (G.)

« Citoyens, mes fonctions politiques finissent aujourd'hui, j'ai toute ma vie fait la petite guerre au despotisme, à la tyrannie féodale, au luxe et à l'impertinence sacerdotale... Je fis distribuer en 1789, plusieurs ouvrages contre tous les abus qui pesoient encore sur vos têtes... Aujourd'hui, il n'est plus de nobles, ni de roi, mais il est encore des prêtres... c'est à ces derniers ennemis que je déclare la guerre. Je ferai paraitre, toutes les décades, un ouvrage instructif sur les opinions religieuses et sur la morale. On trouvera cet ouvrage décadai e chez Giroud, imprimeur à Grenoble. »

2162. Grenoble le 4 nivose an 2° de la Rép. U. I. (24 déc. 1793) L'agent nationale du district de Grenoble (HILAIRE) aux officiers municipaux *S. l. n. d.* In-4°, 2 p. (G.)

Circ. relative à la contribution foncière et aux rôles pour le remplacement des droits supprimés.

2163. Copie de la lettre adressée à l'administration du département de la Drôme, par le citoyen NOGARET, commandant l'une des deux compagnies levées dans ce département, en exécution de l'arrêté du directoire du 11 avril 1793, pour marcher au secours de Paris et des départemens menacés de l'invasion des ennemis. Au quartier général à Bressaire, le 4 nivose l'an 2 de la R. U. I. (24 déc. 1793) A *Valence de l'imp. de J.-J. Viret, imp. du département.* In-4°, 4 p. (G.)

« C'est avec la plus vive douleur que je vous annonce que les deux compagnies de la Drôme, levées en exécution de votre arrêté du 11 avril dernier et envoyées dans la Vendée, viennent de perdre, dans une seule affaire, 66 hommes, en sorte qu'elles se trouvent réduites, tant en officiers que volontaires, de 16 à 17, dont la moitié au moins est blessée. »

Suit la « Copie de la lettre écrite à la citoyenne Figuet à Valence par le citoyen Baubichon cadet, l'un des volontaires composant les deux compagnies levées dans le département de la Drôme. Saint-Maixent, le 3 nivose an 2 (23 déc.) il raconte l'affaire précédente. « Les 2 compagnies de la Drôme se trouvent réduites à 16 ou 17 hommes dont 10 à 12 sont blessés. Les prisonniers ont été fusillés, après avoir été forcé de se confesser publiquement aux prêtres, dont une grande partie commandait l'armée se disant catholique... »

2164. Décret de la convention nationale, du 4e jour de nivose, l'an 2e de la Rép. Française (4 déc. 1793) relatif à l'arrêté du représentant du peuple près l'armée des Alpes (Petit-Jean.) A *Grenoble, de l'imp d'Alexandre Giroud, cadet, place aux Herbes.* In-4°, 4 p. (M.)

Relatif à la prise de Toulon, et arrêté du représentant Petit-Jean, ordonnant qu'une fête sera donnée à Grenoble à cette occasion le 25 décembre.

2165. Rapport sur les principes du gouvernement révolutionnaire fait au nom du comité du salut public, par M. Robespierre. Imprimé par ordre de la convention le 25 nivose de l'an II de la

R. F. U. I. (25 déc. 1793) A *Grenoble, de l'imp. d'Alex. Giroud cadet, place aux Herbes*. In-8°, 16 p.

Autre édition même imp. in-8° 12 p. (G.)

2166. Avis aux citoyens. Du 6 nivose an II de la R. (26 déc. 1793), *S. l. n. n.* In-f° placard. (Bibl. de M. Devès, de Grignan.)

Signé : BARNOIN, président ; MORAL, BISCARAT, ANSILLON, SISTERON, LAURENT, procureur-syndic.

Les administrateurs du directoire du district donnent avis que les meubles et autres effets mobiliers ayant appartenu à Félix dit Dumuy, ci-devant émigré, acquis et confisqués au profit de la nation, seront vendus à la criée le 17 décembre au lieu de Grignan.

2167. Grenoble, le 6 nivose an II de R. F. U. I. (26 déc. 1793). L'agent national provisoire du district de Grenoble (HILAIRE), *s. l. n. n.* In-4° 1 p. (G.)

Adresse un tableau des animaux et bestiaux à nourrir dans le district.

2168. Alphabet républicain, en français, divisé par syllabes. A *Grenoble, chez Falcon, ibraire de la municipalité et des écoles primaires. S. d.* (déc. 1793). Petit in-12 32 p. (G.)

De la p. 14 à 32 : Les dix commandemens de la République française. Les six commandemens de la Liberté. Prière universelle à l'usage de tous les cultes.

Les six commandemens de la Liberté :

1° A la section tu te rendras,
De cinq en cinq jours, strictement.
2° Connaissance de tout prendras,
Pour ne pécher comme ignorant.
3° Lorsque ton vœu tu émettras,
Que ce soit toujours franchement.
4° Tes intérêts discuteras,
Ceux des autres pareillement.
5° Jamais tu ne cabaleras,
Songe que la loi le défend.
6° Toujours tes gardes monteras,
Par toi-même et exactement.

2169. Au nom du peuple français. — Liberté, Egalité. Le représentant du peuple près l'armée des Alpes (PETIT-JEAN). Grenoble, le 7 nivose an 2 (27 déc. 1793). Signé : PETIT-JEAN. *Grenoble, de l'imp. d'Alex. Giroud cadet, s. d.* In-4° 4 p. (1200 exempl.)

Autre édition in-f° placard (800 exempl.)

Rréorganisation, épuration et changement des autorités constituées de la commune de Grenoble.

Cet arrêté ayant été imprimé pendant la nuit, il a été compté aux ouvriers de l'imprimerie Giroud 25 livres et il y a eu au mo ns 5 livres de frais de chandelles et feu, ci, 30 liv. (Comptes de l'imprimeur Giroud.) (I.)

2170. Tableau des autorités constituées civiles et judiciaires, séantes à Grenoble (27 déc. 1793). *A Grenoble, de l'imp. de J. Allier.* In-4° 4 p. n. chiff. (G.)

Comprend les membres de l'administration du département

de l'Isère, le directoire, le conseil, la municipalité, les notables, le tribunal criminel, le tribunal civil, la justice de paix et le comité de surveillance.

Les tableaux ci-dessus ont été formés par l'agent national, proc. du district de Grenoble, HILAIRE.

La municipalité de Grenoble est composée de MM. BARRAL, maire ; Etienne GONNET fils ; Victor DUMAS, médecin ; Etienne TROUILLOUD ; Pierre RAFIN ; Pierre-François ARTHAUD, notaire ; Laurent GRAVIER ; Claude CLÉMENT ; Georges BERTIER ; Claude GAUDOS ; François CHARVET cadet ; Alex. COMPAGNON ; Antoine BARRET aîné ; Laurent GIROUD et J. B. GUILLERMETY.

2171. Extrait du procès-verbal des séances du département de la Drôme, en permanence. Séance publique et dernière du 8 nivose, l'an 2 de la R. F. U. I. (28 déc. 1793). A *Valence, chez la veuve Aurel, imp. du dép. de la Drôme.* In-f° placard sur 2 col. (G.)

Discours du vice-président sur les vainqueurs de Toulon, et demandant qu'il soit élevé sur le champ de mars, à Valence, un autel à la Patrie sur les trois faces duquel on lira ces mots : « Le peuple Drômain aux vainqueurs des forces combinées d'Angleterre, d'Espagne et d'Italie. » Suit un arrêté par lequel un autel à la Patrie sera élevé à Valence aux frais du département.

2172. Le conseil général de la commune et la société populaire de Grenoble, département de l'Isère, à la convention nationale. Citoyens, représentants. Grenoble, le 9 nivose, l'an 2e de R. F. U. I. (29 décembre 1793). Adresse signée : TROUILLOUD, officier municipal ; ACCARIER, GRAND, notables, etc... A *Grenoble, chez J. Allier.* In-8°, 4 p. (G.)

Adresse qui énonce les dons et souscriptions volontaires faits à Grenoble depuis 1792. Demande de ne pas oublier la ville dans la distribution des subsistances en nature et *l'* « *invite à rester à son poste jusqu'à la paix* »

2173. Règlement pour la société populaire d'Allemont. Du 9 nivose an 2 (29 déc. 1793). *Grenoble, A. L. Giroud. S. d.*, in-8°, 7 p. (C.)

2174. Liberté, Egalité. Jean-Baptiste DELHORS, citoyen de Grenoble, à ses concitoyens. Les aristocrates aussi m'auroient fait fermer ! De la maison d'arrêt, le 10 nivose, 2e année républicaine (30 décembre 1793). Adresse signée : DELHORS, ex-administrateur du département de l'Isère. *S. l. n. n.* In-4° 39 p. plus 1 p. n. chiff. (G.)

Tableau de ses biens, dates de ses nominations. A la p. 35 pièces justificatives.

2175. Grenoble, le 10 nivose, an 2 de la R. F. U. I. (39 déc. 1793). L'agent national provisoire du district de Grenoble (HILAIRE) à la municipalite de... *S. l. n. d.* In-4° 2 p.

« Je vous requiers de faire verser dans les magasins militaires de Grenoble, dans le délai de dix jours, la quantité de — fournitures de lits. »

2176. Extrait des procès-verbaux des séances de la société des amis de l'Egalité de Saint-Vallier (déc. 1793).

Lettre adressée aux auteurs de la *Feuille villageoise* par le cultivateur FAYNER, secrétaire de la société des amis de la liberté de St-Vallier, du 21 déc. 1793. Contenant un extrait des procès-verbaux de cette société sur le mode de constater l'état civil des citoyens, et prénoms à donner aux enfants. (n° 14, p. 313 et suiv.)

2177. Grenoble, le 11 nivose, an 2 de la R. F. (31 déc. 1793). Liberté, Egalité. L'agent national provisoire du district de Grenoble aux municipalités et comités de surveillance et tous les citoyens du ressort. *S. l. n. d.* In-4°, 2 p. (G.)

Relatif à des secours en denrées de première nécessité.

2178. Réponse pour l'administration des hôpitaux de Grenoble, au mémoire intitulé : Lebreton à ses concitoyens. Signé : LEBRETON. *Grenoble, chez J. Allier, imp. de l'administration de l'hôpttal.* In'4°, 12 p. (G.)

Mémoire par lequel il est démontré que François-Georges LEBRETON, ci-devant régisseur de l'hôpital militaire de Grenoble « a longtemps abusé de la confiance publique sans la mériter. »

2179. Constitution républicaine du peuple Français, décrétée le 24 juin et acceptée le 10 août 1793. (Vieux style) précédée du rapport du comité de Salut public, fait à la convention nationale, le 10 du même mois de juin, par le citoyen député HERAULT-SECHELLES, suivie du décret du 14 frimaire (4 décembre 1793), sur le gouvernement provisoire et révolutionnaire. A *Grenoble, chez Duclaud, imprimeur, près les ci-devant Cordeliers. S. d.*, (1793). In-12, 47 p., (M.)

Au verso du titre on trouve les commandements des Sans-Culottes :

La raison aimeras,
En tout tu l'écouteras,
Et en toutes choses elle te guideras, etc.

P. 29. Les six commandements de la liberté.

P. 30. Serment et prière du républicain.

A la p. 31. Extrait du rapport de BILLAUD-VARENNE à la Convention nationale, sur le mode de gouvernement provisoire. Suit le décret du 14 frimaire an II (4 déc. 1793).

Enfin, à la p. 47. Les dix commandements de la République française :

1. Français, ton pays défendras,
Afin de vivre librement.
2. Tous les tyrans tu poursuivras
Jusqu'au delà de l'Indostan.
3. Les lois, les vertus soutiendras,
même s'il le faut de ton sang.
4. Les perfides dénonceras,
Sans le moindre ménagement.
5. Jamais foi n'ajouteras
A la conversion d'un grand.
6. Comme un frère, soulageras
Ton compatriote souffrant.
7. Lorsque, vainqueur, tu te verras,
Sois fier, mais compatissant.
8. Sur les emplois tu veilleras,
Pour en expulser l'intrigant.
9. Le dix août sanctifieras,
Pour l'aimer éternellement.
10. Le bien des fuyards verseras,
Sur le *sans-culotte* indigent.

2180. Constitution républicaine du peuple français, décrétée le 24 juin, et acceptée le 10 août 1793, précédée du rapport du comité de Salut public, fait à la convention nationale le 10 du même mois de juin, par le citoyen député HERAULT-SECHELLES, suivie du décret du 14 frimaire sur le gouvernement provisoire et révolutionnaire. Prix : 15 sols, broché. A *Grenoble, chez veuve Giroud et fils, libraire, place aux Herbes*, an IIe de la R. F. U. I. et D. Petit in-12, 45 p. + 1 p. n. chif. table + 22 p. + 3 p. (G.)

Les trois dernières pages contiennent : le Serment du républicain, Prière du républicain, les dix commandements de la République Française, les six commandements de la liberté.

2181. Mémoire pour LECLET, citoyen de Grenoble. *S. l. n. d.*, (1793). In-8°, 15 p. (T.)

Il s'agit de l'émigré Charles-Etienne LECLET, ex-conseiller au Parlement de Grenoble.

2182. Liberté-égalité, mort aux tyrans. Les officiers, sous-officiers et canonniers de l'artillerie à leurs frères de Grenoble. Citoyens...Adresse signée : Alex. DANTHOUARD, capitaine-commandant ; N. LEFEBVRE, LHEUREUX. *De l'imp. de J.-M. Cuchet, imp. du département de l'Isère*. In-f°, placard sur 2 col. (G.)

« Des soldats de notre corps ont tourné leurs armes contre des citoyens tranquilles et paisibles... Sans-culottes de Grenoble, nous sommes vos soutiens, vos frères... Il est d'assez lâches français pour essayer de vendre encore leur patrie, etc... »

2183. Aux citoyens représentants de la nation française. Citoyens... A *Grenoble, de l'imprimerie de J. Allier. S. d.* (1793). In-4°, 8 p.

Suit une adresse de 300 citoyens environ du district de Vienne conduits dans les prisons de Grenoble et qui demandent justice.

2206. Statuts de la Société des Amis de la liberté et de l'égalité, séante à Gap. *Gap, J. Allier. S. d.* In-8°, 11 p. (A.)

Déclaration des principes de la Société.

2184. Le nouveau S. Preux, ou les victimes du patriotisme, lettres en vers et en prose, écrites pendant la Révolution. Recueillies et publiées par J. Martin, de Mont-Lyon, petite ville des Alpes. A *Embrun, chez Pierre-François Moyse, imprimeur-libraire*, 1793. In-8°, 129 p. + 1 f., Imprimé moitié sur papier blanc, moitié sur papier gris, (*de la page 49 à la fin.*) (G.)

Ce recueil contient surtout des lettres de M. d'Argenty à Dubrun ; à la p. 127, l'*Hymne des Marseillais*, traduit en italien.

2185. Mémoire à la nation. Marie-Thérèse-Charlotte de Bourbon, fille de Louis XVI, prouve l'injustice de sa détention. A *Grenoble, chez G.*

Duclaud, imp. près les ci-devant Cordeliers, n° 8. *S. d.*, (1793). In-8°, 12 p. (G.)

Contient p. 5. Opinion d'un français sur la détention de la fille de Louis XVI, ci-devant roi des Français. — Notes. — Pétition d'un grand nombre de citoyens d'Orléans, à la convention nationale.

2186. Opinion sur la justice et la moralité de mettre à prix la tête des tyrans, destructeurs des peuples, etc. A *Grenoble, chez J.-M. Cuchet, imprimeur du département. S. d.* (1793), in-4°, 11 p. (G.)

« Un citoyen, ami de la liberté et de l'égalité propose diverses mesures, ferme en ses principes, il croit dangereux de composer avec eux... Quand la nation française aura raréfié l'atmosphère pesant des préjugés ce grand et puissant empire qu'on a tenté si souvent, si vainement d'avilir, reprendra l'auguste considération et la prépondérance universelle auxquelles sa position, sa force, le genre de son peuple et ses hautes destinées l'appellent. »

2187. Règlement de la Société républicaine de la ville de Romans et du Péage réunis, approuvé par le conseil général de la commune de Romans. *Romans, Martigniat.* 1793. In-18, 22 p. (V.)

2211. Liberté, Justice, Egalité. Adresse des habitants du district d'Embrun, département des Hautes-Alpes à la convention nationale. *S. l. n. d.* 1793). In-4°, 3 p. (V.)

Protestation contre l'effet rétroactif donné à la loi du 17 nivôve, sur les donations et successions.

2188. Adresse de la Société républicaine populaire de Valence et du ci-devant Bourg-les-Valence, aux sociétés populaires de la République. Valence, an 2 de la République. *S. l. n. d.* (1793). In-4°, 3 p. (V.)

2189. L'agent national provisoire du district de Grenoble, (HILAIRE) à ses concitoyens... *A Grenoble, chez J.-M. Cuchet, imprimeur du département de l'Isère. S. d.* (1793). In-4°, 4 p.

Instruction publique. « Les citoyens et citoyennes qui voudront user de la liberté d'enseigner, le déclareront à la municipalité où ils voudront ouvrir une école publique.

« Ils recevront annuellement du trésor public pour chaque enfant ou élève, savoir : l'instituteur, 20 livres, l'institutrice, 15 livres. Toute école privée est interdite comme suspecte. »

2190. Adresse de la Société populaire et montagnarde de Grignan, département de la Drôme, à la Société des Amis de la liberté et de l'égalité, séante au ci-devant Jacobin, rue Honoré. *Montélimar, Mistral. S. d.* (1793). In 8°, 7 p. (B. D.)

2191. Liberté, égalité, vivre ou mourir. Défense provisoire des détenus à Sisteron dans la maison d'arrêt de Gap, en attendant les motifs qu'ils ont vainement demandés au comité de surveillance et les 200 griefs délibérés par la Société populaire.

Signée : BREISSAND, BORELY. *Gap, J. Allier. S. d.*, (1793). In-8°, 7 p. (A.)

2192. Avis aux citoyens du district et de la commune de Grenoble. A la fin : Par un ami de la justice et de l'humanité ; ainsi que des droits du peuple. *S. l. n. d.*, (déc. 1793). In-8°, 2 p. (G.)

« Des hommmes connus depuis 1789, pour les ennemis les plus inveterés de la Révolution, colportent dans cette commune une pétition adressée aux représentants du peuple, tendante à réclamer le changement de l'administration du district et de son agent national ; eh pourquoi ? parce que au milieu des orages de cette Révolution, ils ont maintenu, contre le désir des méchants la tranquillité parmi nous, etc... »

2193. Adresse. Les administrateurs du directoire du district d'Embrun, département des Hautes-Alpes, à leurs concitoyens. Signée : FAURE, président. *S. l. n. d.* In-8°, 4 p. (A.)

Sur la loi du maximum.

2194. Jean-Claude-Marie PELLET, au comité de surveillance de la section. *Gap, J. Allier. S. d.* In-4°, 4 p. (A.)

2195. Discours prononcés à l'Assemblée des Sociétés populaires séantes à Gap. Discours de Joseph MARTIN, député de Société de Mont-Lyon, Discours de MILIÉ-BLANC. *Gap, J. Allier*, an 2e. In-4°, 7 p. (A.)

A la suite de ces discours on a imprimé l'acte de démission d'Honoré NICOLAS, curé de Ribiers, il appelle ses fonctions un *métier*, prêtre et républicain lui paraissent incompatibles.

2196. Les soussignés citoyens de la commune de Crest, département de la Drôme, au directoire exécutif de la République Française. *S. l. n. d.*, (1793). In-4°. 4 p.

Protestation contre une adresse imprimée, contenant des injures et des calomnies envers les habitants de Crest, et qu'on attribue au nommé LEGRACIEUX, substitut de Fouquier-Tinville, confident de Payen.

2197. Noms, situation et détails des vallées de la France le long des Grandes Alpes, dans le Dauphiné et la Provence, et de celles qui descendent des Alpes en Italie, depuis la Savoie jusqu'à celles de Saint-Etienne au comté de Nice. Extrait des campagnes du maréchal de Maillebois, par le marquis de PESAY. *Turin, 1793, chez les frères Reycends et chez François Prato, et se trouve à Grenoble, chez Giroud, libraire, place aux Herbes*, in-12. 3 p. n. chif. + 82 p. (G.)

Petit ouvrage à l'usage des officiers de l'armée des Alpes, très intéressant par son exactitude.

2198. Première (et seconde) partie de la réponse de DUBOIS-CRANCÉ, aux inculpations de ses collègues, COUTHON et MAIGNET. *S. l. n. n. n. d.* (1793) In-8°, 270 et 258 p.

Contient une foule de documents, datés de Grenoble et de ses environs en 1793. Rapports, lettres, arrêtés. etc...

2199. La Feuille du cultivateur. *A Vienne, la Patriote chez Georges Lambert, imp. rue Marchande n° 141.* In-8°.

Nous ne connaissons que le titre de ce journal qui paraissait à Vienne en 1793.

2200. Sunderson Berard à ses concitoyens. Salut et fraternité! *A Gap, chez J. Allier, imprimeur. S. d.* (1793). In-8°, 15 p. (A.)

Cette adresse commence ainsi: Il existe un homme qui ne vit que pour la révolution et que par elle; un infortuné privé de la vue, qui ne tient à la vie que par le charme des spéculations philosophiques... Eh bien! Cet homme se félicite d'être traduit devant l'opinion publique. Il rend compte ensuite de sa conduite.

2201. Liberté, égalité, fraternité ou la mort. Société populaire et républicaine de Gap. Le decadi et les sans-culottides ou les fêtes républicaines par Saunderson-Berard (sic.) *A Gap, de l'imp. de J. Allier, S. d.* (1793) 4 p., (A. A.)

Chanson dont voici deux couplets:

Le decadi

Aller à messe par façon,
Prendre en baillant un plat sermon;
Que ce dimanche est bête! *(bis)*
Chanter la raison et le cœur,
A la vertu donner la fleur,
Du decadi c'est fête. *(bis)*

La paix perpétuelle

Le bonnet aux pôles plantons,
Rois, prêtres, nobles écrasons ;
Guerre à l'infâme clique. *(bis)*
Quel beau jour, quand tous les humains,
En frère se tendront la main !
La belle République. *(bis)*

2202. Au nom du peuple Français, le représentant du peuple délégué dans les départements de la Drôme, Hautes et Basses-Alpes. *Gap, Allier* 1793. In-f° placard.

Concerne la suppression de la société des amis de la liberté et de l'égalité de Gap et son remplacement par la société dite républicaine.

2203. A la convention nationale, les conseils généraux du département des Hautes-Alpes, du district et de la commune de Gap en permanence réunis. A *Gap, chez J. Allier, imp. du dép. des Hautes-Alpes. S. d.* 1793. In-8°, 4 p. (A.A.)

Adresse signée : Chabert, président ; Thomé, Richard, Champsaur, Morgan, etc. etc.

« Nous venons, disent-ils, réunir nos vœux à ceux de tous les citoyens de la République, qui vous demandent des lois, il est temps que l'anarchie cesse, il est temps que ce monstre soit écrasé... »

2204. Adresse aux citoyens de Grenoble. *S. l. n. d.*, (1793). In-8°, 3 p. non chiff. (G.)

« Hommes du 15 juillet 1789, qu'êtes-vous devenus ?..... Vous détestez également l'*aristocratie*, le *fanatisme*, et cette horrible *anarchie* qui déchire tous les rameaux, tous les fruits de la Liberté. Levez-vous donc pour les combattre et les étouffer. »

2205. Des qualités et des devoirs d'un instituteur public, par P.-V. CHALVET, de la société nationale des neuf sœurs à Paris, et de celle des amis de la République à Grenoble. A *Paris, chez La Villette, 1793*. In-8°, 70 p. (G.)

Dédicace à la convention nationale.

2206. Le comité de surveillance révolutionnaire et la société républico-populaire de Romans en 1793 et en 1794 (par le Dr ULYSSE CHEVALIER). *Valence, Jules Céas*, 1890. In-8°, 48 p. (M.)

Extrait du Bulletin d'histoire ecclésiastique et d'archéologie religieuse des diocèses de Valence, Gap, Grenoble et Viviers.

2207. Etudes sur l'histoire de Grenoble et du département de l'Isère pendant la Terreur, par M. Paul THIBAUD, avocat à la cour d'appel de Grenoble. *Grenoble, Dauphin et Dupont*, 1879. In-8°, 87 p. (G.)

2208. Carte numismatique du Dauphiné, par J. ROMAN. *Paris, 1870*. Grand in-8°, 28 p. (G.)

P. 21 à 23 : Période révolutionnaire 1792-1794. Liste des billets de confiance émis par les communes des départements de l'Isère, de la Drôme et des Hautes-Alpes.

www.ingramcontent.com/pod-product-compliance
Lightning Source LLC
Chambersburg PA
CBHW071627270326
41928CB00010B/1812

* 9 7 8 2 0 1 2 5 2 6 0 4 4 *